（第2版）

西方教育名著述要

贾馥茗 著

北京联合出版公司
Beijing United Publishing Co.,Ltd.

目 录

序言……………………………………………………………………3

一、《大教学法》——由德进智的方法………………………………1
　　The Great Didactics（1657）
　　夸美纽斯（Johann Amos Comenius）

二、《教育漫谈》——怎样教成高尚的人？…………………………23
　　Some Thoughts Concerning Education（1692）
　　洛克（John Locke）

三、《爱弥尔》——身教重于言教……………………………………43
　　Émile（1762）
　　卢梭（J. J. Rousseau）

四、《费希特告德意志国民书》——爱国家去私心才堪称国民……65
　　Addresses to the German People（1808）
　　费希特（J. G. Fichte）

五、《教育学讲授纲要》——相当实际的教学法……………………85
　　Outlines of Pedagogical Lectures（1835）
　　赫尔巴特（J. F. Herbart）

六、《我们如何思想？》——人之可贵处就在于会思想……………109
　　How We Think（1933）
　　杜威（John Dewey）

七、《对教育方面的想法与说法》——伟大科学家的教育心灵……165
  Ideas and Opinions（1954）
   爱因斯坦（Albert Einstein）

八、《夏山学校述要》——怎样教不受教的孩子？……183
  Summerhill（1962）
   尼尔（A. S. Neill）

九、《民主社会中教育的矛盾》——如何培育有教养的大众？……201
  The Conflict in Education in a Democratic Society（1953）
   赫钦斯（R. B. Hutchins）

十、《学习型社会》——做学术的真谛……219
  The Learning Society（1967）
   赫钦斯（R. B. Hutchins）

十一、《教育的历程》——精心实验来改进教育……239
  The Process of Education（1960）
   布鲁纳（Jerome S. Bruner）

十二、《陶冶的心灵》——心灵见于真善美……257
  The Disciplined Mind（1999）
   葛德纳（Howward Gardner）

出版后记……277

序　言

学术界先知常选择其领域中精湛的作品汇集成读本（Readings）供后学阅读，俾增广知识，且学习知识的典范。缘学习始于见闻，由见闻而深入了解，由了解而生出新意，于是成为创造。读本乃是经过慎选而来的创作精华，为进学的入门之钥。但出之以"述要"，并非原文原貌，只能择其少数原句为例而已。

不过古人说："读书破万卷，下笔如有神。"多读多识，方能"心中有物"，出言写作，才不致思路枯竭，才能言之有物，言之成理。

林逢祺教授为了使大学教育系学生多接触教育名家言论，想开一门名著选读的课，因为缺少适用的读本，一再踌躇。因为多数教育名家都有专著，取舍为难，取多了怕学生不胜负荷，取少了又不能满足学生的需要。最后想到我这个几近老朽的人可以再次优游于名家之林，选择若干西方名家的著作，为使学生免受文字差别之惑，用中文择要申述，纵使学习者未窥全豹，也可略知梗概。因而虽久已习惯懒散，却也有点儿动心，应允勉强一试。但目前教育中学习的趋势是务新而厌旧。"新名家"的专著虽多，老人却所知有限。而在一个老人心目中的名家，在后辈眼里，先已嫌其"过时"，而有拒斥之感，对那些"老生常谈"，未必愿意入目。

问题是教育是"教人"的工作，"人"从古到今未变，人需要教育"也未变"，则从前的教育论著，尚在教人的话题中。如果那些说法之可行者曾经实行过，至少应该还是值得考虑的。

与林教授几经商酌，选定近代至当前十二本著作，最早的是夸美纽斯，最近的是葛德纳，其中只有爱因斯坦不在教育领域中，但是他对教育的观点却深值教育界以至全部学术界注意，所以特别摘录其说列入。

　　述者虽然力求把握原著的意旨，仍恐词不达意；且栗栗危惧，不敢冒抄袭原著之嫌，是否做到"述要"的要求，只有等待教学者与学习者来定评。

　　谨申下陈以为序。

贾馥茗

一、《大教学法》——由德进智的方法
The Great Didactics（1657）
夸美纽斯（Johann Amos Comenius，1592~1670）

　　夸美纽斯生于捷克，正逢文艺复兴之后，宗教改革期间，笃信宗教。夸氏对教育与当时所行者有不同的看法，所以写成此书，认为教育当教人最重要的三项，即智慧、德行与虔诚。书中详列教育方法，一改传统注重严格管教的方式，今天看来，其说仍然道理俱在；所说的不当之处，仍然多有所见，这一点值得教育者深思。夸氏主张博学广智，后世称之为主智主义，是"现代"教育主张的代表之一。

一、人是造物中至高至善和至美的（人为万物之灵）

奇伦（Chilon）说过，"认识你自己"。人的存在，有活力、感觉和理性，其他的物都在人的脚下。

二、人的终极目的在生命之外（在止于至善）

人高出于物，其终极目的也高。由人性来看，人的生命并非完满无缺。我们的生活有三重：植物性、动物性、智性或精神。第一重在身体；第二重是感觉与动作；第三重是能单独生存。第三重为前二者所迷惑并受其阻碍，需要进一步，才可能达到完美。

在生活中，我们所有的活动与情感，都达不到终极目的。因为我们所接触到的，连同自己，都另有目的。无论我们想做个什么"人"，做什么，想什么，说什么，图谋什么，要得到什么，都各有高下的原则，高了还想高，永远达不到最高点。

在这进程的每个点上，除了一个接着一个之外，什么也没找到。因为物质背后的智慧，像黎明之光，是由黑暗到天明，逐渐而来，除非人完全变成野兽。所以我们的行动起初是软弱的，未成形的，混乱的；然后心灵之德慢慢出现，驱使身体，继续应用官能。在这可贵的心灵中，各种功能继续发展，我们不知道其极限。

不管一个人如何发展，一个可见的事实是，想发财的人，虽然拥有全世界，仍然不能满足其贪心，如亚历山大便是。如果好名，即使全世界都赞美他，他还是停不下来。

一个人如果只贪图享乐，感官浴泳在愉快之泉里，习惯如此，胃口就越来越大，必然继续追求不已。用心灵研求智慧者也永无止境，一个人知道得越多，就越觉得自己无知。所罗门即说，"目不厌视，耳不厌听。"

三、今生只在求永生

既然生活目的无处不在，就不能算是生活。今生只是一个序幕，只有达到了永恒的存在，那才是真的。第一，见证自己；第二，见证世界；第三，见证《圣经》。

这个可见的世界，无论从哪一点看，只有一个目的，就是为了繁殖后代，为人类繁衍而抚养并训练。

四、求永生的三阶段——认识自己、规范自己、走向神

人的最高目的是获得与神同在的永久幸福。以人所处的环境来说，在所有的物中，要能够：（一）成为理性动物，（二）主宰万物，（三）与造物同享最大的快乐。

要做理性之物，就要知道世上所有的物名，熟悉并理解这些物，以便认识这世界及其运行；知道时间的终始，日月的运转，四季变换，一元复始，辨别星座、生物性与兽性，知道风暴及其出现规律，明白人的理解力，以及知道千万种植物。总而言之，万物各有其隐秘，也各有其表现。人有手艺知识和语言能力，可以无所不知，果真如此，才不愧为理性的一类。

因此，人就要：（一）熟悉万物；（二）主宰万物与自己；（三）归因于"生物之善"（造物主—神）。这三者用熟知的话说，即是：（一）博学（Erudition）；（二）德行（Virtue）或适当的道德（seemly morals）；（三）宗教或虔诚（基督教相信神或上帝为造物主；中国古圣则以为是天或道。《中庸》说"天道本诚而生物"，有天道至善之意）。

基于博学，人可以知道万物、艺术和语文；实践德行，人不仅外在的行为端正，行为的内外在倾向都不逾矩；而皈依宗教，则可一心向善。

人的优越性便表现在这三项中，因为只有人才有今生与来世。其他的，如健康、力量、美貌、财富、荣誉、友谊、幸运、长生，若有了，也只是附属物。贪恋这些附属物，甚至过分追求，沉溺其中，陷于浮华，而忽略了更重要的（德行），则有害无益。

举例来说，时计（日晷或机械钟）是灵巧又必需的计时工具。其优越性在于各部分精密的配合，至于附加的雕琢、刻画、镶配等，虽然增加外观的美，但对效用却毫无帮助。犹如一匹良马，其优越处在于强壮驯服，加上雕鞍美饰，并无助于其优越，道理相同。所以我们的生活，重在前述三点，其余的都非正路，只是阻碍或装饰而已。

五、学习、德行与虔诚，乃人本性所有

从自然可以了解，"善"与万物同在，使万物并生而不相悖。一物之存在，自有其目的，故各能适性生长，否则将导致痛苦或死亡。人也是如此，天赋予人认识事实的能力，存在于道德律的和谐中，植根于智慧、德行与虔诚三个原则中。人站在造物的核心，有一个清明的心灵，像一面圆形的镜子悬在室内，反映出周围所有的物，且无远弗届。如果人能活到一千岁，将可学习无尽的新事物，得到无穷的知识。

人的心灵无限，其知觉深如渊海。人体局限在一个极小的形体内，声音还能送得远些，眼睛只能看到苍穹，心灵则全然没有限制，可以上穷碧落下黄泉。

哲学家曾说，人是一个小宇宙或宇宙的缩影，因为可以看到大宇宙的一切因素。（陆象山也说，我心即宇宙，宇宙即我心。）人心犹如一粒种子，虽不可见，却可以想象。播下一粒种子，就可以发芽生长，其潜能就会表露出来。毕达哥拉斯说，人具有一切知识是很自然的。所以

一个七岁儿童应该有能力回答一个哲学问题。但是自从理性变得晦暗之后，心灵失去自由，以至理性感到了困惑。

理性灵魂存于内，外有感官服役，使灵魂可以感受并支配身外之物。加上人能忍受劳苦并爱好劳作，在幼儿期已经看出。人目要视，耳要听，无知的人则羡慕知识，因为怠惰与安逸很难忍受。

自学有成者是很好的例子，受自然的引导，一个人可以获得许多知识，收获比经使人厌烦的教师教导所获还多。这就是说，万物已经存在于人身上，灯、油、火柴，已经在这里，只要擦上火柴，点上灯，立刻就能看见世间稀有之珍。如果不点亮心中之灯，便只能停在黑暗里，光亮无从进入。

亚里士多德曾把人心比作一张白纸，纸上原本什么都没有，但是什么东西都可以写上去。一个书法家或画家若不懂其艺术，可以随便书写或涂鸦；一个不懂得教学艺术的人，也可把任何事物刻画在人心上，如果失败，当然不能怪罪纸张，而是刻画之误。差别是，纸有空间限制，人心则没有边际，可以不断书写，不断刻画。

大脑可以比作思想的工厂，如腊一般，可以印上痕迹，也可做成形象，并能重复制作。一切视、听、触所得的印象，都可复制出来，如呈现在眼前，而且还可颠倒错置，并加上一些想象出来的材料。尤其奇妙的是，这再现的印象不受时间限制，印象留在脑海里，无论时隔多久，还是如当时般生动新鲜。脑海可以容纳比宇宙更多的东西。

甚至信奉其他宗教的哲学家也看到了道德的和谐为人所必需，确定道德是指引永生之光。如此也可以说：（一）人人都喜爱和谐；（二）人的内在与外在都是和谐。因此可知人因喜爱和谐，才渴求和谐。匀称的色彩，愉悦的音乐，调和的五味，谁会不爱？不冷不热，适度的运动，"中庸"之道，出诸自然的和谐。不知此道者，是因为不知道自己本有和谐之根。

说实话，人的身体与心灵只是一个和谐，就像钟表由许多轮与带配合成一个完美无缺的整体，才能运转。人也是如此，先是靠心为生命活动之原，使其他部分得以活动并衡量。活动的效果在大脑，由神经连接到肢体，使身体内外相应而活动。

灵魂的运动主轴是意志，其重心是意愿和情感，能推动意志的方向。控制意志的是理性，衡量并决定取舍，灵魂的其他活动都因此而定。如果不过分注重意愿和情感，如果控制与理性选择适当，德行的和谐就不会不出现，如此就要求主动与被动适当地调和在一起。

所有的人都有一些神的概念，亚里士多德曾写过，辛内加（Seneca）说过："神是人类的保护者。"柏拉图也说："神是最高之善，超越万物，在自然之上，一切都趋向他。"

六、成"人"须教育

知识、德行与虔诚虽然植根于人，却不是"现成"地就在这里，必须通过祈祷、教育和行动，才能得到。一个好的说法是："人是可教的动物。"确实，只有通过适当的教育，人才能成为"人"。

就知识来说，"天"（上帝）赋予人唯一简单的直观，能知道一切事物，无始，无进，无终，即使天使也要由知觉而学习，其知识也像我们一样，得自于经验。一个人除非经过训练，就不能成"人"。就像许多物若不经人手，就不能为人所用一样。

人是生而要劳动的，但是要经过教导，才能坐、立、行走，并使用双手。可是在其出生时，却没有力量行走、直立，不会说话，没有理性，要从经验中学习，知识并非与生俱来。自出生就被动物捉去的婴儿，未曾学习过人类的活动，长大后各方面还只像一只野兽，这已经有了事实证明。

所有的人都需要教育，从能力高下不同可知。大家都知道笨人也需要教育，学习后可以脱去愚蠢。只是聪明者需要更多的教育而已，因为头脑灵活者若不做有益之事，必然去做无益的放辟邪侈，可能堕落到无底深渊。

富人没有智慧与吃饱了糠麸的猪何异？穷人不懂事理与负重的驴子有何差别？美如潘安的男士岂不只像一只五彩鹦鹉？这些都像装在金鞘里的一把钝刀！

有社会地位的人要有智慧，才能担负其责任；地位较低的人要受教育，才能变得聪明些，才知道生活要安守本分。所以人都需要受教育，否则便与禽兽无异。

七、幼年是成"人"最好的时期

人如同树木，果树必须自本自根地生长，若是野树，则要栽植培养。人如果只有自然的形象，就不能发展出理性、智慧、德行，这些必须自幼年就开始。

人需要自幼就受教育有六个理由。第一，人生无常，所以就须明白一些事理。人所不知道的是"什么时候死"和"怎么样死"，因此常在毫无准备之下，撒手而去。不知道死后身归何处，才心存畏惧。（夸氏原文是要信奉神以求永生。为免有宣传宗教之嫌，故稍作改变。实则死后是何情况，乃是人生之谜。虽然最近有对死后复生者的研究，仍难做定论。据稗史记载：一位达官宴会许多有知者，忽然发问，谁知道人死后是何状况？一个年轻滑稽者应声道：我知道死后一定很快乐，因为没有一个人再回来，否则很多人早就回来了。）

死期不可知，而长寿乃人人所望，人还是要及早陶冶品格，因为生命不只是要消磨在学习上，而是在于行动上。人要及早认识身外的世界，因为在一生当中，有许多东西要学，要经历，并要完成。

所有的物性都是在稚嫩柔软时容易改变，一旦长得粗壮，就很难改变其形象。培植植物，训练动物，都要在幼小时开始。人也如此，幼年时像蜡般柔软，容易揉捏。西塞罗（Cicero）就说："孩子们可以很快地吸收许多东西。"再大一点，当其肌肉仍能训练时，手和手指就可通过训练做出巧妙的工作。一个人要想成为一个作家或从事其他的职业，就要从年轻时开始，因为这时候有丰富的想象，动作灵活。如果希望追求智慧，就要自幼开始，这时候有热情，思想灵活，记忆牢固。

人要成为"人"，就在幼年，因为这时候人除了受教育之外，什么都不能做。其他的动物都成熟得快，人却需要二十至三十年。人有较长的寿命，适合接受教育，然后才能享受人生。

人能保持得最久的东西，就是从摇篮时开始所吸收的东西。当外在感官开始作用后，心灵并不停止活动，如果进入头脑的不是有益之事，其他无用甚至有害之物就会乘虚而入，而这些无益的东西留下来后，将终生抹之不去。

如果每个人都以自己孩子的幸福为念，就不要罔顾自己的职责。

八、青年须受共同的教育，故学校乃必需之所

父母的天职是使子女有理性、有德行并虔诚。人所从事的行业渐多，为亲长者既缺少充分的知识，又无多余的时间来教育子女，于是一个聪明的办法出现，那便是兴起公共教育。其法是选择知识丰富、道德高尚的人来教导青年，称作导师、教师或教授；教育的场所就称为学校、小学、讲堂、学院、公立学校和大学。

建立学校始自罗马、埃及、希腊和犹太人，基督教建立的学校更多。此后，虽然有些父母可以教导子女，但最好的方法还是使年轻人在同一班级共同学习，这样他们不但快乐，还可互相观摩。而在学校中，更增加了人和人互相沟通的机会。

九、所有青年男女都应该进学校

所有青年，无论男女、贫富、贵贱、居住在城市或乡村，都应该进学校。

首先，凡属生而为人的，都趋向一个共同的目的，即"要成为人"：要有理性，能主宰万物。在吸收了适当的智慧、德行和虔诚之后，能适当地用于此生，且值得用于未来。

有些人看上去似乎生性鲁钝，他们恰恰正是最需要培养的，他们需要教育的帮助，以减少其愚鲁，"文化"对他们有提升作用；他们可能在文字学习上没有进展，却能软化其钝性，而通于人事，知道服从。曾有被视为愚鲁者成了科学家，其他出人头地者，也多有所见。"勤能补拙"早就是一句名言，和"小时了了大未必佳"，恰好相对。在学识的园囿里，没有人应该被阻于墙外，不是只有聪明者才能进入。

即使被视为性别软弱的一方，也不应被划除于知识之外。她们也同为人类，也有人身居高位，或辅佐王侯，或研究医药，造福人类。女性的诚恳和娴静，可以增进。如果有人问，倘若工匠、乡下人、苦力以至妇女都有了学问，将会如何？我的答复是，如果青年的普及教育适当，那就人人都会思想，都知道自己应该做的事，那么人类世界就会是一个和谐的乐园。

十、学校教学应该周全

前文已说到每个人都应该受到普及的教育，但却不是说每个人都要具备所有的艺术和科学知识。因为那不但无用，也非生命短暂的人类所能做到。我们已经知道每种知识都浩瀚无涯，且复杂万端，最强壮、最聪明的人穷一生之力，也无法全部学到。人人都要学习的是重要原则与造因，在重要的事物上，做一个行动者兼探索者。我们所要致力的是，不使任何人对所遇到的事，因一无所知而手足无措，从而犯下错误。

有人说学校是造就人的工厂，人之所以能成为人，的确是出自学校。称得上"人"的人，第一是一个理性动物；第二是作为自己和一切物的主宰；第三是为神所爱。（中文里也说，聪明正直者为神。）这三者由学校培植，可以从三方面证明：一是周围的环境；二是我们自己；三是神（或最高典范）的榜样。

就事物和人有关的方面来说，可以分为三类：（一）人所能看到的，即是天地中的一切；（二）人所能模仿的，即是可贵的事物间的秩序；（三）人所欣赏并尊崇的，即是喜欢和重视的。

心灵有三种潜能：智能、意志和记忆。智慧在于认识事物；意志在于选择是与非；记忆在于保存有用的经验。三者在心灵中不可分，见于博学、德行与虔诚。

幸福所指的，不是身体的快感，而是来自周围的事物，来自我们自己，最后来自完美的神或典范。

来自物的快感，是聪明人由深思所得的经验。因为无论他身在何处，无论看见什么，想到什么，都有一种吸引力，使他浑然忘我，而与所感受者融为一体。智者书中说：与智慧言谈没有苦涩，相处没有忧愁，只有喜悦与快乐。一位异教哲学家则说："人生没有比寻得智慧更快乐的事。"

乐在"本身"是甜美的。一个人热衷于德行，喜于自己的诚笃，知道自己的公正无往不利，这比上一种快乐更大，谚语说："善良的心（良心）是永恒的飨宴。"

"智慧、德行与良心，三者如果未密切结合，是不会得到教学的指引。没有德行与诚笃，徒有文学技巧何益！增加知识而道德有亏，乃是有退无进。"所罗门说过意义相似的话："妇女美貌而没有见识，如同把金环戴在猪的鼻子上。"所以知识要和德行结合在一起。

十一、此前并无完善的学校

我所说的学校，是能十足完成其功能的。在那里，受教者得到智慧之光的照耀，显隐无遗；情绪与欲望和德行调和，充满温馨的爱。受过教育的人，学到了一切必须要学的，在人世便能过如天堂般的生活。

路德博士在劝告帝国设置城乡学校时曾说：第一，在城乡遍设学校，教育所有青年，希望全体农夫和工人，每天都有两个小时接受知识和道德与宗教的教导；第二，要采用一种比较容易的方法，使学生对学习不感厌倦，且能为学习材料所吸引，从中得到快乐。

以前学校教年轻人的方法那么严厉，使学生把学校看作一个可怕的地方，扼杀了他们的心智，对学习与书本产生无限厌恨，宁可离开学校，去做工人以至闲荡。即使继续下去的，也多是受父母的强迫，为了荣誉不得不受苦下去，实际上，并未得到正确且透彻的教育。因为学校把陶冶德行与品格只当表面工作，就算知识方面，只要一年就可教会的，却要五年十年，学到的仍是一知半解。（这情形至今仍然存在。）

十二、改进学校有其可能性

学校需要改进，但要以两点为宗旨：（一）我们想要的是什么；（二）根据什么原则去做。

我们想要的教育体系是：

1. 所有的青年都能受教育；

2. 受教育者都能学到智慧、德行和虔诚等品性；

3. 在成年之前，学习生活的准备；

4. 实施教育，不必责打、严厉或强迫，要在自然的气氛下，尽量温和而愉悦；

5. 教育要真实而透彻，教人用自己的智慧领导自己，亲身钻研事物的根源，真正了解并能应用，不是只会阅读和记忆；

6. 教育工作要轻松而非劳苦。

一件事在做成之前，不易得到别人的信任，只有在做成以后，怀疑者才无话可说。有人怀疑某些人没有能力接受教育，我则认为尘封的镜子照不出影像，如果教师不辞劳苦，拭去灰尘，愚鲁者也可学而有得。

当然我所说的是就绝大多数普通人而言。

也有人说，没有学习的意愿，教育便没有着力处。我则以为，父母的溺爱妨碍了孩子的自然心向，又被好玩的伙伴导使怠惰，加上外界不当的吸引力，而流于懒散，不知道学习有什么好处。正如口舌习惯于一种口味后，便难以再尝出其他味道的美好。教师若要使学生产生对知识的迫切要求，就要变化教学的花样，在教知识之前，使学生能接受教学。

人的性格有差别。有的聪明，有的迟钝，有的温和，有的倔强，有的爱好知识，有的喜欢工作。由此可以分为六类：

1. 聪明伶俐的渴于求知，易于受教；
2. 虽聪明伶俐，但迟缓而懒惰，需要督促；
3. 虽聪明伶俐且爱好知识，但个性倔强，不肯屈服；
4. 温和且乐于求知，但比较迟钝，虽可赶上前者，却需要时间；
5. 心智较弱，既懒且笨，如果不顽劣，用耐心与技巧，仍可大有进展；
6. 智力低，倔强而顽劣，适当处理，也有改变的可能。

普鲁塔克（Plutarch）说："幼儿的性格如何，无人能够负责，但是我们有力量训练他们，使他们变得有德行。"

不过有四个理由可以用同样的方法教育各种儿童：

1. 为人的目的都相同，即知识、德行和虔诚；
2. 人的心性虽各不相同，却都具有人性，都有感觉和理性器官；
3. 性格的差别是由于自然和谐中的因素有"过或不及"之别；
4. 如果不是积习已深，性格中"过或不及"的因素可以互相抵消。

我说要把心智不同的人混合起来，所指的是在教学之外，另加帮助。如使一个聪明的孩子教两三个愚笨的，让品格较佳的孩子监督品格较差的。但是教师必须严密观察，使其都在正常状况下进行，毫无差错才行。

十三、改进学校当以万物的秩序为基础

天地万物各有其序。秩序为事物的灵魂，万物各依其序而生，宇宙因其有序而存在。（此说犹如荀子所说的"天行有常"。）

人之所以能做许多工作，是由于身躯四肢和谐成一体；心居中枢而统御全身，也在身心和谐。

国王单独一人能统御全国，统帅一人能号令万千军队，一本书能正确、有条有理，并迅速地印出，一辆由木头和铁片制成的马车可以用马拉动，船能航行于狂风骇浪中，都是受秩序的控制。所以教学的艺术所需要的，是巧妙地安排时间，选择教材，应用适当的方法，组合成一个和谐的整体，可以像一个完美的钟表，有秩序地运行下去。

十四、教学的确切秩序应以自然为范，不受阻碍

教学依照自然秩序，可以得到下列原则：

1. 延长生命；
2. 精简科目，以求尽快获得知识；
3. 把握求知机会，勿使失去；
4. 开启心智，使之容易获得知识；
5. 磨炼判断力，以求得透彻的知识。

十五、延长生命的基础

延长生命，自古以来就是人的愿望。保护儿童有二法：

1. 保障安全并预防疾病；
2. 安置心境以获得知识。

［植物适应环境以求生存；动物在适应之外，还有规避危险以保障

生命的本能。人类的幼儿可能由于自幼便受到成人的保护，反而失去本身原有的警觉性，以至不顾危险，任意嬉戏，常会造成意外，这是教育不应忽略的。斯宾塞（Spencer）说，人有自卫的需要，教育自幼就要教到这一点。然后是对饮食习惯的培养及对自我约束的训练，要同时并进。前者是身体保健，后者是心灵发展。]

十六、教与学都有必需的方法

要使教与学都达到其必需的效果，须取法自然，坚持以下原则：

1. 适当的时间

一年有四季，生物依此而春生、夏长、秋敛、冬藏。人的一生，幼年如春，青年如夏，成年如秋，老年如冬。以一天而论，早为春，日间为夏，晚为秋，夜为冬。依此时序而言，早晨是一天中最好的学习时间；各科目的学习则要适合各个年龄段的特点。

2. 先有材料后成形式

依照自然秩序，学校应先准备教学所需的书籍与教材；教学生先了解事物，然后学习用语文表达；学语文当先学范文，文法在次；先学事物知识，后学组合事物的知识；先教例证，后教规则。

3. 学习的步骤

使学生知道进了学校，就要学习；引起学习的意愿；排除学习的障碍，少用训诲。

（1）在一定时间内只学一件事；

（2）发展内在，先学理解，后求记忆；

（3）由普遍到特殊，先学普通的知识，以后再求专精；

（4）循序渐进，依班级分别学习的科目与时间；

（5）学校设在安静地点，以免分散学习精力。

十七、教与学皆当求其便利

1. 教学当及早开始；
2. 教学当激起学习的意愿；
3. 每门学科都应有简明的规则，并以实例为证；
4. 用学生能懂的语言教学，由易到难；
5. 使学习轻松愉快；
6. 教学要适合学生的能力；
7. 教学要使学生透彻明了；
8. 不对学生做过分的要求；
9. 学习应求会应用。

十八~二十二（略）

二十三、道德教育的方法

道德的形成，要依下述规则：

1. 所有的德行，应毫无遗漏地教给年轻人。
2. 先培养主要的德行，如慎重、节制、坚忍与正直。
3. 慎重得自于良好的教导，如分辨事物的差别及其相应的价值。
4. 教年幼者对饮食、作息、工作与游戏、说话与缄默都要有节制，并身体力行。
5. 教年幼者自我节制，在于克制欲念，明知是错的就不做，明知是应当做的就要努力做，抑制急躁、不满与愤怒。
6. 教年幼者推己及人，不害人，当舍则给人，不虚伪，不欺骗，殷勤随和，正直无私。
7. 坚忍是坦率大方、忍苦耐劳。经常接近具有这种品质的人并向其学习，还要经常练习。

8. 培养乐于为人服务的态度。

9. 在邪恶尚未占据心灵前，及早培养德行。在实际生活中练习德行。

10. 父母与教师等人当以自身为榜样。

11. 身教与言教并行。

12. 使年轻人避免不良的社交。

13. 严格的纪律，绝不怠忽。

二十四~二十五（略）

二十六、学校纪律

学校必须有纪律，没有纪律，就失去了动力。不过纪律并非使学校充满呼号与鞭挞之声，而是使学习者提高警觉，用心学习。

应用纪律的前提是，教育者深知教育的目的和教材，以及各种形式，才知道何以要有系统化的严格，并知道为什么用、什么时候用和怎么用。

犯错的人应该受惩罚这个信念由来已久。"惩罚"是因为"做错了"，可是已经做了的，就不能"取消"（what has been done cannot be undone）。施行惩罚也争论颇多，一个解释是，惩罚旨在"戒免再犯"，用意在好的一面。惩罚不在于施罚者泄愤或憎恶，所以要避免体罚。父母或教师惩罚学生的错误行为，依此说，便如同医师给病人一副苦药，会有些痛苦，但可以治病。

严格的纪律不应用在学习或文艺练习上，而应用在道德或可能遭遇危险时。前文已说过，学习如果安排适当，其本身就有吸引力，其次是责任在教师。若不如此，只一味要求学生，用惩罚做手段，不但不能使学生努力，反而使其心生厌恨。

惩罚不在于"体罚"，而在于严肃地说明道理，必要时训诫，最好是找理由勉励或赞美。例如设想一个学习懒惰的学生喜欢而又能做的活动，使他去做，在他做时，关心他的工作，但不干扰他，偶尔给点赞美或指导，在他喜于接受教师的关注后，可以慢慢转移到学习上来，也可增加自我的约束力，这是学习指导与品格陶冶双管齐下的方法。

二十七（略）

二十八、"母亲学校"的图形（母教）

树木的一个嫩芽象征将来枝繁干壮。婴儿这棵幼苗，从开始就要供给充分的养料——知识，为他度过终生的旅程而准备。下述可以为例。

1. 形而上的。这所谓之玄学，在幼儿观念中是模糊不清的。可是他能看，能听，能碰触，从感官得到虽模糊却基本的概念。

2. 物理的。六岁之前，儿童已经知道水、地、空气、火、雨、树、鸟、鱼，等等。这些学起来很容易，是进入自然科学的途径。

3. 光学的。能辨别光亮与黑暗、红、白等颜色。

4. 天体。认识日、月、星辰及其升降情形。

5. 地理。认识平地、山脉、河流与村落。

6. 时间。知道今天、昨天、一周、一月、一年等。

7. 历史。从故事学会从前和现在。

8. 学会数数，知道多少之别。

9. 几何。知道大小、长短、厚薄的意义。

10. 力学。分辨轻重。

11. 机械能力。可以练习手的动作。

12. 问答能力。会提问题，能自做答案。

13. 能清晰发音。

14. 说话有腔调。

15. 能记诵一些韵文。

16. 能记诵诗歌。

17. 能分别人的称谓。

18. 能学会社会中一些人的名称。

19. 学习德行。如节制饮食，分清对象，尊敬长辈，服从命令，不私自取别人的物品，爱人爱物，学习做事，不多说话，和善待人。

20. 学习虔诚。

教育幼儿是父母的天职，教育事项以及教育方法，最好制成手册之类，以供应用。

二十九、平民学校图形

平民教育（当时只有贵族与富人能受教育）包括所有男性，希望他们都接受德行训练，特别是在中庸之道、社会能力、礼貌等方面，要在六岁至十二岁之间施行。教育的项目如下：

1. 用本地语言（国语——当时学校只用拉丁文教学）读和写。

2. 正确流利且自信地书写。

3. 按实际需要，会用数字或计算器计数。

4. 能熟练地测量空间维度与距离。

5. 能唱著名歌曲，有能力者可学习高深音乐。

6. 学习道德原则并实行。

7. 学习经济学、政治学、世界通史、宇宙学。

8. 学习技艺的重要原则。

这种学校每天上课以四次为宜，分为上下午，以便学生做其他工作。上午做智性学习，下午练习手艺与音乐。鼓励学生记忆与书写，使他们的所学能付诸实用。

三十（略）

三十一、论大学

任何完整的科学或学科训练都是大学的任务。理想如下：

1. 科目应该普遍，以学习人类所有科目知识为准。
2. 所用的教育方法应该容易且彻底，使学习者能得到精湛的知识。
3. 只有学完全部课程，成绩优良，能担当事务者，才可给予荣誉地位。

（当时所称的"科学"的定义是"有系统的知识"，所以文、史、哲都称"科学"，不似现在只限定为自然科学。）

要使学科普遍，大学就要具备：

1. 教授精通各种科学、艺术、人事和语文，可以给学生提供各科资料。
2. 图书馆有精选的书籍，可供所有人使用。

要使学习有进步并有成就，当选择智力高者入学，其次佳者可使其参加职业学习，如农、商、机械等。

凡天分特优者，应该各科都学，使世界上永远能有具有百科全书式知识的人。

只有好学且品格优良者，才能入学。

学生各科都学，则将有大量阅读工作，这是为了使学生能学到学者们，如语文学家、哲学家、医学家、神学家等的益处。学习要有摘要，从中，一则可以得到概念，二则可以迅速浏览，三则阅读便利。这种摘要可以单独印行，也可汇集成册。

学术练习，最好有公开讲论。教授发表讲演，学生或者通过阅读，或者就地提出问题，互相讨论，互相解答，由教授主持。

论文的决定，是把荣誉颁给值得接受的人，其决定应由全体匿名通过，然后授予博士或硕士学位。

学位考试，要完全公开。学位候选者应该坐在当中，由最有经验的人提问。问题的重点应该在理论与实际两方面,直到答问者表现出有明白透彻的见解,即知识为止。由此可以确定,学习者有了坚固的知识基础,可以在人类中放射出智慧之光,有益于知识的进步。

三十二、论教学之普遍且完善的秩序

我们希望教学艺术进入完善的境地,新方法可能比较困难,但却能使一位教师同时可以教多数学生,且能使他们学得更好更容易。

新方法的优点是:第一,少数教师可以同时教多数学生;第二,改进课本的印刷及编排;第三,新法教学可使学生学得透彻,且在学习过程中感到愉快;第四,新法使迟钝的学生同样能有效地学习;第五,即使教师不善教导,也能达成教学效果——教师无须自编教材,无须自行寻找教法。

在改进课本方面,首先是教材安排适当,条理明白顺畅,使学习者容易了解,并有标准作业。其次是教师有教学手册以指导教学,使教学的负担大量减轻。

在教师方面,要求说话的声调悦耳,高低快慢适度,言辞清晰,使学生听来能深印脑海。同时对学生的品格训练是:要注意观察学生的表现,学习敏锐者与迟钝者,勤勉者与怠惰者,皆不能逃出教师的视线。对不受教者,不用责罚,而代以启发理性,使之服从。总之,要设法使学生趋向学习。

三十三、施行普遍教育方法的前提

近百年来,学校教育方法不当,只在近三十年中,才设想改进方法。但学校的状况,依然如故。一个学生在学校学习以后,可能发现自己成了"无知"的笑柄,或是被恶意攻击,在得不到任何帮助后,只好弃之而去。

我的计划之所以能够成功,系于应用一种百科全书式的教本。这种教本,须有若干有创造性、精力充沛的学者合成团队,同心协力地工作,因为这不是一个人单独可以完成的。希望在"得道多助"的情势下,完成教育改革,造福下一代。

◆**述者总结**◆

夸美纽斯在"现代"教育理论家中,以本书开启了西方教育思想的局面。在此之前,欧洲教育只限于富贵阶级,即使学校,也非贫寒者所能想望。当时富贵者有力自请家庭教师,但教师的教法和学校并无差别,呆板而严厉,而且只以读、写、算为务,纵然读到一些书本,却形同死知识;且毫无道德教育,因其时只以宗教为道德,宗教中虽有道德教条,却未与行为配合,以至连信仰也只是形式。如本书中所说,即使在数百年后的今天看来,虽然世事大有变异,若深入思考,仍当认为其言之成理。

二、《教育漫谈》——怎样教成高尚的人?
Some Thoughts Concerning Education（1692）

洛克（John Locke，1632~1704）

洛克是知名的英国经验主义派哲学家,教育人士对他都耳熟能详。《教育漫谈》谈教育的实际做法,是其贡献之一。

一、概说

1. "健全的心灵寓于健康的身体"（A sound mind in a sound body）是世界上对幸福简明而又完善的描述。有了这两者，就不必再有任何奢望。如果二者缺一，纵有任何东西，也是枉然。人的幸福或痛苦，全在自己。心意不明则不正，身体羸弱则难于有为。我相信有些人生来就身心健全，不需别人帮助，凭着自己的天赋，就能出人头地，但是这样的人极少。日常可见者，无论善恶，有用或无用，十之九都出自他们所受的教育。教育造成人和人之间极大的差别。从幼年开始所得的印象，即使微细到不能觉察，都可能影响一生。正如江河源泉，原本柔细，经过人手，便可导为洪流，流向汪洋大海，即是在出发处轻轻导引一下，其流向便可能遥不可测。

2. 我觉得儿童早年的心意如流水，可东可西，很容易趋向任何一方，因为这是重要的一部分，所以就要关心儿童的内在，不过外在的躯体也不能忽略，试且先来谈这一点。

3. 人要能工作，要幸福，就先要有健康。有健康才能吃苦耐劳，这是不证自明的道理。

二、父母的育儿之道

4～5. 做父母的要子女健康，切记的一句话就是："切勿娇生惯养。"首先要注意的是，无论冬夏，衣着都不需太暖。譬如面孔，出生时比身体任何部分都娇嫩，因暴露在外，习惯后便不再畏风寒。人体耐力很大，初生时已经有天生的头发覆盖头顶，又经一两年的锻炼，并不需要戴帽子，头太暖了反而容易伤风头痛。

6.此处所讨论的以绅士（有教养的人）的教育为主，不完全适用于女孩，性别差异是很容易分辨的。

7.我主张用冷水给孩子洗脚，鞋子也要尽量薄，许多儿童自幼赤脚行走，反而身体健康，不畏寒冷。有人甚至终年洗冷水浴，寒冬依然如此，完全在于锻炼而成为习惯。

8.儿童到了能学习游泳的年纪，就要教他游泳，一方面可以强身，另一方面学会一种技能，必要的时候可应急需。不过运动之后，血脉贲张，不宜立刻下水游泳。

9~10.多过露天生活可以增加对冷热、风雨、日晒等变化的适应力。从小练习才能使身体健康强壮。户外游戏有一些危险，儿童无知，跑热了就坐在阴冷或潮湿的地方，且立即狂饮冰冷的饮料，这都是致病之源。只靠监护人监督，不如在初次出现这种情况时，立即告以利害，使之知道原则，并继续注意，养成习惯，培养儿童自行维持健康的能力。

11~12.儿童的衣服不可太紧，否则不但活动不便，且会影响将来的发育。胸部狭窄的衣服，使呼吸短促，致肺弱佝偻，束腰束腹之类的衣服，短腰身的裤子，以不穿为宜。

13~14.儿童的饮食，以清淡简单为主。三岁以前最好不吃肉食，要吃也要少吃，且口味不可太浓。最忌让儿童吃得太饱，希腊时代的名人如奥古斯都大帝、辛内加、恺撒等都主张吃简单的面包或者少吃。

15~18.我以为用餐不必有固定时间，以免到了时候就产生饥饿感。早晨通常是念书的时候，吃得太饱使血液集中到胃里，而致头脑昏昏，不适合用脑。饮料只能用淡啤酒，但很热的时候不宜用。人对饮食有习惯性，固定一种方式就会成为习惯，此后便成了非此不可的惯例。

19~20.不可让儿童喝酒或烈性的饮料，如果他们由此得到快乐，以后便无法禁止，对身心都无好处。给儿童吃水果，最好在两餐之间，且要吃成熟的水果。

21～22. 最好让儿童养成早睡早起的习惯。多数儿童喜欢晚上和大人一起玩耍，这样到了早晨便贪睡不起，要大人再三叫唤。十岁以后，每晚有八小时睡眠已经够了。二十岁以后，晚上可能有活动，但还是以早睡早起为宜。卧床不必力求柔软，可以有时睡较硬的床，睡姿也要常常改变，以便将来适应外出时不同的居住状况。

23～28. 大便也是生活中的一件大事，而且很多人为便秘所苦。我以为大便是肠管蠕动的结果，要经常练习养成定时排便的习惯，时间最好在早餐后，开始时可能有些勉强，不久就可成为习惯。

29～30. 不可乱给儿童药物来预防疾病，也不可随便给儿童吃药。真正有病时要找正规执业的医生诊疗，但还是不可随便吃药。

以上所说都和身体健康有关，用心执行，是使儿童保持健康的正确方法。

31. 身体活力充沛，则能使心灵正常作用，成为举止有节，行事有序，符合理性动物的灵性与超乎万物的优越性。

32. 儿童心灵的正规形式，要及早形成，这是人生一世的基础。他们长大后为善为恶，看在别人眼里，都要归究到他们所受的教育上去。

33. 身体强健的标准在能忍苦耐劳，心灵也一样。以道德价值的重要原则为基础，才能控制自己的欲望，排除自己的意欲，以服膺理性，而弃置欲望。

34. 一般人最大的错误就是未曾及时教育儿童。幼儿尚不知遵守法则，不知服膺理性，当稚弱而容易改变时，做父母的只凭着天性之爱，不理性而没有严密监视，只知溺爱，以为孩子尚小，天真无邪，一些微不足道的小事，不必多管，以免影响孩子的发展，甚至把一些出轨以至恶作剧的表现，当作聪明之举，还嬉笑着以为有趣，更助长了孩子胡闹的兴致。

35. 被溺爱的孩子多半爱闹又爱哭，因为一哭一闹就有了理，就心愿得逞。这等于在河水的源头下毒药，到孩子长大后，才会尝到苦果。孩子大了，不再像小时那么逗人喜乐，而且变得顽强固执，成了麻烦的制造者。父母不知道是自己亲手培植的莠草，是自己纵容孩子有己无人，是自己使孩子惯于颐指气使，让别人听话，而他们却从来不需要听别人的话。一句话，是父母把他们养成这样的。

36. 我们都知道对有用的动物从小就开始训练，对自己亲生的孩子反而忽略了这一点，父母一面使孩子变成顽劣的儿童，一面又期望孩子长成善良的人。在孩子幼小时放任他们，恣其所欲，不用理智来规范与约束，到他们长大成人后，不但自己不会运用理智，更不会服膺别人的理智约束。

37. 德行与超越原则，的确和满足私心欲望相反，超出理性的主宰。主宰的力量之获得与增加，在于幼年时即已熟悉并实行。若不如此，小时候就会向欲望投降。教儿童正道，首先就是不能"有求必应"，让儿童知道所求不得的痛苦是为了他好，长久后便会不再以为苦，也就不会哭喊着要天上的月亮了。

39. 儿童需要又应该有的东西，是要给他，让他游戏，给他玩物。反之，他不应该要又不需要得到的，就要拒绝。我看见一个孩子吃饭时只管吃给他的东西，没有任何其他的要求；另一个孩子则要了这个，又要那个。（外国人的习惯，尽管桌上有许多菜，有些不适合儿童吃的，就不给他，即使要也不给。越小的孩子给得越少。）对后一个孩子来说，即是允许其纵欲，使其没有耐心，且不知好歹。

40. 教育子女要从幼年开始，（中国谚语也说，"教子婴孩"，即是从小开始。）当幼儿知道服从时，便要教他听话，听话中有"敬畏"的意思。（幼儿本来对比他大的东西怀有惧意，儿童对亲长有惧意才能生出敬意。"惧"不是"恐惧"，只是有点怕而已。）即是说，要孩子服从命令时，应该郑重地说，而非嬉笑，这样才能建立亲长的"威信"。（没有威信很难使人听信。）到儿童年岁渐长，便要假以辞色，该温和的时候，也要显示慈爱，使他可以用对待朋友般的态度待你。一味亲狎或老是声色俱厉，并不妥当。

41. 教育子女宽严适中，使他们知道有所敬畏而无恨恶，也知道为亲长所爱而感到幸福，自然心情平和而有理性。人同此心，我们都愿意受到和善的待遇，由此才会和善待人；我们有服膺理性的心意，才会用理智处事。亲子之间和谐，是为人处世的基础。

42. 儿童一定会长大，离开父母的视野。尽管父母曾经管过他们，爱过他们，到他们长大后，是否真的有善无恶，很难断定，关键在于教育他们时，不是只重表面，而是要深入其心中，使原则成为其性格，能运用自如，才是教育的成果。

43. 父母要教儿童顺从，必须在儿童能记事时，即一贯的坚持，到其衷心领受，毫无勉强时便成为自然。若开始太晚，越晚即越难改正。但是约束儿童并非"严厉管制或是惩罚"。他们需要的是指引与矫正，因为他们还不知道对或错，不可用不当的方式使他们心生怨恨。

44. 正确的教育目的，并不难见，即：不能控制自己欲望的人，即不受理智指导，就没有实行德行的力量。所以要及早培养德行，打进儿童的心坎，负有教养责任的人，必须知道何时应该开始。

45. 另一方面，如果儿童因管教过严而变得畏怯沮丧，以至心灵受到创伤，失去活力和上进心，会比前一种状况更坏。一个放荡不羁的青年，仍然精力充沛，若能走入正途，还会大有作为。而沮丧的人则不是，因为他很难振作起来。如此就要有技巧地先使之感觉精神安逸，自由活泼起来，学习控制欲望，调整心理状态，才是教育的正轨。

三、教师的管教

46. 有些教师常用一种迅速有效的方法管理儿童，即体罚，这是最不适当的教育方法，因其有几种弊端。

47. 第一，人本有求身体快感而避免痛苦的倾向，体罚不但不能控制这种倾向，反而有助长的作用，是生出邪恶的根源。儿童因不喜欢读书而挨打，因吃了喜欢吃的水果而挨打，迫使他为求身体的安适而放弃了原来心里想要的快乐，这种体罚不是由于做错事而感到羞耻，只是为了怕痛而做或不做，是重体肤而轻心灵的做法，有了这样的倾向，此后如何作为，便可想而知了。

48. 第二，为了某件事而受罚，会把心里的愤恨转移到那件事上去，会更不喜欢做那件事。可能更进一步，反其道而行，这就是惩罚造成的恶果。

49. 第三，奴隶式的管教，必然造成奴隶式的性格。有人在鞭子面前，便奴颜婢膝，装模作样，若没有人在前，便我行我素，任意而为，并且这种做法将愈演愈烈。

50. 第四，如果管教严格到极点，可能约束了任性的行为，但却可能形成怯懦沮丧、无所作为的人，变成表面上似乎与人无争，实际上却没有什么用处的人。

51. 所以要使儿童变得聪明、善良又能干，绝不可用体罚或奴隶式的管教方法。除非万不得已，才偶尔用之。反过来，若一味取悦儿童，用儿童喜欢的东西哄着他做该做的事，也有鼓励嗜欲的危险。正确的做法是教导儿童自己控制嗜欲，以避免贪婪，即培养他本身该有的德行。

52. 我这样说，是认为儿童要有方便或快乐的生活，以免影响健康或德行，并能适合他。一方面尊敬父母和教师，一方面又没被宠坏而受不当的诱惑。

53. 可是如果放下鞭子，而只有鼓励，又如何管教孩子呢？事实是，除了希望与恐惧，还有训练或纪律。我以为，善与恶，奖励或责罚，是理性动物唯一的行为动机。这动机是御马的勒或鞭，用"勒"制止或驱策。使人工作与接受命令，在儿童身上便是奖与惩。父母与教师要把儿童当作理性动物看待。

54. 教导儿童，要奖惩并用，问题在于用而不得其当。父母只从躯体的方面对待儿童，抑制他的一种欲望，用另一种欲望来代替，只是增加了他欲望的力量。例如儿童要一种对他有害的食物，你不允许，而拿另一种食物代替,这对他的心灵和身体并无益处,使他只停留在嗜欲上,在心灵上种下了恶根,日后一有机会,便会爆发出来,将后患无穷。

四、奖惩

55. 用奖励或惩罚使儿童遵守秩序,重要的是使他生出荣誉感或羞耻心,使他爱荣誉而怕羞耻,不仅停留在奖惩的表面。不过这样做并不容易,方法如下。

56. 第一,儿童觉得被人重视是一种快乐。相反,被人忽视便觉得可耻。这样的羞恶之心比受明显的责罚更难忍受,也就证明责罚不是最好的方法。

57. 第二,儿童从被尊重或被忽视分辨出自己行为良窳的差别,便会学到一意求好的表现,于是得到更多的快乐,德行也会日益优良。

58. 受委托照料儿童的人,往往自己为了讨好儿童,在儿童受到父母教导之后,安慰他,哄骗他,以致降低了教导的效果,这一点是父母委托别人照料儿童时应该注意的。

59. 父母因不得已而惩罚儿童,是要他知道因错误而感到羞耻,所以父母在施罚之后,不可立即露出笑脸。有些父母罚过子女之后,立刻又觉得心疼,马上就来哄他,施惠于他,那样教导就完全无效了。

60. 名誉虽然不是德行的真正原则和标准,但也所去不远。在儿童能自己辨别是非之前,爱好名誉是教导和鼓励儿童的好方法。

61. 了解名誉概念的父母,要使儿童得到正确的概念,在斥责儿童时,虽然应该严肃,却不可顺口怒斥,伤害他们的自尊;尤其不可在别人面前斥骂孩子。当孩子在别人面前犯错时,也要待到无人时再教导。在别人面前赞扬孩子,原无不可,但也要恰如其分。

62. 教导儿童宽严得宜,并不需多用奖惩。儿童好动又爱游戏,在别人面前活动时,如果能知道有别人存在,尊重别人,便不需要禁止或喝阻。

五、规则

63. 教育方法的一种错误，就是给儿童立下许多规则，却未彻底坚持。第一，规则多了，儿童不能全记；第二，不曾时刻留意观察儿童是否奉行合乎规则的行为，未曾养成习惯。例如有人和他说话时的一个小动作，即他应该注视别人的面孔，用心聆听。有些父母对子女说话时，便允许子女眼观他处，似听非听，甚至脸上带着不以为然的表情，父母竟全然看不见，如此便很难建立这类的好习惯。

64. 对儿童要求太多，"随口"定的规则数不胜数，儿童既不懂得其意义，也记不胜记，何况父母定规则时并非出自郑重的心理，也不管儿童是否听了进去。所以规则越少越好，但要郑重地宣示，而且要随时观察，要其彻底实行，直到养成习惯为止。

六、行为习惯

65. 要培养儿童有良好的行为习惯，第一，要和颜悦色地说明道理与做法，注意观察他到成为习惯为止；第二，这样的行为习惯一次不可太多，才能使儿童记得，也容易观察。

66. 要儿童养成好的行为习惯，首先必须是他力所能及的。如果儿童力有不逮，可以帮助他时，便要耐心地帮助；如果超出他的能力范围，便不该勉强。勉强可能使他矫揉造作，离开了教育的本意。因为正确的教育，是教导儿童成为优雅的绅士，言语行动，取法于受人尊敬的典范，当他的表现也为人所尊敬时，他会更注意自己的言行，优雅而大方。

67. 由保姆照顾儿童时，要注意她的做法。有时在父母面前，她是一种方式，背着父母，是另一种方式，所以对保姆的品格与作为，先要了解清楚，才能把孩子放心地托付给她。

68. 儿童的伙伴或常常相聚的人，也是父母应该注意的。"近朱者赤，近墨者黑。"少年时最易受同伴的影响。如果孩子要在同伴家留宿，对其家庭状况及其父母的为人和教育方法，也要了解，如此才可避免孩子染上不良习惯。

69. 伴侣的影响很大，尤其儿童最善于模仿别人。做父母的如果要得到子女的尊敬，就要尊敬子女，"以身作则"，给他树立榜样。不要他做的，你自己就不可做。如果自己不小心做了自己原来认为不应该的，看在孩子眼里，或者使他对你的要求产生怀疑，或者使他认为你"不讲理"——为什么你可以做，我就不可以？（《孟子》中就有这样的一段话说，父亲责备儿子的过错时，儿子就反驳说：我的老师也这样说，可是他自己却也会犯这样的错。）倘若父母因这类事件而责罚孩子，将引起他们更大的反感。

七、了解儿童

70. 对儿童的行动表现尽量减少责罚，对读书、写字或其他学习也一样。最好的方法是使他们喜欢学习，心甘情愿地主动学习，可以注意下述两件事。

71. 第一，儿童应该学的事，不要让他觉得是一个负担，成了一种责任。这样不但不会使他喜欢做，反而使他觉得厌恶。儿童和成人一样，爱好自由，喜欢做自己愿意做的事。

72. 第二，父母不要认为自己要做的，儿童也想做。即使是喜欢读书的孩子，有时也会感到厌倦；而游戏通常是不会让他厌倦的。学习必须出于自愿，允许他自由调整，只要不失度，就不必过分勉强。

73. 儿童学习要在其兴致高而又能全神贯注的时候进行，在这种时候就要善于利用，以免其松懈下来。但这种时候并不多，所以要培养他自主的能力，在松懈时能自己振作起来。如若不然，可以找一件通常他喜欢的事叫他去做，以改变他的心情。

74. 儿童爱好活动，至于是什么活动倒并不十分在意，但活动时却不喜欢受到阻挠。利用其爱好名誉的心理，期望跻入有成就者之林，儿童可能自愿仿效，由此得到快乐而乐此不疲。不过开始时要有耐心，用些技巧，温和地指导他去做。

75. 我始终反对责罚与呵斥儿童。万不得已的时候，责备要严肃、庄重而温和，说明错误之所在，要绝对避免在盛怒之下，只为了自己出气，口不择言地伤害儿童。

八、管教方法

76. 管教儿童不用打骂，又如何使他就范呢？事实上，如果建立了正当的威信，使儿童对父母有了敬畏心，自然容易听话。因为体罚让他的身体痛苦，使他怨恨，反而觉得自己的过错没有这么严重。斥骂则使他感到羞耻，同样难以忍受，结果反而养成倔强的心理，造成严重的后果。

77. 儿童犯了无意的小错，大可不予理会。必要时只可温和地提醒其注意。如果是故意顽强反抗，便不能姑息，不过要在初次出现时，确定是出于顽劣之心后，就要立刻帮助其纠正。

78. 儿童不是成人，不免偶有小错，其实成人也不能完全无错。偶发的小过失，不需惩罚，只要一个不悦的眼色，就足以使之警惕。最好少用成人的权威，少发命令，多用劝说，以达到教育的目的为止。

79. 成人通常对儿童只用命令，而不说明道理，以为儿童不会懂得。实际上，儿童能懂道理的年龄比成人设想的早得多，当然他们所能懂的，因年龄而有别，用他们能懂的话来说，将会发现他们很容易接受成人的命令或意见。

80. 儿童懂得说理，在能说话时已经开始。当然你说话不能像是在和成人辩论，而要用他能懂得的话说，一定有效。和儿童说理要简单明了，指出是非曲直，最好再让他想一想，看他是否真正懂得。

81. 如果儿童已经明白了道理，也有了礼貌，可以把他们该做的和不该做的说明白，举例说明哪个人做的是对的，哪个人做得不对。用这种实例，让他辨别美与丑，像听话又有礼貌是好的，反抗又吵闹是不好的，会让他有深刻的印象。

82～86. 如果自幼教养得当，儿童未必需要体罚。若真到了非用体罚不可的时候，如说谎，顽劣的行为经一再告诫不改，则什么时候责罚，由谁来执行，应加以考虑。我以为最好不要立即执行。因为此时父母正在盛怒之下，可能因泄愤而惩罚过当，到情绪平静后，若还认为有责罚的必要，最好由父亲来执行。

87. 即使有些儿童在学习时不用心或懒惰，也无须责打。有很多温和的方法可用，全赖用的人细心衡量儿童的实际状况。

88～94. 给儿童选择补习教师，当然要有适当的条件，不过做父母的要对教师表现得相当尊敬，才能使儿童尊敬教师，然后才能听从教师的教导。

95～99. 虽然我曾说过父亲是一个正颜厉色的角色，使儿童有敬畏感，但却并非说要一直如此。随着儿童年龄渐大，便要管束得少些，而且要尽力和他亲近，找机会与他谈话，多听他的意见，有些事要和他商量，尊重他像成人一样，可以帮助他成长，使他和父亲的亲情之中，有了友谊的成分。到了这种程度，他有事就会来和你商量，同时也关心你的问题。父子能相处得水乳交融，不但父亲愉快，乐得有一个孝顺儿子；儿子也会因有一位爱自己又知心的父亲，而觉得是最大的幸福，如此他也会考虑到别人的感受。

100. 儿童从出生就要凡事如自己的意，即有意控制别人，此时则变成要把东西据为己有，要矫正这一点，从小就要注意。

九、适当的关切

101～105. 第一，对儿童不可予取予求，当然合理的要求应该满足他，不过不是由他来选择。父母的天性无不爱其子女，因而就唯恐子女所愿不遂而受了委屈，由此放任儿童发展出嗜欲，成了习惯后就再难改变。如果有同胞手足，可能为一件东西你争我夺，这是占有欲的表现。占有欲强烈，便不会有与人分享的雅量，进而养成贪婪的性格。

106. 儿童的啼哭恼人，不容放纵。从教育目的着想，也是为了他好。儿童啼哭有两种表现：一是固执跋扈，一是表示委屈。或是要争取主导力，要得到所要的东西；或是受了压迫；或是感觉不公平而抗议。

107. 第二，儿童啼哭是否真的痛苦或不快乐。仔细观察，可以从态度、面容、动作以至声调辨别出来。不过这两种啼哭既不能容许，更不可鼓励。原因是：第一，决不容许固执或愤怒的啼哭。如果容其哭下去，等于鼓励他的要求，而这却是需要克服的情感作用——欲望。禁止他啼哭，即教他克制情感而培养意志力量。

108～109. 第三，许多儿童往往为一点不适就哭，孩子爱哭本是常事。可是很多父母一听到孩子哭就手忙脚乱，其实此时只要一点安慰就可。但是安慰不是怜悯，怜悯等于鼓励他趋向脆弱，而小题大做。例如孩子跌倒了，大人就赶快去扶持，甚至怪罪地面不该把人绊倒，这种处理方式，对孩子毫无好处。最好的方法是：如果由于身体不舒服，可以一面想办法解决，一面告诉他啼哭只会增加不适，要忍耐一下，等待处理的办法；如果由于外在伤害，就要告诉他以后小心和避免的方法，鼓励他坚强起来。

110. 我常见儿童虐待小动物，蝴蝶、小鸟等一落到他们手里，就只管玩耍取乐，折磨小动物，几近残忍。另一方面，又做一些危险的活动，表示勇敢，都是不得当的。反过来说，勇气也是必需的。有勇气使人免于畏惧，能感觉危险而知道躲避。不惧怕则能面对困难的情境，能坚持忍耐，例如小时候因无知而有很多惧怕的东西，怕黑，怕没有见过的人以至动物，任凭他这样下去，很可能变得怯懦。怯懦便容易退缩，有了一次可怕的经历后，以后遇到同样的情形，便要躲避，例如儿童一次被热水烫了手，下次便不敢碰热的东西，甚至看见冒出热气的东西，就唯恐避之不及,这将影响他日后的生活,此时便要教导他一些常识,使他分辨什么是真正可怕的,把勇敢与谨慎分清楚。

十、鼓励上进

111～114.前面已经说过儿童有好奇心,如果是为了追求知识,就应该鼓励。鼓励的做法是:第一,儿童常爱提出问题,不可因问题幼稚,便予以制止或讥笑,还是应该照他能够懂得的程度,郑重其事地回答,这是鼓励他求知与获得知识的最佳时机。第二,除了回答问题之外,还要夸奖他求知是好事,很多人都是因为"好问"才得到知识。第三,对于自己不知道的,不可任意哄骗,强不知以为知。应该诚恳地说,要等查清楚再告诉他。第四,有时可以引他看一些新奇的事物,使他发现问题,然后鼓励他自己去找答案。

115.有些儿童从小就显得聪明机智,口齿伶俐,善于应对,表示将来可能善于交往。不过长于讨人喜欢,不如做一个有用之才。最好指导他在推理判断方面下功夫,这才是正轨,也就是使他端正心灵,将来成为一个正正当当的人。

116～118.有些儿童显得个性散漫,凡事不关心,该读书或做事时,一再拖延,即使不得已而做,仍然心有旁骛。这是多数少年常有的现象,必须及早矫正。如果教他自己记录读书或工作所需的时间,常常比较后一次是否比前一次用的时间少,作为效率指数,可能使他生出上进心,而逐渐改正不当的状况。如果发现他对喜欢的活动兴致勃勃,对读书则意兴阑珊,可以温和地说明厉害,如果无效,不妨就让他一直做他喜欢的活动,直到他疲倦到极点,对这种活动感到厌倦,自动停下来为止,然后趁机劝他试试读书的感觉。

119.如果儿童天性懒散,没有远大的志向,就难以处理。如此就要看他是否有一件喜欢的活动,允许他向这方面发展。只要有一项爱好,而不是懒惰成性，就可以鼓励而使其有成。

如果各种方法都用尽而无效，可以使他做一项体力劳动。如果他觉得劳动很辛苦，就会觉得还是读书好，而愿意回来读书。读书与劳动换着做，若他觉得还是读书比劳动好，就可慢慢减少劳动，而回到读书上来。

121. 儿童爱自由又爱变化，因被迫读书而不得游戏，读书非出于本心，才讨厌读书。不妨看准他所喜欢的一种游戏后，就教他把读书改成游戏，并教他一次游戏几小时。他玩腻了，就不想再玩，可能要用读书来换换口味。这样所持的道理是：满足超过了欲望，那欲望反而变成厌恶，转而要试试原来所厌恶的事。

122. 儿童好动，但却不喜欢做别人命令他做的事。利用这种心理，可以命令他去做他喜欢做的，而且命令他一直做到筋疲力尽为止；并告诉他，这样做完以后，就可以去读书，如此读书就变成奖励。利用其不喜命令而爱好奖励的心意，把他不愿意和愿意的，与命令和奖励置换，把被动变成主动，比较有效。

123. 儿童应该有各种玩具，但也不可太多，而且要教他爱护玩具。我以为玩具不应该是买来的，而是要教儿童自己做。他在做玩具的过程中，会用自己的想象，也可以练习一些动作技巧，并培养专心和努力的精神。不买玩具，也可养成节俭的好习惯。

十一、去恶

124. 撒谎是一种很普遍的不良习惯。平时就要让儿童知道说谎是最可耻、最不道德的表现。笃行君子是不会说谎的。发现儿童第一次说谎，就要让他知道这是严重的错误。如果再次出现，就要斥责。倘若仍然不改，大概就需要责打了。

125. 儿童有了过失就想遮饰，找借口为自己辩护。出现了这种情形，若在发现时肯承认错误，可以因坦白而原谅，但要警告他不可再犯。

十二、长善

126～128. 以上是教育青年绅士的普通方法，以下再来考虑细部的做法。君子为儿子所做的，除了要留给他财产之外，还有四件事，就是德行、智慧、礼仪和学识，其中最重要的应该是德行。

129～131. 德行的基础在于心中有上帝。上帝是独立的存在，创造并主宰万物。上帝爱人，人也要爱并服膺上帝。在儿童幼年时便要注入这个印象，至于其他的神灵则无须谈到，更不必告诉他一些怪力乱神的事。

132. 有了以上帝为德行的基础之后，就要教儿童真实和正道，且勿使之偏离正道而误入邪道。

133. 智慧使人有能力和远见，是一种善良的天性，是心灵和经验结合而成的。说实话，善待别人，避免狡诈，不用计谋，绝不巧取豪夺，要做一个诚笃的君子。

134. 不合礼仪的表现一是扭捏作态，一是轻慢粗俗，一是目中无人。尊重自己，并尊重别人，便不会做出无礼的表现。要如此，就要遵守一些规则。

135. 礼仪和谦逊相连，尊重和无耻相反。把自己估价太高，就会看低别人，对人失去应有的礼貌。反之，若把自己看得太低，又会在别人面前觉得自卑，进退失据，表情和言辞都不得其当。（《礼记·曲礼》中说："礼者，自卑以尊人。"自卑不是耻于面对别人，而是在别人面前表示谦逊。）教儿童礼仪，要使他有和上流人士接触的机会，学习进退周旋的正当方式，养成习惯，就不会有失礼之讥。

136. 对人失礼，是由于不尊重别人。要避免这一点，第一，要存心不得罪人；第二，要使别人乐于和自己接触。动作言辞优雅得体代表有教养。以上四种品质缺一，都足以影响礼仪的表现。而失礼者常犯的毛病，是粗暴、轻蔑、非难、嘲笑、反驳与刁难，这些都是应该避免的。

137～138. 另有一种违反礼仪的过失，是礼节过繁，看是尊敬人，实则使人难以承受。这种情形年轻人出现得较少，但应及早使他们注意。至于在长辈说话时插进来或者争辩，则必须禁止。世界各地风俗习惯不同，特别的情形可以在需要时随时教导。

139. 礼仪有浓厚的地域与习俗色彩。一个地区之内常相往来的人互有影响，伙伴对年轻人的礼仪便有莫大关系，对孩子常相往来的友伴要关切，要注意其行动表现，千万不可掉以轻心。

十三、教读与学习

140. 学识是父母对子女最关心的问题，我把学识放在最后一点说，原因是学识和德行与智慧虽然有关，如果心地不好，则学识足以使人变得愚蠢，成为济恶的工具。教育要培养人正确的态度，去除不良倾向，变得纯洁而高尚，有了这样的优点，不难获得学识。

141. 在儿童能说话的时候，便可学习阅读。但却不是使他把阅读当作一项工作，让他以为是一项责任，从而生出厌恶感。而是让他以为是一种游戏，一种消遣，觉得读书是乐事，会读书是光荣。在他愿意读书时，当然让他读，但不必将他读书的活动当作在人前炫耀的事。

142～148. 叫儿童认识注音字母，可以取注音符号加上他经验中有趣的图形，使他如看动画片，若能加入一个小故事，更能加深他的印象。（以本国来说，有些中国字本就是象形的，选笔画简单的，比较容易认识。）如在球类或方块等的玩具上写上字，儿童做掷球游戏时，那个字在上面，就试着认识，是在游戏中学习的最好方法。这种游戏和成人一起玩，儿童会更有兴趣。

149. 儿童所读的书，有插图的最容易引起兴趣。适合儿童阅读的书，我以为《伊索寓言》最好。那些小故事可以使他们永久不忘，而且故事中还有教育意义。

150～151.《圣经》的祷词、教义和十诫，是儿童应该熟记的，但不必逐章读经文，可以选其中一些适合读的故事讲给儿童听。

152～153. 儿童读过一段时间的书后，可以教他学写字。首先，必须教他用正确的方式拿笔，这是在写字之前一定要学会的。然后要教他怎样放纸，手臂放在哪里，坐的姿势，最后是蘸墨水的方法。在写字熟练以后，可以教他一些绘画，并非要他成为画家，而是懂得一些绘画技巧后，高兴时可以把所见的画下来，这些形象比文字留下来的印象更深刻。此外再学学速记，将会更有用。

154～161. 学会英文以后，可以学些别的语种文字，如法文、拉丁文。（英语国家直到20世纪还有拉丁文的学习，其时著作中，特别是文学作品中，总以夹上几个拉丁字为风尚，表示有学问。）日后对名词的认识，在社交场合或职业上，都可能用到。

162～165. 教儿童作文，最好不要用拉丁文。因为作文是表示思想，不是搬弄古老的文字。也不必勉强儿童作诗，因为诗用韵语，作起来很辛苦。

166～167. 有人以为记忆是可以训练的，我并不以为然。记忆在个人，新印象容易记得；常常想到的就容易记得。反之，强迫的记忆未必有效。

168. 在学习法文和拉丁文时，同时也可学习其他科目，譬如学习地理可以学到地球形状，世界上的大洲和海洋，以至各国的疆界与位置。这种学习重在配合地图，是一种视觉记忆的训练。如果从小当作游戏来练习，会学得很好。

169～171. 儿童记住地球仪上的各部分后，应该开始学算术。就着地理知识，可以计算两极、子午线、经纬度等。然后可以学习天文，顺便告诉他一些哥白尼的学说以及几何学，但要简单明了。

172～174. 下一步要学习年代学。历史中的几个大时期，是有知识者应该知道的。学地理时就应该配合年代学习，才容易顺便把历史记清楚，而不致混乱。可以把一些最著名、最常用的时期都以"恺撒时期"（Julian period）为准，用起来很方便。如此把历史事件串联起来，会具备相当的历史知识。

175. 如果教儿童自幼就"即知即行",学习有关德行的知识,养成习惯,爱名誉而不求满足私欲,就是受了最好的教育。

176～177. 一个人若不知道本国的法律,将是很奇怪的事。懂得法律,才知道何谓公正的和平,知道对与错而扬善去恶。如果儿童懂得了"人的职责"以及"人与公民的责任",再加上"战争与和平法",就可懂得人类的自然权和社会的起源与基础,日后从公民的职责以至政务,都可实行或执行。

178～179. 修辞与逻辑是艺术,是继文法之后的常用方法。幼年人的学习,不应重在形式或法则,只要一些简单系统即可。修辞与逻辑用在说理与推理上,重在有正确的观念与判断力,能判别真假和是非。推理在于条理分明,显示道理之所在,不在辩论或争论。用在口说时,不但说理透彻,而且谦冲和悦,再加上润饰辞藻,则不但动听,而且有说服力。有了这样的基础,便可以学习写作。学习把知道的故事写出来,如果有错误,便告诉他如何改正会比他原来所写的好些,使他们知道怎样写比较优美,这样练习下去,逐渐会有进步。

180～184. 自然哲学是一种思辨科学,或许永远不能成为纯科学。大自然是智慧的设计,其作用并非我们所能了解。自然哲学是事物的原则、本性和作用的知识。我以为有两方面:一是本性与品质的精神;一是物体。前者是形而上的,要在研究物质之前去研究,不像科学般可以用系统方法作为知识原则去了解,而是用来放开我们的心灵,更真实、更充分地认识这智慧世界给我们理性的启示和引导,这是年轻人应该知道的,所以最好有一本"圣经史"供他们阅读。

185～216. 作为一个绅士,还应该学习跳舞、音乐、击剑、技艺、图画、园艺、细木工、娱乐活动、商业算学,以及旅行经验等。

217. 以上所说的关于教育的意见,并不是一篇极恰当的论文。教育中需要考虑的还很多,特别是气质、兴趣和行为表现各个不同,详细说来,一本书也说不完。不过要教育一个孩子成为一个有教养的人，这些意见可能会有些帮助。

◆述者总结◆

　　这本书很像从幼儿开始的"教育手册"，虽然和谈教育理论的书籍之"论述"大异其趣，但在说明实际做法之中，却不失其理。不过书中的重点，着眼于当时所谓上流社会中的"绅士"（gentleman），这是可以理解的，因为当时只有上流社会的富贵阶级才有教育子弟的力量——地位与财富，同时也有这种需要——维持家族传统和地位，那才是名副其实的贵族教育。经过这样教育的人，在社会上所表现的，和一般贫苦大众截然不同，人和人的"不平等"十分明显。不过洛克所说的教育方法，在教育普及后，却是不分贵贱，父母与教师都要应用的正确方法。由此可见，正确的道理或观念，虽然实际状况改变了，其正确性仍然不变。

三、《爱弥尔》——身教重于言教
Émile（1762）

卢梭（J. J. Rousseau，1712~1778）

    卢梭出生于日内瓦，母亲即殁于其出生时，父亲是钟表制造者，故幼年得自父教，所学多为浪漫读物，爱好自由与民主；另外也读一些历史，尤喜希腊早期哲学家普鲁塔克的著作。十岁后与叔父同住。十二三岁开始学徒生涯。其后与德瓦伦夫人同居。曾学习音乐、科学、哲学、天文、解剖、数学等。后来又学习音乐，且以复印音乐材料为生。

    1745 年，卢梭回到巴黎，与文学界开始联系，经狄德罗（D. Dederor）的牵引，在百科全书发表著作而有了声望。1758 年写成《爱弥尔》、《论教育》及《社会契约论》。在此期间，卢梭曾与狄德罗发生龃龉，又因政治观念受到国会排斥而流亡。1767 年重回法国，1770 年定居巴黎，出版了《忏悔录》，1778 年逝世。

卢梭于开章提出其重心观点

　　神造的万物皆善，一经人手搅乱，便成为恶。人强使一种土壤生长另一种作物，使一种树结另一种树的果实，干扰了时间和空间以及自然状况，残害他的狗、马和奴隶，破坏并改变了所有的东西；偏好异形异状，不要任何自然本有的，连他自己在内，如用鞍马的步伐走路，形成教他的人的品位，就像种在花园里的树。

　　如果没有这样的改变，或许更糟。人不能把自己切成两半：一半从出生就成为怪物，加入所有社会条件，如偏见、权威、必须要做的事、成规等，毁灭了原有的自然本性，却毫无帮助。犹如随机生长在高速路上的树苗，被过往行旅冲撞得东倒西歪。温和而有远虑的母亲，我请求你，把这棵小树从高速路上移走，避开社会习俗的压制，在他没死之前关照他，滋润他，有一天，他会结出果实来回报你。同时筑起一道围墙保护你幼儿的心灵，使他免于受害。或许有人会破坏你的计划，你自己应该独力完成它。

　　植物经培植而成形，人则得自教育。（Plants are fashioned by cultivation, man by education.）一个生下来又高又壮的人，在他学会运用体能与力量之前，并无好处，甚至因拒绝别人的帮助而伤害了自己，因为在他知道自己的需要之前，便已因缺少生活的必需而死。我们哀叹无助的婴儿死亡，却不知道人类的存在，必须经过"儿童"这个阶段才能成为人。

　　我们出生时是软弱的，无力又无能，无知又没有理性，必须得到帮助。这些出生时所缺少而又需要的，到成人时才能拥有，这就是教育的恩赐。

　　我们所能得到的这种教育，来自自然、人或物类。我们内在器官与官能的生长是自然的教育；我们学着应用这生长是人的教育；从我们周围得到经验乃是物类的教育。

因此，我们都有自然、人和物类这三位教师，如果他们的教学不一致，学生就会受到不良的教育，就会陷于"困扰之中"。相反，如果三种教学一致，我们就会直接走向生活目的，不会自相矛盾，这就是"教育适当"。

教育中的三个因素，自然完全不受我们的控制，我们可以控制一部分的物，人的教育则完全在我们的控制之中。但是就在这一方面，仍然虚而不实，因为谁能说儿童"能够"做到"所学的"每一个字和每一件事？

把教育看作是一种艺术，几乎是不可能的，因为我们无法控制成功的要件。我们可以致力于"所看到的"目的，但是只有"能做到"才有希望。

这目的是什么？即是前述的"自然目的"。既然教育的三种模式必须齐头并进，我们所能控制的两种就必须引进到超出控制的另一种（自然）上去。或许"自然"的意义过于含糊，不妨来澄清一下。

"自然"，如人们所说的，只是"习惯"。我们要问，有些习惯不是在强制之下形成的吗？习惯永远不会消灭自然吗？例如，植物的习惯不都是直立生长的吗？植物可以保持人工造型，却不能改变其生长过程，任何新生的枝芽仍然向上直立。人也有同样的倾向，当情况不变时，习惯中即使是最少的自然状况，仍然会保持良好。但若情况改变，习惯消失，自然会重新整合。教育也只是习惯，因为有人会遗忘或失去，有人则能保留。怎会有这样的差别？如果把自然只解释为习惯而安然无疑，那就无须多说了。（If the term nature is to be restricted to habits conformable to nature, we need say no more.）

我们一生下来就善于感觉，此后就受到环境中各种各样因素的影响。当我们意识到自己的感觉时，就要寻找或躲避那造因。因为感觉到了愉快或不愉快，而有适意或不适意之别，最后用理性之幸福与善的观念来判断。这种倾向由于理性的生长而有了力量与永久性，但也会受习惯的偏见干扰。在这种变化发生之前，我称之为"我们内在的自然"。

任何东西都应该依自然倾向形成和谐。如果我们教育的三种形式不相合，变成不是为自身而训练，反而是为别人而训练他，和谐就不再可能。自然与社会间存在着矛盾，人和公民的训练，不能两者兼而有之。

一个人是为自己而生，他是一个结合的整体，只依赖自己和自己所喜欢的东西。公民只不过是分数的一个数目，其价值决定于分母，决定于整体，即社会。良好的社会机构要把人变得不自然，把其独立变成依赖，以融入群体之中，成为群体的一部分，只知道普通的生活，而失去了自己。

要有所成，要做自己，一个人必须"说到做到"，必须"知道"要走的路，而且要努力"坚持"下去。

在自然秩序中，"人皆平等"，其职志即"成为人"。受过良好教育的人不会置此不顾。我不计较我的学生去做军人、传教士或律师。在他的父母为他决定要做什么人之前，自然已经教他要做"一个人"，我就是要教他这一点。要成为一个人，他要学得和别人一样快，他永远站在自己的立场上。我以为能忍受生活中的善与恶者，就是受过良好教育的人。所以真正的教育以"活动"居先，我们开始生活时便开始了学习。

我们必须多看普遍，少看特殊。人们只知道保护儿童，那并不够。儿童还要学习成年后如何保障自己的生活：忍受命运的冲击，面对富足与贫穷，不畏酷热或严寒，学习生活而不必怕死，因为死是无可避免的。古往今来，有多少人曾经死去，但又有几个人是真正地活过！使他知道生活不只是保持呼吸，而是在于行动。使他学习运用感觉，运用心灵和官能，运用自己的每一部分，才知道自己是活着的。

自然在幼儿期就给他多种锻炼，考验并磨炼他，教他从小就知道什么是烦恼和痛苦：出牙、发烧、肚痛、咳嗽，加上许多可能感染的疾病。要通过这些考验，儿童才得到力量，生命之源才变得坚实。娇生惯养、受到过分保护的孩子，往往体弱多病，不能吃苦耐劳，是成人把他拖离了自然。

儿童有了教师以后的状况是：

> 教师只教一些"人工化"的东西，就是不教"自知"和"自制"的生活艺术与幸福。等到这个小奴隶和小暴君塞满了知识，冥顽不灵地闯进这个世界，一无是处，又自以为是，表现出多种恶形恶状，成了我们"幻想中的"创造品，"自然人"反被抛到另一边去了。

教师与父亲都应该受过良好的教育，并且聪明又了解儿童心理。我设想如果自己是教师，会把自己变成儿童，以和他共同游戏而赢得他的信任，教他学习如何做人，而不只是做一个学生。

> 爱弥尔是一个孤儿，有无父母无所谓，我具有如父母般教导他的权力，唯一的条件是，他要尊重他的父母，但却必须服从我。

婴儿最初的经验都是情感的，只能感觉愉快和痛苦，要经过一段时间才有确定的感觉，才能看到对象的移动，从他的目光随着对象移动可以判断。幼儿情绪经验开始于感到光亮与黑暗，此时就要使他习惯于黑暗，不因黑暗而啼哭。要使他习惯于看到新事物，丑的、可厌的、奇怪的动物都可看，但要一点一点地来，到他不以为奇而止。也可使他看见别人掌握这些东西，然后自己也学着掌握，待他长大后，就不会惧怕任何动物。又可使他习惯声音，雷声、枪声都不例外。如果一些道理引起儿童恐惧，则要明白地给他解释，使他安心。

幼儿的感觉即其思想的材料，要依适当的顺序使之出现，日后出现在他的记忆中时，他才能按顺序了解。如学习认识冷热、物体的软硬、轻重、大小、形状等。这些要从看、触来感觉，也可通过成人口述听到，由此学习认识事物，并学到比较和判断的能力。

我们从运动中了解到自己和别人的差别，由于自己的运动而有了空间观念，抱着幼儿从一个地方到另一个地方，让他感觉到周围的变化，可以发展出距离的意识。

有时儿童啼哭不止,并无明显原因,到哄慰无效时,会使保育者不耐烦。我难忘有一次,看到一个保姆打一个爱哭的孩子,我以为那孩子是被吓坏了,心想那孩子有奴隶性又倔强,非用严酷的手段不可,否则将无法对付。实际上我错了。孩子是因不能呼吸而发怒,脸色已经发青。顷刻之后,他发出了痛苦的哭声,声音里充满愤怒与绝望,那是人心中内在的对不公平的控诉。

(成人须了解儿童啼哭的真正原因,保育者往往只想止住儿童的啼哭,因为他的哭声使成人烦恼,却忘了为儿童着想。)

唯有理性能教我们知道善或恶。然后良心使我们喜爱善而厌恶恶。虽然良心无关理性,可是没有理性却发展不出良心。儿童在理性发展之前,不知道善恶的差别,所以行动与道德无关,只是偶尔从别人那里得到一些印象而已。儿童看见什么就要拨弄它,打破它,撕碎它,抓一只小鸟像抓一粒石子一样的用力,并不知道自己在做什么。……所以做与破坏,对儿童来说,并无差别。

自然之手赋予儿童活动倾向,但也谨慎地只给他一点力量,以免造成大害。可是当儿童想到可以用人做工具来满足自己的愿望,并弥补自己的弱点时,就变得使人讨厌,如强作主张、傲慢、粗暴、变化多端。这不是自然天生的,而是在发展的过程中"学会的"。因为支使别人转动这个世界,只要动动嘴就行,真是太惬意了。

儿童逐渐成长,身体与心灵渐趋平衡。但力量促使其自爱,习惯又替他加上助力。为了自卫,在需要方面随心所欲,种下了偏见与固执的种子。如此就离开了自然的道路,所以要有应行的准则:

1. 儿童还没有足够的力量服膺自然的召唤,只要使他应用自然所给的力量,他们就不会滥用。

2. 供给儿童身体所需的经验与力量。

3. 只给予儿童真正需要的帮助,不能超过自然。

4. 注意他们的语言和表现，在他们还没学会欺骗之前，辨明他们的欲望是出于自然，还是来自私欲。

幼儿期进入儿童期

由幼儿期进入儿童期（三岁以后），学会说话，啼哭的次数会逐渐减少。会说话的孩子，应该用说代替哭。如果还随时啼哭，哭起来且无止无休，那应该由养育者来负责。养育者往往一见儿童啼哭，就手忙脚乱，小题大做，等于鼓励儿童啼哭。儿童毫无理由地啼哭时，我就走开。通常我一走开，他的哭声就会停止。儿童会从情况看出成人的意向，当他用哭做武器不灵时，他会聪明地停止应用这个武器。爱弥尔除非感到剧烈疼痛否则是不会哭的。

人生在自然程序中，儿童在人生程序中也有其位置。所以待人要用人道，待儿童要用儿童之道。依照人性之自然控制情绪，人都要避苦求乐，要使欲求与能力平衡，才有快乐。

人的智慧与真正的幸福，在于力量与欲望平衡。自然只使人期望必需的，使人得以维持生命。在这个限度内，少做非必需的想象，因为想象中所欲的并非生活必需的，欲望无穷而人力有限。人在物欲中失去自己，也失去只手可得的自由，反而变得软弱无助。

生活在普通社会状况下的家长，太早把这种状况教给儿童，一味增加他们的需要，不管他们的弱点，甚至还强化了弱点。家长要求儿童的，并非自然的需要，把自己的弱点传给儿童，和亲情混而为一。

我们的自然倾向如未受人的偏见与社会机构干扰，成人与儿童便都能享受自由。有所依赖便没有自由。人类有两种依赖：依赖物乃出于自然；依赖人则由于社会所造成。依赖物与道德无关，无害于自由，也无由生出恶。依赖人而毫无法则，则生出各种各样的恶。所以只给儿童"需要的"，不必给他们所有"想要的"。

教育儿童之前，教育者自己先要"成为人"，才能做儿童的典范。通常要注意以下事项：儿童有了意识后，就有了"我的"这个观念，你把他的玩物从他手中拿开，他就会啼哭。在他懂事以后，可以教他明白"我的"的真谛。带他去看农人收获，由自己操作才能"有"自己的东西。先给他输入"有所得"要出于"自己"这种意识，可以减小日后用别人为工具、予求予取的心念。

儿童会说话后，也出现了谎言。原因可能有数种：一种是"碰巧"说出不实的话来表示聪明。如果成人不察，反而欣赏其"机警"，此后便用这种方式取悦成人。一种是为了规避责罚，这是常因不听话或不当的行为而生的。遇到这种情形，尤其是第一次出现时，便要郑重地使其明白说谎的错误，叫他自己想出说谎的害处，及早养成不说谎的习惯。

在学习方面，很多父母都误以为自己的孩子聪明。实则成人以为的聪明，未必是真聪明。因为儿童个性各个不同，有的反应较快，有的则不是；而且生长发育也有迟速之别，成人最好不要太早作出判断。

在诸多的学习科目中，语言是最重要且必须学的。但在十五岁之前，没有学习两种语言的必要。学语言则要学字，由字连接成词句，词句构成意义，进而形成观念。观念存在于心灵，心灵作用使观念成为思想。由听故事而积累观念，进而启发思想，待学会识字后，将会生出读书欲。不过教儿童从动作中学习胜于读书，儿童从活动中学到的胜过书本的学习。

发展儿童的体力和心灵同等重要，蒙田（M. E.Montaigne）、洛克（J. Locke）都强调运动的重要。但是运动服装需要宽松才适合活动，若只求华美，便失去了运动的本旨。

养护儿童要注意生活细节，从保护体温到沐浴，都有适当的做法。最好不要把儿童包裹得太严密或太厚——儿童需要适应冷与热。入睡与起床都应该定时，令儿童习惯黑暗。年龄较长以后，就要锻炼体能。我开始带孩子散步时，口袋里装几片饼干，回来以后，他因有饼干可吃而高兴。然后我带几个孩子跑步,把一块蛋糕放在起点,先跑回来的有蛋糕吃,于是提高了快跑的意愿。

为了增进儿童的感觉作用,我常常由一种感觉延伸到另一种。例如训练视觉由直视到看见旁边,通过物体辨别轻重、形状、大小、密度、颜色,由辨别声音到乐音,由嗅觉到味觉。

最好给孩子简单而营养的食物,但并不鼓励儿童贪食、挑食或饮食过量。

经过这样符合自然的教育,可以发现儿童动作敏捷,有热诚,机警,愿意做一切他喜欢而又力所能及的活动,这也就是工作与游戏合而为一。

少年期

十二岁以后,进入少年期。此时看似强壮,却仍然软弱,有时似乎生命力超过了生命的需要,这是因为需要还未完全出现。此时的弱点在于力量与所欲并不平衡。

然而看一些在田地里卖力工作的孩子,他们那种认真的样子,会使人误以为他们已经强有力了,实则是因为短时需要而生的。因为儿童已经有了心意,力量随心意而出,需要工作以发泄体力,同时也需要发展心智力量,在体力活动中探讨相关的事物。

人类的智力是有限的,不可能无所不知,所以要教儿童正确的知识,除了要知道自然中需要知道的,更要知道"有用"的。

儿童有好奇心,应该满足其出于自然的好奇心。通常成人在儿童提出问题时,就忙着回答。这种"告诉"的方式,儿童未必听得进去。最好提一些他能回答的问题,引导他自己去找答案或是相关的事物。例如自然中就有无穷无尽的材料:由观看日出日落而引到地理与地球,进而引申到生物,到宇宙知识,进而再到各种科学。但切勿一次过多,以免混乱。

继好奇心之后，应当培养儿童的注意力。就着儿童想要的，如观察事物，即指引其做仔细地观察，从中培养其兴趣。但不可强迫，视其表现倦怠时，即应停止。

有时儿童因好奇而生出试验的兴趣，一次看变戏法的实例颇值一提，这是一个很好的教训。我和爱弥尔看一个变戏法的人表演，水盆中有一只蜡制的鸭子，演艺者手拿一块面包引领鸭子随着他在水中游来游去，观众无不惊奇赞叹。回家后爱弥尔要做这个实验，于是拿一根针裹上蜡做鸭子，针尖留在一端做鸭嘴，另将一块磁铁塞在面包里，然后把代用的鸭子放在水盆里，用面包引它，它即随着面包移动。爱弥尔高兴得跳起来。第二天，我们再去演艺场，那人照旧表演，等他演完，爱弥尔走出来说："这戏法我也会变。"于是拿出他的面包引鸭子，鸭子随着他移动。全场观众喝彩，爱弥尔得意万分。变戏法的人也随声赞美，并请他明天再来。

第二天我们如约再去，到爱弥尔表演时，鸭子只管自己在水盆里转，完全不理会爱弥尔的面包，观众哗然。变戏法的人重新自引鸭子，且用不同的方式，鸭子则完全跟着他移动。我们羞愧得无地自容，溜了出来。

第三天，变戏法的人上门来对我们说，他是一个诚实的演艺者，以此为生，我们不该为了表现自己，破坏他的维生之计，并告诉我们所有引导鸭子的真正技巧，劝我们此后莫再犯错。他平静而礼貌地劝我这个大人，不可教孩子爱好虚荣而做出伤害别人的事，使我既惭愧，又懊恼，也深深警惕教导之道。

由此可以知道教儿童不能随兴而发。儿童无知，大人不能只知顺从儿童，不顾对别人的影响，因为大人是知道道义的。同时也要了解，教儿童做实验是使他练习肢体活动和脑力，应该让他自己尝试。但绝不可只顾自己高兴而不顾别人。

至于幸福，是人人都希望得到的。自然人的幸福同他的生活一样简单，且是生活的必需。幸福即是没有痛苦，自由而健康，和道德无关。使儿童自己去发现什么是善，不是由教者告诉他。

其次是教儿童有用的知识，不是成人认为应该学习的就教他。教给他力所能及的，引起他学习的意愿。一次我们在林中散步，走到后来，竟失去方向。我们既累又饿，爱弥尔埋怨我不该带他乱走，我问他在林中怎样辨别方向。他抬头说：看日光在哪里，对照我们现在站立的地方，就可以决定该往哪里走，我按照他所说的跟着他走，于是毫无困难地走出树林。

在各种技术中，我把农业放在第一位，炼铁第二，木工第三。爱弥尔知道有些东西是买来的，于是我们谈到商业，谈到交易，从而谈到产物和产地，连带地涉及各地习俗，又通过不同的地方谈到旅行。爱弥尔好奇，所以我们的谈话范围扩大到航海、天文、政治、法律，以至世界史。在这过程中，爱弥尔学着画地图，知道了手艺是生活之道。我告诉他，你要学就要学一种"诚实的"行业。所谓诚实的行业，就是有实际用处的；而且从业者不能先养成一种丑恶乖戾的心态。

世界上的行业多不胜数，一个人应该在哪一种行业上孜孜不倦地做下去？最好是适合他的性格的。各行各业都要有人去做。我们不仅需要学习做工，还要学习做人。在做正当的事情时，应该是淳朴的，不因崇尚虚荣而生出更多的虚荣。力争上游是自求进步，不是和别人竞争。

> 爱弥尔想要学，要记得，你不该告诉他学什么，是他要学，他要自己搜寻，他要自己找到。你只可把他要学的材料放在他手边，巧妙地引起他的意愿，提供他所需要完成的工具。（In the first place, do not forget that it is rarely your business to suggest what he ought to learn; It is for him to want to learn, to seek and to find it. You should put it within his reach; You should skillfully awaken the desire and supply him with means for its satisfaction.）

> 既然我们必得有书，我想只有一本书——依照自然的教育书，是爱弥尔先要读的，且长久放在他图书室的重要位置。这本书是必

须谈论自然科学而无所疵议的。它可以试验我们的正确判断，百读不厌，这本书就是《鲁滨逊漂流记》。

到一个豪华饭店去吃饭，丰盛的食物端上来，在大快朵颐之余，可以把话题引导到食物的材料、材料的来源、生产这些材料的人和他们在生产这些材料的过程中所付出的心力与劳力这上面来。其次也应该想到准备这些食物的工作人员。然后比较那些只有简单饮食以至缺乏食物的人，这些人不是不知道世界上有好吃的东西，只是他们没有钱买。有钱人因为自己拥有财富，只追求享受，而忘了食物的用处。这是给儿童最好的生活教育。

人生而平等。人自然需要平等，就是人都要活下去。要活下去就要自谋生计，诚实的生活才能算是人。生活的方式应该教儿童自己选择，能够"自己独立谋生"，就可称为人，不必和别人比较。

教育的秘密就是使儿童把身心的练习当作游戏（有趣的活动）。实际上，即使是劳动，仍然可以思想，仍然可以用心。在手脑并用的状况下，一则可以忘却劳动的辛苦，一则可以从劳动中得到一些新发现，此时劳动便不再是非做不可的可厌工作，反而觉得快乐无比。这是因为经过身体活动和官能作用之后，有了脑力和判断作用的练习。此时他不但是一个工作者，还是一个思想家。继而要做的是，使他有一颗仁慈的心，从感觉之中美化理性。这进步历程是：体能—感觉—肢体官能—心灵判断—观念。

不过儿童只从观念间的实际关系来判断，这样的判断是肤浅的，所以由观念引发出来的理性难以达到完善的程度。事实上就从判断上，也常常出现错误，知道越多的人，判断的错误也越多。原因在于生活于自然和生活于人类社会之别。生活于自然者，依照自然而判断；生活于人类社会者，从别人那里得到许多不正确的知识。就着不正确的知识判断，当然有误。

判断不正确而信以为真，源于不正确的知觉。把一根手杖插入水中，将看到没入水中的那一段是弯曲的，于是奇怪手杖怎么变弯了！即使你绕着手杖走一圈，所见的水中的那一段都是弯的。如果知道这是由水的折射作用而成，就不会发生这种错误了，判断错误的道理也是如此。

爱弥尔在自然中所学的是"真知"，是我依照他的能力限度一步步使他学到的。他知道的不多，却都是正确的知识。他心胸开朗，并非来自于知识，而是得自于愿意学，由于自学的力量而得知。他的知识限定在自然和物之间，知道人与物的重要关系而毫无偏见。他爱好活动，温和而有节制，有耐心，稳定而勇敢。他不怕死，知道那是自然中不可免的；他在自由中生活，独立地超出于人生事物之外，这就是学习死的最好的方式。他只学习必需的社会德行，不过那是以后的事。

青春期

青春期是变化最剧烈的时期，最明显的是脾气：易怒，时常争吵，似乎无法管制；过去非常听话的孩子，现在变得对大人的话充耳不闻；成了一头发怒的狮子，再也不相信保育他的人。

可以说这是他第二次诞生，极端的情绪化。情绪是与生俱来的，其中与人终生相伴的是"自爱"。自爱是原始的、本能的，导源于"自卫"。情绪表现却是受外在影响而来，否则便不会出现。情绪表现改变了本原的目的，离开了自然，使人陷入自己和自己的斗争中。

自爱永远是善的，永远符合自然。"爱"生自于得到帮助；和爱相反的是"厌恨"，来自于受到伤害。我们对没有感情的物不会有亲昵感，只有对我们有益或有害的，才生出爱恨之情。儿童对有益于自己的，便在意识中生出与之亲密的感觉，渐而由喜欢他而认定那是他的责任，于是变得想要主宰他、嫉妒他、欺骗他、恨他、反抗他，这些情绪成为他的痛苦之因。在这种状况中，自爱变成"自私"。"自爱"只对自己；"自私"是自己和别人相对而生的。温和出于自爱；恨与怒则出于自私。只有在有限度的需要下，将自己和别人比较时，一个人才算是善的；若把多种需要和依赖放在别人身上，必然使自己变坏。当儿童知道自己和别人的关系时，才知道自己的道德天性，这是人的天职，就是青春期开始要学的。

当一个人拥有伴侣时，便不再孤独寂寞，内心的情感将引出其他的情感。人类真正的爱，必须以"诚"为本。"不诚"即"无爱"。"诚"是爱的宝贵品质。不过爱是相互的。"被爱"必须"值得爱"；要"爱别人"必须"自己可爱"，至少要在所爱的人眼中是如此。

谈到爱，无可避免的一个问题就是两性之爱。这问题始于儿童幼年期的一份好奇心：幼儿问母亲自己是哪里来的。长久以来，讨论这问题的人有许多不同的意见。

我们应该为儿童的好奇心而及早提示他们，还是让他们免去羞耻心？我以为两者都不需要。

首先，如果成人不启示，儿童的好奇心就不会出现。其次，不回答儿童这个问题也无妨，不回答胜过对他说谎。最后，如果要回答，就要坦白地说明，满足儿童的好奇心比给他刺激好得多。回答要郑重、爽直而简单，依情境和社会状况而定。如果不能隐瞒，在十岁前就可以教给他。

儿童没有如成人般对性的欲望，但却喜欢这类信息，所以他早已经知道了。自然赋予人这种神秘愉快的器官和可厌的需要，成人要小心，儿童则要纯洁。对情感的处理，要小心对一个人和一群人的真正关系，依关系程度而加以控制。

有教养的年轻人，最初出现的情感是友谊而非爱，所以要培养对同侪广泛的感情，不局限于一个人或少数人。由此发展出同情和怜悯，泽被人与物。

情绪本是原始性的、本能的，出于自然的"自爱"。但是自爱的表现则是受外在影响，否则是有益无害的。外在影响改变了人的自然本性，变成自己和自己纠缠不清。

人生而有弱点，而有需要，因而需要群体，若没有需要就没有快乐。

对一个十六岁青年来说，只知道自己有痛苦，却不知道别人也有。当他有了感性后，才意识到别人，才能对别人的痛苦感同身受。

我们应该助长这种感性，可以用几个准则说明：

1. 为别人设身处地着想时，不是为那些比我们幸福的人着想，而是要为那些需要我们同情的人着想。

2. 只有我们知道自己可能陷入同样困境，才会怜悯别人的苦难。

3. 在我们的感觉中怜悯别人的程度有限，不在全部的不幸，而在遭遇者的感受。

人生各有苦乐，富者亦自有苦处，最好教学生爱所有的人，尊重人，但不要侮辱人。

一个真正快乐的人只把快乐隐藏在心里，表面欢乐可能只是烟幕。快乐到极点时会哭而不会笑。情感流露会在脸上表现出来，所以看相貌可以知道一个人的性格。年轻人还不会作假，看他的神态、手势、对人和物的反应以及脸色，就可知道他的心情。

教师们常抱怨年轻人活力充沛而不易管教，却不知那是因为他们的快乐被抑制，他们被许多完全不懂的法规所约束，当然对阻挠和管束他们的成人，怀恨而反抗。因为他们看不出成人这样对待他们背后的善意，而教师只怪学生不知感激。

其实感恩本是自然情感。学生不知感谢教师，乃是因为教师失策。如果使学生知道教师关心学生的意义，他们将从另一方面来衡量，不但不反对教师，更会从内心发出感谢之情。然而多数教师只强调自己和教学的重要，忘了使学生知道学习是他们自己的事，是他们自己的"责任"。如此造成的误解是，学生认为学习通通是出自教师"独断"的要求，是教师奴役学生，学生只是被压迫，被管制，除了偶然制造一些教师的笑料，作报复性的嘲笑之外，心中便只有怨与恨。

相反，如果教师使学生知道老师爱他，不但可以化敌为友，同时可以了解"人和人"之可贵的情感。由此学习可以进入道德，从情感发展出良心与理性。

此时爱弥尔心中只知有己，当他和同辈比较时，便想独居第一。由此从自爱变成自私。此时便要区分他性格中的情感，是敦厚博爱还是残忍刻薄，是仁慈还是贪婪。

自然中原本存在着真实的平等。单就人类来说，每个人都是一个独立的个体，故而没有一个人可以依赖另一个人。但是在人类社会中所谓的权利平等却是假的，公众的势力帮助强者压迫弱者，破坏了大自然在人间所持的平衡，形成许多矛盾。例如个人利益在公众利益的口号下得偿其私，以损人利己。社会中许多的形形色色，都使人不平而怀疑正义，如何对青年人解释，便要慎思。

我想最好的办法是教爱弥尔认识人。不是以现代人为范，而是取法古人。以古人的个人事实为例，使他得到真实感。

十八岁

十八岁的青年知道了别人的情感，如果教师只是告诉他，他不见得领情，要让他能感受到你真正实在的善意，否则你所说的，只能得到你所认为的不知感激的反应。那是因为自然的情感来自知道对方爱我们。忘恩负义原不在人心中，那里只有自利。出于本心的善意，不同于"施恩"，才能使受者接受。你的学生在懂得了你关心他的价值时，才会生出感激之情。

我对学生只以普通程度为限，不是天才，却有了解能力。如此才能见出教育的效果。爱弥尔喜欢他的生活，喜欢看，喜欢感受别人，这才是正确的。可是如果因此他就以为自己高尚，生而高人一等，那他就是自欺欺人，就要及早纠正他。

有些教师自作聪明，打击学生，老把学生当成小孩子，比较他们的优劣，忽略了贬抑学生即是贬抑自己，忘记了学生的缺点需要教师指教，纠正学生的缺点才显示出教师的才能。最好的做法是，坦白、直爽，警告学生表现不当的危险，真情地表现关心，不责备，不说教，不说"我不是说过了吗"这句话，只让学生自己去领悟。

教育的技巧是使学生自愿学习。自愿学习则离开被动的状况，而愿意听教师的话。不过教师最好注意，话多而没有内容，就不会使人愿意听。

教学生一些空虚不实、于实际生活无补的东西，使其日后在生活中手足无措并不足取。我也教爱弥尔如何生活，使他喜欢自己的社会，并能自行谋食，但那并不够。生活在这个世界上，他必须知道如何与别人相处，知道是什么力量驱使他们活动，知道在人群里自利的活动所引起的反应，正确地知道自己不会失败，至少他要朝这个方向做，那么他就需要经验。如果他到二十五岁时还和十五岁一样的无知，时间就是白过了。

使儿童的社会德行深入心中而重人情，做好事就会变好，做其力所能及的，把可怜人当作自己的责任，不是施舍，而是帮助。进而他会知道有用和善举：敬老尊贤，勇敢、诚实、公正。

爱弥尔不喜欢吵嚷，不喜欢动物打架，也不喜欢从别人以至动物的痛苦中取乐。他看到痛苦便感同身受，便要发掘痛苦的原因而想尽力消除它。这是从自爱而爱人爱物转移来的德行，也是我们每个人深植于心的。由此从自爱扩大到爱全人类，爱正义，爱真理，越是关心别人的幸福，就越聪明且善良。

爱弥尔会做一切有用且善良的事，他知道"自己的责任"就是"为自己"，做事要慎重，要尊敬长者，要沉默寡言，不说无稽的话，见义勇为，说真话则直言无隐。

像这样爱自己就可获德行，这种德行植根于我们每个人心中。一心靠自己就不那么只想到自己，也不会沾染上自私自利。越慷慨无私，就越公正，爱人类就是爱我们内心的公正。这是公正的真正原则，是真正美的形式。有这样的了解，可以知道世界上一切各安其位。从正确的地方出发，可以知道什么是善行，什么会破坏善。教儿童从感觉上体验，不必教他们不懂得的事。

我发现人性中有两个不同的原则：一个使人学习永恒的真理，属于真正的道德，爱正义，可以达到思想世界，得到沉思的快乐。另一个使人自己沉沦，成为感觉的奴隶，只用情感，反对上一个原则。当我被混乱的动机牵扯时，好像我不再只是一个我，可以愿意，也可以不愿意，同时既是奴隶，又是自由人；我看到了正确的行为，我也爱它，但我却做出错误的行为。当我听到理性之声时，我有自动力；但被情感拉到另一边时，就变成被动。如果我屈服，就要忍受反抗知识的痛苦。

人与物之别是，物不能自动，我则可以自动。我有体，能作用于其他的体，其他的体也会反应回来。但是我的意志却与感觉无关，做或不做，不在我的感觉，而在意志。我有意志力，但却"无力"坚持意志。

我从意识中知道自己的意志，但却不能靠智力知道自己。如果你问我是什么决定我的意志，我就要问你是什么决定了我的判断，因为这两者是合二为一的。如果你知道人长于判断，则应该知道智力只在比较并判断，从其中生出自由：选择善或恶，犹如判别真与伪，都决定于自己。可以说我若没有外在压力，就没有期望利或害的自由，但是选择的自由却在其中。

存在在于感觉，我们的感觉先于智慧，有感觉也先于有观念。自然使我们有感觉，在于使我们保存生命，所以感觉是内在的。这种感觉使人爱自己，有所惧怕，也知道痛苦，怕死又期望安乐。好在同时人性中也有社会性，从道德系统引发出来的良心，使人爱善行。善行的快乐来自做了好事，一定要待做过才能领会，而领会见于理性。

爱弥尔此时已经进入理性阶段，不能再用教儿童的方式教他。许多儿童期不便教的，此时可以教他。与其让他从别人那里得知，不如从你这儿知道，因为他对你有信心。原因是你从来不骗他，不控制他，所以他可以对你无话不谈。这要归功于我们常在适当的时机自由交谈。

在需要的时候和年轻人交谈，必须轻松愉快，不反对他的愿望，不滞碍他的想象，适时给予指导，以免他脱离正轨。我们之间由信任而奠定了情感，只有通过情感才能控制情感。基于此，爱弥尔遇到困难时，会心平气和地和我述说，表示他已经对我心悦诚服，他根据我的意见而探究我的理由，他接受了理由，由此也建立了我的权威。

爱弥尔进入二十岁，在适当的指引下，了解了世界，也进入社会中。可以说在此之前，我不是教育他，而是使他准备接受教育。他已经有了温驯的性格，懂得友谊而服从理性，知道对错，能充分自制。他爱他的同伴，也想讨他们的欢心，甚至想取悦妇女。但是他永远保持安静，使心灵平静，头脑清楚。他对人和善，却不在意别人对他的看法，于是可以清楚地观察别人，不在意别人怎样看他，不在意别人嘲笑他，不为流俗感染，这是那些受流俗所染的人办不到的。他注意自己的仪表服饰和举止，但不想假装高贵。他对人彬彬有礼，乃是出于善意。他不标新立异，但与常人自有不同的气质。

人的良心（或良知）是灵魂的声音，是天赐的神圣本能，可以引导稍有知觉的人进入智慧自由之路。欲念是肉体的声音，两种声音往往相矛盾。按良心去做，就等于服从自然。和同类争夺物质财富，便不能合群，而人照自然生活时，是不会离群的。良心存在着因自己和同类关系而形成的道德。当人的理性认识了道德，良心就会使人爱善。爱弥尔永远把自然的秩序放在第一步，所以他永远趋向善，对是非善恶判别得十分清楚。

人要有品位。品位法则有道德之善与物质之别：物质的品位很难解说；但是万物中的道德元素却含着模仿作用，然而却不能说美是物质的，因为对美的感受会受到环境的影响。

人的品位出于自然而各个不同，原因在于生活的乡土和社会。有的社会存在着娱乐，有的则呆板乏味。我教爱弥尔是在谈话中选择有趣的话题，使他读令人感到愉快的书，从中分析并欣赏修辞之美，这类书的言辞中有广泛的文法，其中一些简洁的品位自然会深入读者心中。古典书籍中的辩论、诗歌和一切文学的多数作者也都见于历史中，由此也更引起兴趣,并加深印象。因此爱弥尔觉得古代著作比现代的更有品位,因为古代人所生存的时间,更接近自然。

教爱弥尔欣赏美,使他把精神灌注于美上,同时防止他把品位转移到物欲上去。首先我防止他把财产当作幸福的来源,因为他从小就生活在我身边,我曾教他欣赏一些精致的艺术,如布置房间之类。

我用我的信念生活,也用这种信念教育爱弥尔。我崇尚自然,所以教爱弥尔在自然中成长。我时时刻刻接近大自然,在大自然中尽情享受快乐,于是和大自然融合在一起。不过在自然之中,我还有许多爱好,但都不出自然风味。

我的生活方式简朴,没有多少佣人,房屋也简单。因为我不想给自己修一座宫殿——广厦千间,夜眠不过八尺。我不赌博,那是心灵空虚和不用头脑的人才做的,我有高洁的情操和丰富的知识,无须用赌博来消磨时间。学问可以扼杀贪鄙的意念。我穿的衣服适合我的身份地位。交往的朋友多是性情相投,兴趣相近,论情谊而不论利害。

我的生活很快乐,也愿意与别人共享这种快乐,因此和邻居和善相处,大家共同生活在融洽与和谐之中。有些人讲究时髦,崇尚奢侈和外表,用身外之物作为炫耀,以求得别人尊重。这是很不自然的,因为在虚幻的外表后面,他本身已经隐没不见了。如果是在正常的社会里,这样反而只得到轻视与嘲笑。我不愿见这样的人群与社会,也不愿停留在这样的状况中。

◆ 述者总结 ◆

卢梭生在君主专制时代,上流阶级(贵族)与平民的社会地位悬殊,形成"反对人为"而"崇尚自然"的观念,当然也反对专制。于是在教育方面,就反对当时法国流行的教育方式,无论私人的家庭教师或学校所用的方法,都不以为然,因而设想出爱弥尔,用自己所主张的方法来教育他。书中所描述的教育，非常成功。当时轰动了欧洲，因为这是当时人想象不到的。据说康德因为贪看这本书，竟忘记了日常定时散步的时间。卢梭所倡导的教育方式，一改过去严格教育的观念，后人称之为自然主义的教育主张。卢梭注重儿童个性，用顺应自然的原则来实行教育，培养儿童的自发性与主动性，当然正确。不过他主张让儿童完全从经验中学习，即使受到伤害，也不必事先禁止。在他那个时代，生活状况尤属简单，儿童可能因盲目动作所受的伤害有限。若在今天，儿童可能制造的危险，就不能听之任之了。不违背自然或破坏自然，当然正确。可是人类早已离开了自然，生活在人类自己创造的人文社会中，所以爱弥尔最后还是回到了都市。一位思想家的观念自有其见地，取其可取者，累积起来，足以增长智慧。

四、《费希特告德意志国民书》
——爱国家去私心才堪称国民
Addresses to the German People（1808）
费希特（J. G. Fichte，1762~1814）著　蒋坚忍 译

费希特曾受教于康德，后任耶鲁及柏林大学哲学教授。有著作多种。本文是讲演稿。德国在普法战争失败后，为法军占领，费希特在柏林大学先后做了十四次讲演，意在唤醒德国人救亡雪耻，以民族发愤图强，爱国去私，教育全国人民以道德为宗旨，其所提倡的教育即"国民普遍的教育"，开后来义务教育之先河。

一、绪论和一般的考查

德国之所以亡，是由于全体德国国民之自私自利的企图达到极致的结果。

自私心除了极少数外，全国民众几乎无人无之，甚至政府的官吏也都利欲熏心。如果全国官吏都有自私心，必使全国上下一齐堕落下去。如此，将使国民生出极大的惧外心理。

人的肉眼若看惯了污秽杂乱的东西，虽然身在其中，也视若无睹。但是人的精神眼（心眼）则不然，只要看到一点杂乱污秽，心里就会不快，非要改变它不可。

我认为对德国救亡图存的办法，唯有完全改变从前的教育法，才能维持民族生存。因为旧教育对善良的秩序和道德，只有训诲、记忆，不能启发想象力，不能触及真正生活的活动力，所以要另加补充，作为新教育的任务。

新教育站在全德国人的立场上，乃德意志全体国民的教育。

二、新教育的一般特质

新教育在于能力之所及，不赞成意志自由，将一切决心，求之于严肃的必然。

新教育的宗旨，是根据确切普遍奏效的法则，养成学生坚贞牢固的善良意志。

改造人类的要素，唯有精神。肉体上的自爱，有害无益。所以现在的德国，惟有训练每个人都成为"好人"，才能继续活下去。如果成了坏人，必不免为外国人所同化。所以我们要用为善事而做善人的自爱，来替代肉体的自爱。

我们已经发现了燃起这种爱好纯洁学问的"爱的方法"，就在于刺激学生去直接独立活动，使这种爱成为一切知识的基础。

人如果只注意所看见的现象和目前的物质要求，必然趋向物欲而自私。这种人要满足物欲，任何精神上的高尚要求或谦逊美德，都无法阻止其欲望。

新教育的目的，是想把人类本性既有的精神活动，有秩序地发展下去。虽然知识是培养人格所不可或缺的，但新教育最直接的目的却不在知识上。

若对自己的知识有兴趣，也可兴起对道德修养的兴趣，要靠以精神活动为主的新教育来完成。

受了新教育的学生，必然受了爱的感动而自动努力地去读书；同时把一切事物关联到全体来观察，然后将观察或研究之所得，用实践来实地练习。这样的学生，为使所学经久不忘，会全心全意地学习。

此外，新教育的着眼点，还要通过这种爱提高学生的"自我"，以达到从前只有少数学生才能达到的境地。

有了这种"自我的学生"，已经不为物质享受所迷，而是为活动而活动，希求真理的爱，毫无自私自利的企图。

三、新教育的解释

新教育的本质，就是"道德心"。新教育所计划的道德，毫无其他副作用，完全为道德而道德。不像从前把教育当作达到某种目的的手段。

这种教育是在训练学生的精神。精神训练是新教育的第一步，不过也只是以道德训练为手段，使其所得到的知识，成为生活中必需的真理知识，从而成为能力。以心灵生活为指标，其生命不仅在今生，还能永远存在，宛如神灵一般，可以视为宗教修养。

养成真正的宗教心，是新教育的最后目的。但在通常的生活和有秩序的社会里，并不需要宗教信仰，如果有真正的道德，就可应付自如。

新教育不只在于养成学生的纯洁道德，也在于培养学生的完美人格，使学生成为真实无妄的人。

要使学生成为一个真正的人，第一，要培养生命根源的生气，使生气蓬勃；第二，要有人之不可或缺的悟性和意志。教育必须使悟性明朗，意志纯洁。

意识有混沌的感情和明了的认识之别。混沌的感情使人只希求生活与幸福，物欲的自私便随之而生，成了生活的原动力，于是便只知道自私自利。反之，如果企求明了的认识，则能爱护自己并爱护别人，这种爱才是真正的爱。真正的爱不但和现实世界有关，且和先验的世界为一体，即和永远的世界有关。

去掉混沌的感情而用明了的认识来解释真爱，只有教育才能做到。这样的教育，会创造一种新局面和新气象。

我以为新教育的前提是，认定人类根本上能因做好事而生出纯洁的快感。这种快感若能发展到极点，将使人知道只能做善事，绝对不可做恶事。

四、德国人和其他条顿民族的主要差别

德国人与其他条顿民族的差别有二：一是德国人不会改变居住地点，其他民族则相反；二是德国人保有原初的语言而使之发达，其他民族则采用外国语言，再加以改造。

语言的第一特征是，用声音指示一个对象，要依照这个对象的概念，这是一个原则，大家都用同样的声音指示同一个对象，才能生出共识。

第二个特征是，由于地理位置不同和时代变异，会加入新的词语，等到用的人多了，新词便约定俗成，又成了共识。

国语是同一国家共同的语言，有统一性，永久不变。凡是说这种语言的人，可以互相沟通，交换思想。

如果一个民族发现一种语言超越了本有语言的表现，随即应用这种语言，而不求自己语言的改进，便失去自己的立足点，使自己的语言失去生命，等于和本国切断联系。所以一个民族的语言中，保存了物质和精神文化与历史。

将德国人和其他条顿人对照，可以做以下说明。

1. 在持有生动语言的民族身上，其精神文化可以立即推向生活；持有死语言的民族，精神文化和生活没有交流。

2. 前述第一种民族重视自己的精神文化，有智慧，也有感情；第二种民族把精神文化当作游戏，有智慧，但没有感情。

3. 第一种民族对一切事物，怀着忠直勤奋和严肃的态度；第二种则放任于自然的享乐，随遇而安，不能克服自然。

4. 由上得出结论，可以说：第一种民族优越而有创造性，常把自己所发现的，与全体国民共享；而第二种民族的知识分子和民众隔离，视普通人为盲目工具，可以利用。

五、由前述差异而生的结果

我们据上述可以了解，知识和行动必须合一，因为这二者都是理性生活所不可缺少的。有生气的语言，含着永远使人返老还童的一种如诗的能力，把个人的思想导向卓越的方向，是民族精神文化的一大作用，能使人精神振奋以至快乐。

如果我们说一半德国话，一半外国话，看见一样新东西，便当做是好的而追求，穿起外国衣服就以为是时髦，自己就会成为外国人吗？

具有生气语言的民族，勤奋严肃，加上天才，才能做出美满的事业。活语言在现实生活中，词汇必然增加，意义也逐渐深刻。

六、历史显示的德意志特质

路德（Martin Luther）因明了基督教心灵救赎的意义，得到了使后世赞叹不已的力量和能力。德国人接受了路德所给的，能睁开眼睛，明了宗教的一切。

德国人能忍耐一切贫困与痛苦，开始了反抗罗马教皇的战争，使得真正的基督福音，照亮他们的子孙后代。从而在理性之中，求得超感觉的世界，因而生出创造真正哲学的计划，以真正的自由思想作为绝对真理的源泉。

理性的国家即完美的现代国家，不以把现成材料组织起来为满足，而是要国民先受教育，教育了全国民众，才能实现完美的现代国家。

在贯通中外古今的时代中，现代是个把全体国民教育成为"人"的时代。同时教育如果没有哲学，也得不到充分的明了和彻底的成功。所以教育与哲学，二者缺一不可。

在德国，民众建立了各种都市国家，每个都市的文化都在开花结果。市民阶级的精神是虔敬、端正、谦逊和有共识。他们同心合力，致力于公共事业。

七、民族的本原性与德意志资质方面深刻的研究

新世界的原初民族，大体上比较纯真，先受不完全而肤浅的外来文化刺激，进而才有了由自己内在深处发生的创造。

人类的科学见解，是由生活形成的。靠自己的能力，超越了现象界，把现象核心透彻了解的哲学，由真正的生活开悟出来，才认识到宇宙万有。

（未曾深入了解哲学的人，在书中看了只言片语，或是误听了别人的话，就认为哲学是虚玄难懂的东西，不再求甚解。实则哲学的探讨，乃是从人生出发，从实际现象探求精神的本质，即使形而上学，也是根据自然现象推演的，到最后才提出指导人生的观点。当然哲学的观点各

个不同，不能因此就否定了哲学的价值。）

外国哲学以固定事物为第一特点，是根基，然后才有居于第二的精神。德国哲学开始即以确切的精神为第一。基于此，便把教育放在三角形的底边上，并把君主看作是国民之一。

如果把国家生活的完成放在家庭教育和学校教育上，则公民教育必须做这项准备，这是德国哲学的目标。

本着创造精神、不停创造新事物的人类，不一定必然创造出新事物，但至少能抛开无价值的东西，谨慎地把握生命源泉，纵使不能如此，也会希望自由，而不厌恶爱好自由的人。这样的人，是本原的民族，可以说都是德国人。

信仰精神的自由，依赖自由而使精神永远发展进步的，不论其原籍和语言，都是我们的同胞。

八、国民和祖国爱的真谛

唯有原初不受任意造成的信条所拘囿的民族，才能称为真正的国民，唯有德国人才会怀有对自己国民的真正理性的爱。

凡是人格高尚的人都希望在自己死后，进入更完美的世界，并希望子孙能继承遗志，光大门楣。这种人都怀有精神思想和道德，对当时社会的腐败和堕落，在悲伤之外，能努力地宣扬正义，激励世俗，鼓舞自强，以求得永远的生命；更希望子孙将自己的精神扩大美化，再遗赠给他们的子孙。

有高尚人格的人，都希望用思想和行动来完成其全民族的发展，在这方面播下种子，在所生存的世界，投入新颖之物，成为现世界新创造的源泉。

我们怎能不希望在如蜉蝣般瞬息即逝的今生，使自己名垂青史，使自己今生的事迹，留给后人做纪念！

我们应该以这种人为模范，以他们的希望作为标准，来认识这个世界，组织这个世界。这样想，才是世界的核心人物。不这样想的人，便只有为核心人物所驱使，为核心人物所利用。

　　由精神方面看到最高意义的国民，在社会中营造共同生活，自己则能独立生活。由精神性而创造并发展精神，这是人的本原性。德国人就是相信这种本原且永久进步的人。

　　对于自己国民的爱，第一是尊敬国民，爱护国民，信赖国民，并以生为这个国家的国民为荣。为了想要救援自己的民族和国家的独立，不惜牺牲自己的生命。

　　这种爱是真爱，不是冲动，更不是有什么欲望。人如果不把自己看作是永远的，就连自己都不会爱，也就不会尊敬自己，当然也更不会爱别人，更不用说爱国家了。

　　没有祖国的人，是很可怜的。有了祖国，然后心中才有天地中有形和无形的一切，这一切交错而成为一个坚定而确实的天国，这样的人，才能说是爱国，才算有祖国爱。

　　祖国爱和爱国，除了有维持国内秩序，保护人民的生命财产、自由与安全等目的外，还要保护国家。

　　凡是真正的德国人，唯有自认是德国人，才能活下去。他们的子孙，也要教育成德国人，为德国人求生存。外国人所计划的安宁幸福，绝不能和德国人所想的安宁幸福一致。

　　这个演讲，是在讲述把我们民族看作是永远无穷的民族，以及深刻不灭而全能的祖国爱，用教育力量培养心灵。

九、新国民教育的出发点

　　我们从今天起，必须把全德国人所共有的德国精神，送到德国人的心里，务使全体国民都持这种精神。

挽救德国人的方法,唯有教育,我称这个方法为"人类的全盘改造"。

从前的教育,常以为官能的感觉世界是真正的实在世界,只认得肉欲、物质和自然。

新教育的目的,只是要精神灵活跃动,就用这种精神来教育学生。这样教育出来的学生,能启发出高尚的祖国爱,使他们明白自己的生命,担负着祖国永远的生命。有了这种精神,必然生出祖国爱。这个概念,绝不可看做是练习心灵的技巧,而是要把心灵活动导入生活。

这个问题,可以用裴斯泰洛齐所提倡的方法为根据。

裴氏是以不屈不挠的德意志国民爱的精神,想救济德意志国民,提高国民知识,从而计划了平民教育。他的方法,不仅可用于德国,且可用于全人类。

学者心中不要仅存着社会中的通俗之物,更要把隐藏在内心深处的事物挖掘出来。

我以为想要改造人类,首先要把人与本身分开,将从前与现在截然划分。又以为客观的认识,要由直接实际的直观才能得到。

裴氏主张除了发展精神能力外,还要发展肉体能力。体育训练必须有精通人体构造和科学知识以及对大哲学有所认识的人来担任。

为建立对人类身心双方面的教育,尤其对失去独立的国民,体育训练更不可少。

(一个健全的国民,除了有崇高的道德、丰富的知识外,还应有健全的体魄。裴氏主张心身并重、手脑兼用的教育……直到今日为止,我们学校里对于体育训练,仍未脱离选手训练的旧病。国民体育,实在太应该注意,尤其要从小学教育开始。)

十、德意志国民教育更详细的定义

教导学生先明了感觉,再明了知觉,并有有组织的体育,是新德意志教育的第一步。第一步完成后,其次是哲学,在这方面学生很早就已通过知觉接触到。

在爱心萌发的同时,还要使之明了爱的意义,否则爱就成了盲目的了。明了了爱的意义,才能把个人与思想世界合而为一,成为感觉世界与心灵世界的枢纽。

有了这种爱,我们的教育才能确实与计划相符,可以毫无困难地获得从前只有少数优秀学生偶然能获得的认识。这种认识和科学的认识有别。

此外,还有一种爱,能够结合人类,将所有人类结合于同一理想中。

儿童生来虽有自私心,但也有道德心。教育的任务,就是要发现道德心的本原且纯洁的形式。这种形式,出自求人尊敬。为了得到人的尊敬,才知道什么是值得人尊敬的,那就是正义、善行、诚实、克己等品质。

人类的结合,不在于肉体之爱,而在于互相尊敬。发展这一点,是教育最重要的要素,是一切道德教育的基础。我们要知道学生有此本性,要以此为教育的前提。

使个人的自我置于全体之下有二法:一是个人必须有所有人都必须有的"绝对服从";二是出自个人自由意志而服从全体的"高尚服从"。

今天的教育,必须去掉过去对肉欲的期望与鄙视,代之以正义和善行的愉快,并使这种愉快成为日后生活唯一且实际的原动力。

人类如果不在从前的生活和现在的生活间划上界线,下一代就会比这一代堕落,再下一代将更堕落。

如果我们对学生尚有一丝爱意,便要给他们一个圣洁的环境,这是新教育刻不容缓的任务。

新教育的第一个要求,是学习与勤劳相连。这样一则使他们成为勤劳的人;一则使他们有独立的心志。

养成学生的勤劳习惯,他们日后便不致因生活困难而走入歧途,奠定了不劳而获是"可耻"的观念,把"荣誉"深刻在心中。

根据新教育的原则,凡是将来要成为学者的,也要经过一般的国民教育。这种教育,对感觉、直观和随着直观而来的一切知识,都必须充分发展。

学者并非由他个人的方便而存在,他是国宝。他具有明了的概念,有组织的技术,以及把人类推向更高处的任务。

学者为传达自己的思想,必须将言语植根在创造上,这是属于他的。他需要独立的精神和独立的思想,无须依赖别人的指导。

十一、这个教育方案应该由谁去做

为了民族的将来,为了这个计划,这个教育方案,最希望国家政府负责去办,国家必须采取全新的概念。

国家如果采用了这个教育计划,相信下一代都会变成有用的人,他们能忍受艰辛的任务,爱国精神高涨,抑制了自私,一心只为国家。

身居国家要职的人,不要因为这种教育不会立刻得到效果而失望,不可对这个计划的实行有片刻犹豫,要立即实行才好。

每个国家对国民都有强迫征兵的权力,不管其父母或本人同意与否。

世人如果知道教育是一件极重要的事,则强迫教育也就和征集军队相似,可以顺利实行。强迫教育,只限一代。受过这种教育的人,即使不强迫,也会自动将子女送到学校去。

如果现在德国各邦,都能真诚地实行这种教育,则二十五年之后,我们期待中的那种人,就会出现。其时还能活着的人,就可亲眼看到。如果国家力量不够,希望私人也能负此重任,这将是最大的荣誉。

着手教育最先需要的,是"善良的教师"和"伟大的教育家",这些人正在裴氏的教员养成所里培养。

实行这项教育,必须有善良的意志。而这项计划的实行,必须有许多人共同努力,才能克服多种困难。

十二、用什么方法达到我们的目的

这种教育的成功，需要善良而正当的有兴趣者，才能受到感动，才肯全力以赴。其次是从事者站在自己的岗位上，有辨别善恶的能力。再次是下了决心以后，有贯彻到底的精神。具备了这三个条件的人，才有希望成功。

缺少这样条件的人，只为切近的事物存心，即使大环境不利，竟也能处之泰然。

因为受切近环境感染，纵使起初感到不适，久之便同流合污，如入鲍鱼之市，久而不闻其臭。这种人只要自己的物欲生活不受阻碍，对奴隶牛马的生活都能视若无睹，甚至还会生出艳羡之情。

对于甘心为奴的心态，必须加以警惕。因为这种心态将使我们后世子孙失去复兴独立的希望。如果现在受制于人，更要振作精神，发展自由思想，使希望加倍旺盛起来。

自由如果暂时受到有形的限制，就要在我们思想深处，做成自由的避难所，以保留全新的思想。

我们不应屈服，要有坚贞强固的精神，无论做什么，都要真干实干，绝不马虎地混下去。

我们必须培养品格，因为"有品格"和"德国人"，名虽不同，意义却无异。

对于目前造成的各种现象不注意，仍然醉生梦死，苟且因循而自以为是聪明人的，大概和被浪涛撞上的岩石一般，无动于衷。

这个讲演，不久将出现于全德国人面前，和他们共同讨论。对于下面几个问题，定能得到全国人一致的衷心共鸣。

1. 关于德国人的生存与其独特的独立精神的存续，现在是否处于极大的危险关头？

2. 为挽救德意志国民不致灭亡，是否有刻苦去做的价值？

3. 关于维持民族的生存，有无确实而彻底的方法？如果有，应该是什么？

我首先想把在犹疑和矛盾困惑中毫无主见的知识分子挽救出来，导致坚贞顽强的立场上，和我们的利害密切相关，使他们坚定立场，确信不疑。如此，不但使人格从卑贱中提拔出来，并以实施新国民教育为目的。

我常听到人说，"纵使我们在政治上失去独立，如果我们仍保留我们的语言文化，即不失国民资格，不必担心其他的损失。"不过，失去政治的独立，还能保存语言吗？

现在青年以上的德国人，因为已经养成用德语说和写的习惯，他们的语言或许不会丧失，可是他们的下一代呢？不难想象，他们会像鹦鹉学舌般，用敌人的话，去向敌人献媚。如果有能力处理自己的事务，并支配自身权利，就要说自己的语言。失去这种能力与权利的，便必须放弃自己的语言，而被征服者所同化。

作家的最高特权和最神圣的任务，是把自己的国民吸引到自己周围，共同讨论国家大事。如果国家分为许多小国，就要靠着作家的利器，统一全国意志。万一德国各邦的妥协当局，受了敌人威胁，干涉我的讲演，禁止我的讲演发行，就证实德国文化，到了存与亡的关头。

不幸的是，当局里有人说自己国家的坏话，藐视自己的祖国，反而赞扬外国人。

具有真正伟大精神的人，看到自己周围的堕落，就会感到忧心；看到人民对国家和文化失去敬意，就会悲哀。反之，如果看到同胞求进步，品格高尚，就会快慰，就会本着他那高尚的精神，将伟大的光辉照临全国。这种人绝不会利用国家的危机，趁火打劫，不惜陷国家于危亡而不顾。

我期待为国民建设至高至纯的道德心，并完美地传至下一代，进而普及全世界。我的讲演，是为了使只以物质生活为目的的人，变得纯洁高尚。也就是说，能改造人心，建立道德。

我们政府当局，是否知道"死"以外还有什么？"死"是人迟早逃不掉的，自古以来，有过伟大的人物，也发生过许多微不足道的小事，但是人终归会死。目前我们的国难是大事，要有出生入死的计划救亡图存，这计划无人能阻止。

有些人不了解伟大人物的意义，以小人之心度君子之腹，以为自己的做法，可以博得敌人的欢心，转而唾弃本国文化，等于把本国文化送给敌人作礼品。

我用德语向全国同胞呼吁："没有人希望你们受压迫，没有人赞成你们的奴隶性和奴隶式的服从。反之，我们希望你们能独立、自由、前进、高洁。请看，我不是公然将此事告诉你们，显示出复兴民族的正当做法，并未受到阻挠吗？"如果这声音进入全德国人的耳朵里，而得到预期的成功，便会使当权者的用心和我们伟大信仰的纪念碑，永远存在。

在德意志民族根本改善之前，要想维持我们生命的延续，最重要的是先造成我们自己独立的坚贞品格，并证实这种品格存在。那么，我们就必须反省自己，努力改造内心，以决定我们自己的真正地位和情势，因而就要寻求改善这个地位和情势的方法。

十三、用什么方法达到我们的目的（续前）

德意志国民由于共同的语言与共同的思想，能充分团结，和其他民族截然不同。对外国的侵略，我们有多数兵力与勇敢精神，足以保卫国境，但没有干涉别国的心意。其维持和平的方法，在于求无论任何国家，都不危害和平，以维持列国的均势与平衡。

在欧洲中部的国民中，德意志国民非常优秀，不贪图别国之利，也不牺牲别国，一意以维持和平为目的。

德国现在分裂为若干小国，外国人巧妙地操纵各小国，使他们互相敌视，各自戒备，分别以外国人为友，为外国人所利用。

外国人指其国民里有好意于外国的，称为"某国党"；至于对本国特别好的，则不加特别名称。我们德国人都成了甲国党、乙国党，却找不出可以称为"德国党"的党员。

如果德国能保住统一，则德国将如世界的太阳，会站在欧洲中心，来维持世界和平，可是德国现在却在敌人的掌握下！

德国有丰饶的土地，德国人有勤劳的精神，能够增进德国人的幸福，可以进一步增进全欧洲人的幸福，所以我们要统一，计划我们的独立，然后求商业上的自由，我们必须把握这一点。

民族唯有信赖自己，才能开展自己并形成自己。德意志人的深谋远虑，德意志人的严肃忍耐，如果能保持住，必然会显现于生活中，只要我们有决心。

用武器来战争已经失败了。我们今后如果可能，相信要走入主义、风俗以及品格的新战争中。

德国人通常缺乏敏捷性，对事过于认真，过于迟缓，不善通融，这不足为耻，反而正是我们的优点。我们尊敬自己的人格，也尊敬别人的人格。

我们祸患的由来，不是由于几个最高当局的人物，而是由于团体的力量涣散。换言之，是由于本时代的精神错乱、愚昧、肤浅、懦弱，并由此而生的不确实的步伐，不一致的舆论和堕落的道德。

愚昧和麻木即足以说明从前事变的原因。每个人如果略加思考，可以知道自己也有一份责任。如果我们不改造精神，以一个全新的精神代替，则无以救亡图存。

外国人最轻视我们的原因，是我们向敌人献媚。我们同胞里有一部分人，从前一有机会，当局的大官们，就显出奴颜婢膝的丑态，说尽阿谀之辞；不顾礼义廉耻，忘却善良风俗，还自以为得计。

真正有自信心的大人物，认为时人所给他的纪念像和美誉，民众的喝彩声并不足恃，他要听的是自己内心的审判，信赖的是后代历史给他的批判。这样的大人物的特点，是恐惧原因不明的灾祸而设法预防，相信命运川流不息，在盖棺之前，绝不相信自己的幸运，也不承认自己伟大。

严肃坚韧不拔的德意志男儿，抛弃愚昧，我们的标准是以给各国民族幸福为理想，只有据此理想感奋而起的，才能算是人物。至于是否伟大，要留待历史来定评。

十四、结论

如果我把一道火光，掷入面前一个人起伏不定的胸中，火光在他胸中继续光大，他因而把握住生命，不再独善其身，而能站起来，纠合全国有共同意志与决心的人，和他一齐发光，向着祖国全体，共同秉持祖国爱，遍及全国。但这火光不是麻木不仁的人的消遣材料。

一个高尚的国民应自信，知道前途有希望，愿意牺牲自己的生命，忍受一切痛苦，救全国国民于水火之中。

你们如果仍然茫然若失，不立即紧张起来，把这演讲当作空洞或新奇的音响，就不足以信赖了。

我希望你们通过仔细地考虑后，认为必须自己一个人去实行，就下定决心开始行动。如果人人都如此想，不久就会团结许多人，成为独一无二的坚强力量。

诸位心中支配这决心的支柱被人拔去了吗？国民的本质成了虚幻的影子了吗？我的话使你们感到屈辱了吗？你们可以用实际行动来证明我的语调错误，把你们活泼的生气，表现出来看看。

我们所以陷于冥顽不灵、茫然若失的状态，以及醉生梦死的态度，是因为我们在生活中，苟且因循，得过且过。

你们要转眼看看德国和世界到了什么状况，就会知道但凡有高尚人格的人，就不能不感到愤懑。

你们有从前的德国人没有的力量，你们有防患于未然的能力，你们能把这一时可耻的事件，从我们德国历史中抹掉。

倘若你们不改变从前那种茫然若失、麻木不仁的状态，立即就会降临到你们身上的，是奴隶必须忍受的一切不幸，是亡国奴的痛苦与耻辱，屈服于征服者的傲慢、轻侮、自大的优越感之下，德意志民族从此就灭亡了。

反之，倘若你们能鼓起勇气，下定决心站起来，你们立刻就能得到名誉，同时在你们活着的时候，还可以得到和你们有同样名誉的、值得纪念的优秀青年。

下述二者，你们可以自由选择：要么成为最不值得尊敬，将来必定被人轻视的民族的最后一代；要么成为一个崭新、出奇完美时代的先驱，被后世子孙看作是他们幸福的开创者。

我向你们要求的并不多，你们只要暂时集中精神，思考摆在眼前所需要的努力，确定坚韧不拔的信心，保持住它，并讲给你们邻近的人听。

你们不该被现状所麻痹，也不应心怀恐惧。我和你们讨论的计划，就在眼前，到你们能达到"意见一致"为止，不要等闲视之，不要轻易相信别人，也不要把责任推给别人，以免自己松懈下来。

雨露多寡和年景丰歉，也许是由一种不可知的力量造成。然而人类的每个时代，人类的境遇，只有人类自己才能制造，绝非出自外来的力量。

为使我们能再得到幸福，除了我们自己去创造，更无他法。幸福要自己去追求，不能期望凭空而至。

诸位青年，我向你们要求，我已经不配做你们中的一分子了，但我确信你们都能出人头地，有不受现状束缚的能力，又是对伟大事业易于感奋而起的人。

你们要保持住旺盛的想象力，用明晰的思想加强想象，同时要想到实现这思想的方法。果然如此，你们就能想到人类最优美、最宝贵的是品格。只要思想清明，虽然体格衰弱，精神却能坚毅无比，品格也就坚韧不拔了。

现在你们必须把握住这个机会，审慎地思考这个问题，从头到尾，彻底地想个明白。

诸位老年人，有经验的老者们，如果把所有虚荣看得比整个民族的幸福还重要，我们就没有改善的希望，而只有恶了。我们不要求你们的帮助，只要你们不加阻挠，保持沉默就好了。

诸位事业家，这次演讲要求你们几件事：一是事业家放弃只关心事业的态度和漠视一切的心理，分些心想想事业以外的问题；二是学者改变只为学问而学问的习惯，留一些心思关心国家民族，树立一种新态度和新思想。对原来不知道的，最好肯问，找机会听，如果愿意学则更好。否则一般人对各位的批评，便很难改变。

被称为思想家、学者、作家的各位，你们过去太过专门研究自己的东西，而忽视现世界；重理论而轻现实，在抽象与实际之间，距离太远。缩短这距离，是事业家和你们共同的任务。事业家要了解你们的修养，你们也要注意实际，使抽象与实际相合，这正是双方同舟共济的机会。

事业家也曾受过教育，利用现在这个教育机会，了解尊敬教育，改变自尊自大的心态，利用时机告诉青年，富贵在思想中并不足取。你们能否做到，在于是否加入我这个提议之中，使这个提议在社会中发生影响。

本讲演并向德意志联邦当局各位要求，要知道对你们唯命是从的人，也是诽谤你们的人，要慎重辨识或离开。你们当局者的智慧，也和我们一样，初生时都愚昧无知，要想脱却愚昧，最好和我们一样去学习。

我的演讲是出自自尊心，我大胆地向你们要求，要求你们用任何时代、任何执政者都未曾有过的忠诚与完美，为了幸福训练国民；该做的事就马上做，且必须在开始时，就要彻底地做下去。姑息或用欺瞒掩饰等手段的时期，早已过去。现在我对你们的廉洁忠诚，寄予最大的信心。

全德国的同胞们，凡是有思想的人，无论现在持什么立场，在什么社会中，这个演讲对你们的第一要求是，考虑刚才所提出的问题，把这个问题认作和自己密切相关，努力去实行。

你们祖先的在天之灵，所发出的声音，会和本讲演的声音相合，一齐向你们要求，牺牲自己的生命，像抵抗罗马一样，对这个山谷、河流和平原，用自己的血保卫它，胜过你们的祖先。他们现在也向你们要求：

"你们要成为我们的代表，要把我们的纪念碑继承下去，如同做我们的后裔般的自豪一样，把这个纪念碑放在誉满天下、毫无污点的状况下，传给你们的子孙。"

"到今天为止，我们对罗马人的抵抗，世人都认为崇高、贤明、伟大。如果你们成了最后的一代国民，我们的民族就会灭亡，我们从前的声誉，将会变成耻辱，从前的贤明，将会变成愚昧。因为如果德意志民族终归还得受罗马人掌握，落在新罗马人手里，还不如落在旧罗马人手里。可是我们抵抗过古代罗马人，我们征服了他们。"

在我的声音中，还有为宗教圣战而捐躯的你们的祖先之灵的声音。他们也向你们呐喊：

"不要污蔑了我们的名誉，我们从前就知道为什么要反抗敌人，只是本着良心而做。绝不希望外来势力征服我们，因为我们有一种高尚精神。这种精神时时刻刻监视着你们，那是纯洁而无物欲的精神，是做人必有的精神。我们因为这种精神而不惜洒热血、抛头颅。你们也要以这种精神，完成你们的责任。"

你们还未出世的子孙，也向你们哀求呼喊：

"你们以你们的祖先为荣，也要使我们以你们为荣。不要使我们自愧成为你们的子孙，不要使我们假充外国人，受人家的排斥和羞辱。你们一生的荣誉，要到你们的子孙才能确定。如果你们的子孙失去独立，则你们的历史，必将为敌人篡改。请想，敌人能把亡国奴的祖先，写得比自己的还好吗？"

外国人，了解自己又知道自己真正利益的外国人，曾经从我们德国得到了宗教和文化，应该不希望德国灭亡。我也向你们要求，德国人本着心中的新人道观念，对你们抱着希望，希望共同为了幸福，互相协助。贤人君子们，你们的思想和了解之光，也照进我的声音之中，我向你们恳求，为了拯救名誉和存在，人类应该更求进步。人类的品格和秩序，绝非虚幻，而是将来的预言与保证。

伟大壮丽但有缺点的旧世界，应该代以真理，这里是"完成人类"的开端，负起完成这任务的责任，对新世代怀着希望。除此，再也没有其他的救亡图存之路了。

◆述者总结◆

一个国家的强弱，和国民素质有密切关系。一般国民，通常在国家卵翼下，往往不以国家为意，只有当国家失去独立后，在异国统治下，才感到国家的重要。但是浑浑噩噩的群众，只知苟延残喘，想不到、也没有力量起来反抗。唯有智者看得到，也想得到其原因和补救的办法，起而振臂一呼，唤醒沉迷，才能生出救亡图存的意念。费希特看到了德意志失败的病征，所以大声疾呼，要人民觉醒，重振道德，祛除私心，发扬祖国精神，以保持民族与国家。国民道德是人民的基础，也是立国的根本，历史早有明证，而且必须全国上下一体，才能见出力量。

由此看来，要国家健全，就先要有健全的国民，所以费希特主张要先从教育国民开始。而健全的国民，则以道德为基础。追究国民之所以缺少道德，根本上乃在于自私自利。因自私而只求自利，不知国亡族灭之耻，甚至在敌人面前，献媚求荣，从小处看，是失去人格；从大处看，则是失去国格。费希特要教育全民，恢复民族精神，重振德意志民族，建立德意志为坚强的国家，以施行全民教育为国家政策，终于付诸实行，为普及国民教育创立了典范，也开启了德国文化昌盛、科学先进之路。

五、《教育学讲授纲要》——相当实际的教学法

Outlines of Pedagogical Lectures（1835）

赫尔巴特（J. F. Herbart，1776~1841）

赫尔巴特是德国著名的哲学家、心理学家与教育家。他闻名于教育界是因为在1806年出版了《普通教育学》，首先提出"教育学"这个名称；然后在1835年出版了《教育学讲授纲要》。此处所述者即是后者。这本书兼含其前一本书的内容，是用条列方式提出要点，以下即择其要者加以释述，仍用其原来段落数码，以便读者与原著对照。

第一章　教育学的实践哲学基础

8. 德行是整个教育目的的代名词，是一种内心自由的观念，将在一个人身上根深蒂固地实现出来，由此生出两种作用：明智与意志及二者的关系。教育就是求这两种作用的实现。"明智"可说是"意志作用"之"审美"的"判断"。

9. 明智与意志作用的关系之实现，就是"道德"。要使学生致力于此，并不容易，必须使明智与意志二者都发展出来，才能见功。也就是说，明智与意志的审美判断一致，教育才算成功。否则在学生做审美判断时，若只能应用普通智能，反而会成为恶。（此即有时"智能为济恶的工具"之说的意思。）

10. 完善的实践，在于身心二者都健康，两者都需要用心栽培。

11. 培养仁慈观念，先要避免恶意的刺激，同时要使学生"尊重"仁慈。

12. 培养正义的观念，要使学生放弃争吵，使学生对争吵的行为加以反省，转而尊重正义。

13. 培养公平的观念，应注意惩罚不在于报复学生的过失，而在于使受罚者认为"正当"而"愿意接受"。

14. 可以由许多学生组成一个类似法治的组织，必要时来共同评定学生的行为问题。

15. 教育在使每个学生都成为社会的有用之才，教学可有多种形式，不计学生的身份地位。

18. 一个影响道德教育的错误观念是，学生以为学习成绩是重点，只要成绩好，就十分满足。

第二章 教育学的心理学基础

21. 记忆在于经常复习（学而时习之），使学习经验不断"再现"（representation，也称表象），如果只求大量新知识，已有的经验没有再现的机会，很快就会消失。

22. 幼儿在游戏时，可能表现出其独特之处，显示出其冲动（热情）的表现，如果没有不良的影响，则不足为忧。

23. 儿童从观察外界事物而提出种种问题，是要把这些事物纳入自己的概念中，并用自己熟悉的语言说出来，其中也有从成人那里学来的判断，是发展思考的好机会。

24. 在此期间，儿童会表现出快乐与痛苦的情绪，对别人的好感与反感，也有与心理矛盾相关的意志作用。如果过去未受过抑制，意志作用就会表现出来。

25. 儿童很少表现审美判断，尚不宜教以较高的艺术欣赏。

27. 正式入学后，各种心灵能力都将发展，此时的学习在于吸收，例如读范文时，当一字不差地背诵。

28. 此时有一种奇特的情形，很多学生在自己的活动中，记忆力、想象力与理解力都很强，而在教师面前却表现得一无长处，这是教师需要注意的。

29. 儿童在学校或其他场所，可能结合一些人形成伙伴关系。

32. 区别学生的伙伴团体，是教学与训导不可忽视的事项。

34. 对学生要做以下的观察：

（1）课余的游戏活动；

（2）理解的范围；

（3）表达能力。

35. 如果教学只管教知识，就很难弥补学生个性的缺点，所以教学时，常要注意道德所发生的作用。教学当然是要提供知识材料，而且要求学习迁移，但是如果这些知识不能纠正审美判断，不能纠正欲望与行为，便成了道德教育的问题。尤其知识变成追求虚荣心的工具时，就失去了知识的目的。

36. 为使教学影响学生既有的思想与观念，必须开拓教学的领域，避免侧重片面的教学。

37. 教学有两条贯通线：一是历史，二是自然科学。历史之外，还包括语言常识；自然科学中，还包括数学。

38. 为了克服个人主义，从教育人类出发的学校，都必须把人的关系作为整个教学的主要内容，历史与哲学要占相当的比率。

39. 数学要与自然知识并进，且与经验相连，以便深入学生的思想范围。

40. 一般说来，教学是否被学生接受并吸收，决定于教学是否与训导相连。

41. 训导必须注意防范情绪冲动，避免情绪爆发，需要及早教导自我控制。

42. 教育期间必要的约束，在于管理。儿童需要接受压力，忍受约束，训导和管理有别。

43. 管理适度，可以使学生产生感受力，轻微的责罚胜过体罚。

44. 现在用管理、教学与训导三者来论述教育学。先从必需的管理谈起。因为管理是教育的首要条件。其次是教学，即是"教学论"。训导放在教学后面，因为训导离不开教学，否则其效果不能持久。

第三章 规章

45. 身体发展需要照顾与培养，而不是娇宠。不可用实际需求引诱儿童，不可因溺爱而提出交换条件，要视儿童的体质进行体格锻炼。

46. 管理基本上是在儿童活动的时候进行。不过儿童在每个阶段所需要的活动不同，活动在于满足儿童的需要。有人强迫儿童坐着不动，乃是一种错误。

47. 最好使儿童自己选择活动，让他们自己选择等于给他们一个任务，他们可以选择做游戏、画图或讲故事。年龄较大的，可以采用教学中的练习。

48. 监督和活动相连，监督时可用"命令"或"禁止"，但要用得恰当，儿童才会服从。

49. 监督在强制与自由之间把握得恰如其分，则不难使儿童服从。但要注意儿童中有任性的，须设法转移其意向，化任性为让步。监督必须贯彻始终，一个人不能完成时，须另有人帮助。

第四章　详细说明

50. 监督不应使儿童感到有压力，要将温和与强硬的手段相结合，使儿童"愿意"服从才是。因为成人在儿童心目中，本就占有优势，成人所用的手段，应该使儿童没有"大人欺侮小孩"的感觉才好。

51. 成人在责备儿童无效时，往往立即给予体罚。这样做，所含成人泄愤的成分多，儿童接受教诲的意义少，要尽量少用。体罚用多了，使儿童习以为常，会造成一种下意识，动辄惹成人发怒，成人称之为"找打"，结果是儿童把挨打当成"家常便饭"，常常挨打造成"麻木不仁"的反应。逼不得已时，可用"惩罚"代替"体罚"，使其静坐或独处一室，使之反省，或可有效。

52. 罚学生"停止上课"时，令学生待在何处，是一个值得深思的问题。因此时学生不能参加正常学习，最后如何弥补，要有适当措施；而如何监督，也是应该事前考虑到的。

（美国有的学校罚学生"禁止到校"，似乎是令学生在家反省。这种措施，有待商酌者有二：一、不许学生进学校，即表示学校已无法管理，如同宣告学校无能；二、学生在家里，家长是否能把学生管好？如果家长监督不周，学生在家里仍可为所欲为，或是乘机到外面游荡，则距离接受教育更远。如此，怎能确定其必然变好而不会变得更坏？）

53. 权威与爱结合对管理最有效。高超的智能，深刻的知识，强健的体魄，良好的仪表举止，是获得权威的条件。"爱"不完全表现在和善上，必要时应和严格结合在一起。

54. 幼儿时是最容易管理的时期，此时也容易养成服从的习惯，管理也就容易得多。不过管理不能中断，必须始终如一，不准有例外。到了青少年时，有的儿童自以为已经长大，变得狂野起来，此时最好一方面耐心和善地对待；一方面找机会给予理性的教导。

55. 年龄渐长，约束也要适当放宽。用"关心"代替"管理"，用"说理"代替"说教"，维护他们的"自尊"，使他们因保持自尊而"自我约束"。

第五章 教学与管理和训导的关系

56. 管理儿童的活动是教学的一部分，在不同情况下，做法也不同。儿童必须有事做，没有固定的事要做，便会自己去寻找乐趣。在学习时间内，这样的行动便会被教师认为是扰乱秩序。如果在学习时间之外，使他们模仿一些成人的活动：简单的木工、养植花草、整理物品等，都有益处。

57. 管理重在目前的行动，教学与训导相同，是为了将来长远着想，所以是"教养"。

58. "人的价值"不存在于知识，也不存在于一个人的欲望中，而是存在于"意愿"中。意愿根植于思想，所以教育学必须先论述教学理论，然后再论训导。

59. 教育性的教学，取决于智力活动，教育学使这种活动"高尚"而非卑下。

60. 教育活动不限于同样性质,人的天赋各异,教学不能一一适应,但却可使教学有多种变化,以符合学生的情形。但也不能屈服于学生的任性与不当的习惯。

第六章 教学的目的

62. 教学的最终目的在于德行,但也要包含切近的目标,即注意学生不同的兴趣。兴趣须在智力活动范围内,由教学引起。不过,兴趣不是全由知识决定,能把握知识,并想努力增加的,才算对知识有兴趣,由此也可了解,对知识的兴趣是多方面的。

63. 兴趣有间接与直接之别,间接的兴趣是片面的,易流于个人主义,使知识局限于狭小的领域内。

64. 教学应该鼓励直接的兴趣,这样的兴趣在德行的范围内,那就是,智力活动越多,越有助于德行的培养。

(从孔子的观点可以看出,他教人多识前言往行以为修身之道,含意即"由知入德,由德见知"。此说与赫氏相近。)

65. 德行是人的品质,有其多面性,是人的基础。单面性和分散性与之相反,教学应从多方面培养人,但要避免分散,以便使多方面统合为一个整体。

第七章 多面性的条件

66. 多面性不是一蹴可几的("几"字在此意为"及",意思为近乎),乃是集合多个方面,最后还要加以统整,多数的"个别"是开始,一个接一个地进行,是避免开始受到限制的意思。

67. 有些教师注重准确与精细的分析。有的教师用谈话方式,并允许学生自由表达;有的先要求学生了解主要的思想,并希望他们确切地把握;

还有教师要学生能自行练习逻辑思考时才满意。应用任何方法，都不能没有分析，要使学生能进行逻辑思考，必须有几个步骤，即：清楚、联想、系统、方法。

68. 不同的方法不能相互排斥，而是要互相联结起来，理由如下：

（1）开始学习要采取渐进的方式。开始时教师要把教学内容分成若干极小的部分，集中在一点上学习，便于理解。

（2）联合是系统的完成。在系统中，每一点都有特定的位置，在这一点上，先与其接近的各点联结起来，而且要与远离的各点保持距离，只透过中间环节联结，但并不是固定不变的。在学习过程中，还要学习应用，并增加新东西。这种训练，一则在于形成，一则在于熟悉使用，是联想与思考的训练。

69. 在教学开始时，要使各点都清楚，用简明易懂的方法讲解，然后令学生重复说出，适用于初级教学。其次是自由交谈以引起联想，以便发现学生的思想方式与思想内容。保持系统需要连贯的陈述。系统的陈述不同于复述，陈述是使学生领悟知识的贯穿性。最后使学生由作业而练习，并由自己修改作业练习思考。

70. 教材的初步分析与联合，也可适用于各科教学，不过必须适合学生的程度与年龄。教学所包括的活动，在管理方面，应该注意学生的疲劳与厌倦，所以要适时有些变化。

第八章　兴趣的条件

71. 兴趣就是主动性，应该是多方面的，所以学习要有多方面的主动性，但只有正当和适度的主动性才是教育所要鼓励的。于是教学所要做的，便是端正学生的思想和努力方向。不过这样也会使学生处于被动，故而激发真正的主动性才是要点。这样还是要从启发想象做起，不排斥学生的自由想象以至幻想，有助于主动作用。

72. 注意和兴趣有关，教学使学生感到有趣才会注意，然后才发展为兴趣。

73. 注意可以从学生的表情看出，"有意"的注意可由外在引起，如教师的劝告或威胁；"无意"的注意要由"教学艺术"引起，其中有明显的"兴趣"成分。

75. 注意有"原始的"与"统觉的"（apperception）两种。原始的或最初的注意，在于感觉与知觉的强度，明亮的颜色和高声讲话容易引起注意，图画比口述容易引起注意。不过讲解精细，一步一步地进行，使学生不费力而能懂得，注意力便不易分散。所以教学必须分段，并有停顿，使学生有回味和反省的机会。

76. 教学的讲述要避免单调而冗长，那将使学生感到疲劳而厌倦。

77. 统觉或理解的觉察，并非儿童最先出现的观察能力，但在幼儿时已出现端倪。幼儿听到成人讲话，看图画，听故事，碰到和记忆相连的名词时，突然从记忆中呈现出来，和切近的事项联结，成为统觉。儿童对于他们能了解或觉得有趣味的，最容易发生统觉。

79. 通常教学易于忽略学生已有的表象（即前文所说的"再现"，事实上即已经学过的），只重视当前应当学习的。而在发现学生不注意时，才用方法唤起注意。实际上，如此而得的注意，乃是间接注意。如果教学彻底，基本知识巩固，从其中就能形成统觉的表象群。不过，这表象群并非徒靠死记，而在于能引起直接的兴趣。

80. 引起学生有意的注意，要靠习惯与道德。经过若干次唤醒注意后，学生可能自动注意。其中要经过适时、恰当、严肃和耐心的程序。

81. 需要记忆的事物并非都是有趣的，即使有趣，也要再提醒注意，才能自动升华为表象。观察需要自动控制，和熟记一样。故而熟悉表象，有益于背诵。背诵要在情绪好时进行，并要选择适当的内容。

82. 熟记之后，为了能经久不忘，要明了几件事：

（1）摘要记忆，不必从前到后全部熟记；

（2）不断练习；

（3）尝试选择应用。

第九章　兴趣的主要类别

83. 教学应与经验产生的知识和交往产生的观念相联结。经验的兴趣直接与经验一致，同情的兴趣直接与交往一致，对经验的对象加以思考成为思辨的兴趣，对较大范围的交往的思考成为社会兴趣。另外，还有审美的兴趣和宗教兴趣。

84. 如果这些兴趣在每个人身上都能平衡地发展，生活就能符合多方面的要求。

85. 上述六类兴趣涵盖在历史与自然科学两大类中，但这两类不应对立，也就是说，不要片面地专注于一类，因为六类知识与观念都会在生活中出现。

89. 没有一种教学能防止哪一类兴趣片面的发展，即使有一种兴趣特别强烈，也不妨碍其他兴趣的发展。因为这些兴趣彼此间并不互相排斥。

91. 教师往往强调所教科目的重要性，如果表现得太过强烈，就会影响学生。

92. 无论在自然界还是人事方面，甚至语言和宗教信仰，都可使人认识到其间的联系，从而锻炼思考，激发兴趣。使学生了解概念，其区别并将之联合，得到完整的认识，便达到了教学的目的。那么对各科教材的编写，便要注意其知识与应用二者，且为后来的学习开启道路。

第十章　学习内容的不同观点

95. 教学的争议，常涉及教什么和怎样教的问题。不同的意见，有时这个占优势，有时那个占优势。占优势的一方取得了主导权，无论是否正确，便实行起来。到另一个优势出现，又改弦更张。教者不知道若教学不按照同样的计划实行，学生就得不到一贯的学习，他们将受到多大的损失。

96. 教师在决定了所教科目之后，往往不从教育学考虑，不问学生已有的经验和学习能力，径自按照自己的想法制订教学计划，要么取决于自己所认为重要的；要么自己有兴趣的。这样的缺点是：第一，高估学生的能力——对自己来说，所要教的很容易，因为自己已经知之甚稔，想不到学生还一无所知；第二，以为自己有兴趣，别人也应该和自己一样。于是如果学生不如自己的想象，就认为他们太笨。

97. 教学的另一种情况是，成年人（教师）忘记了自己当初学习时的辛苦，只嫌学生不够努力，使学生长期忍受学习的疲劳，完全不顾学习兴趣。

101. 有些学科有其实用的优越性，例如博物、历史、地理，积累起来，可使学生多方搜集材料，增加知识，并从实验中得到直接的经验。

104. 教学以激发学生的努力活动为主，例如实用学科比较切合实际，直观教学是最好的方法。

第十一章　教学的过程

105. 教学能否正常进行，取决于教师、学生与教学内容三者。内容若能引起学生的兴趣，则此后的学习活动，便能顺利进行。教师的教学方式，以能引起学生的兴趣为第一要义，然后是指导学习要点，适时鼓励或矫正。

106. 一般教学都可看作是综合的。教师可以直接把内容综合起来，综合可以模仿经验，或是把个别的项目统整起来；分析则是由学生先表达思想，在教师指导下分析，以确定思想，并区分重点。

107. 因为教学以学生的精研为基础，所以先提出模仿经验的综合，称之为"纯粹提示性"教学。这种方式可使教学更精细。如果教师讲述生动，便成了给学生最好的示范，可供学生模仿。

108. 教师要有训练有素的表达能力，同时防止不必要的习惯语、口头禅、笨拙的插话或复述。教师语言的表达，除了说明内容，还要使学生容易了解，要做到这一点，必须先熟记教学内容。

109. 能做到上述地步，教师的口述，可使学生如亲临现场看到了或听到了所描述的一切，会使他们全神贯注，敬佩教师，在纪律方面也容易服从。

110. 巧妙的启示能扩大学生的经验范围，分析更能使经验有启发性。使旧经验与新学到的联合起来，知识才能贯穿前后。

128. 就教学内容的次序说，首先是基础知识与熟练。熟练是长时间应用以后，才不再遗忘。所以在开始以后，要不断练习。

129. 统觉要在教学达到适当阶段时培养，此时也可在已知的材料中，插入一些适当的材料，一则增强记忆，一则增广知识。

第十二章　普通教学计划

131. 教学计划要根据多种情况设想到可能的差别，把多方面的情况予以平衡而结合起来的兴趣，为教学的首要目的。

132. 为使青少年精神焕发，教学时间不可超过其可能忍受的限度。教室要相当宽敞，有休息空间以及自由活动场所。

134. 教学必须包含课程本质的联系，附加的读物不在其内。

第十三章　训导与管理及教学的关系

136. 训导寄希望于学生的未来，须有耐心，尽可能少用严格的手段以达到立即的效果；甚至可以缓解教学中的紧张状况，也可与教学结合，以收到双重的效果。

训导以和学生建立温馨的关系为主,着重于了解学生,给予支持或帮助,对学生的缺点或弱点,予以弥补或矫正。

137. 训导要求学生彬彬有礼,促成快乐和谐的气氛,可以与管理及教学统合。卓越的教育者在学生出现对立的态度之前,便亲近他,使他感到温馨而有了自尊,如此便可减少训导工作的负担,也可给学生建立对训导的另一种态度。

138. 教育者随时注意学生适应学习的状况,对学生的同情与关心有助于激发学习兴趣。对缺乏兴趣者,求助于训导也无济于事。

139. 训导所要了解的,是管理不能软弱,教学自有其效果。哪一方面需要商酌,就从哪一方面着手,不能只责成于一方面。

140. 有时训导与管理混淆。例如教养院用军事训练的方式,而缺少关心;一个父亲不管孩子,把管理的责任推到教师身上,并不恰当。

第十四章 训导的目的

141. 教学的目的在于"使学生"变得完美,训导辅助教学则包括"整个德行教育"。但是德行是一种理想,"道德"代表"德行的趋向"。依照青少年的可塑性,将未定型的道德,经过德行训练,而有了定型。训导就是增加"性格的道德力量",以求道德的完美。

142. 性格是否趋向道德,与意志有关,有"意愿"与"非意愿"二者。非意愿不仅是缺少意愿,还包括"否定"、"排斥"与"拒绝"。严格管理可能对道德造成"非意愿"的状况。

第十五章 性格的区别

143. 人在经验中保留了许多"表象"(过去所经验的事物重新出现

于思想中），其中可能存在着意愿，如果一个意愿成为决定，就会控制自己，而把自己作为观察的对象，这样的意愿称为"性格的客观部分"。若通过自我观察而生出新意愿，这新意愿则称为"性格的主观部分"。性格的主观部分在孩童期已有了训练，少年期迅速增进，但各人的强度不同。

144.客观部分所包含的性格，可分为容忍或不容忍、要求或不要求、愿意或不愿意，视哪一个占优势而定。

145.主观部分可能渐渐形成观念，也可能成为对自己过分的要求。过分的要求大多在智慧方面，属于谨慎与克制，试图用适当的方法达到目的，并超越自我。

146.教育者此时有双重任务，要同时观察控制性格的客观与主观两方面。客观的包括气质、爱好、习惯、欲望、情绪；主观的包括坦率或狡猾，以及是否常发牢骚。

147.如果一个学生长久保持同一个意愿，而不为情绪或突发的念头所改变，就有利于性格的培养，可以用"意志的记忆"来说明。具有这种特性者，客观部分容易和自身一致，知道某些忍耐与占有活动会阻止另一些，知道要想占有，就必须忍耐，知道要选择，知道找适当的机会。

主观部分成熟者，会有决心、行为准则和原则，进而成为"概观"、动机，并能做出结论。性格的强弱，决定于主客观两部分是否一致，道德必须存在于这两部分之中，否则将不够坚强。

第十六章 道德的区别

148.学生中常有道德与仁慈的表现，再经过管理，可以使他们铭记"己所不欲，勿施于人"的准则。如此，他们将会记得在争吵中"忍让"，进而"避免"争吵。从"公平"与"正义"来看，他们有审慎的态度，有"自我控制"的基础，接近"内心自由"（意即没有任何欲望或不当的意念压迫）的状况，可以将道德的各个方面聚集在一起。但是在此之外，也会有相反的一面。

149. 要排除"反道德"的一面，还要使学生具有"审美的判断"，以区分意愿的好与坏。意志的审美判断与兴趣结合时，会对"善"产生热情，对他们的一生都有影响。

150. 为了确定道德决心，"生活准则逻辑"（即准则的道理）要和"生活准则"合而为一，并不断应用。只有训导与教学结合，才能完成这项工作。

第十七章　训导的辅助做法

151. 训导不完全阻止学生的活动，也不用其他方式代替学生自己的活动，但有时必须"拒绝"他们的活动，有时又要"保障"他们的活动，使学生"依赖"训导超过管理。成功的教育者有潜移默化的作用。他无须明说，学生就能感受到他是"不高兴"还是"赞许"，学生是很敏感的。

153. 常常"责备"或"限制自由"，会使学生变得迟钝。如果这二者能使学生觉得是适当且持续的规则，形成习惯后，"限制"比较容易为学生接受。

154. 单纯的督促要在生活中"有章可循"，尖锐的责备只能用于重大事件。

155. 培养坚忍并接受约束而不致发牢骚，不致引起激烈的反应，最好能使心境平和，允许玩笑自如的表现。

优秀的教育者会注意一些细节。例如活动与休息要"协调"；压制与倡导要"平衡"；限制与自由要"得当"。

158. 训导的辅助方式，在惩罚方面可用的，如迟到者剥夺"参与"的机会；做坏事者"不得享受"；讲话者"逐出室外"。这些并不能直接培养道德，但有警惕作用。

第十八章　普通的训导措施

161. 训导要有保持决定及调节作用，要从整体上考虑心灵的平静与清晰，透过赞许与责备触动心灵，实时唤醒并纠正错误。

162. "冒失"是青少年的通病，因为不经思考而表现出来，此时便要用管理的方式，用命令来制止，使之服从。

163. 要使学生服从管教，教育者先要培养与学生之间的感情，不错过赞美他们优点的机会，也就不会使学生对干预生出反感。

164. 学生的"狂妄"会挑起教育者的怒气，此时教育者必须保持冷静，待学生的气焰降低后，他自己可能会后悔而感到惭愧。

165. 青年常陷于不安的状况，而表现轻率以至浮躁，反对秩序与勤奋，想尽办法来争取自由，希望无拘无束。此时用"说服"不见得有效。给他们些力所能及的工作去做，使他们得以试探自我，或者可行。

167. 保持训导的功能基于教育者表现的"一致性"。如果教育者喜怒无常，对学生的要求变幻不定，使学生无从捉摸其意向系统，便无所遵循。

168. 教育者要培养学生的决定作用。培养学生的选择能力，何者当为，何者不当为，使他们考虑行为的结果，从经验中学到应该何去何从。

169. 教师要防范学生"模仿"坏榜样，注意学生的伙伴，提醒他们不过分迁就伙伴。另一方面，也要使他们能习惯独处，能够单独学习。

170. 不要培养学生的虚荣心，不使因虚荣心而奢侈浪费。但也不要变成相反的吝啬。不要压抑自然的自尊心，不要用贬抑别人来维持自尊。

172. 训导不能急于见功，欲速则不达。训导的功效，需要时间。

173. 性格的主观部分，通常在儿童后期才出现。此时可以调整训导方式，可以应用"说服"。有时儿童也会说服自己，从儿童游戏中，可以看到遵守规则的倾向，如能始终如一，则可实现一些准则。

174. 对学生公开表示的意见，不要立即驳回，可以与之辩论。不做说服，不立刻判断，不坚持一种论点，可以使他们觉得自己知识不足，而引起求知欲。

175. 训导要使学生保持良好行为的一贯性，使学生认定这种行为的准则，若其行为违反准则时，则要考虑准则是否有不能坚持的原因，而予以变通。

176. 训练学生平静的情绪，使其用清明的理解控制冲动，当从培养审美的判断开始。

180. 如果儿童只有普通智力，可鼓励其学习一种艺术，可以纾解其情绪冲动，使其有一种爱好，如收集一种物品，学做一种手工艺，也有助于其智力发展。

183. 儿童间发生争吵是常事，因争吵而打斗的情形往往不可避免，如有这种情形，不可鼓励因正当防卫而还击，最好鼓励双方学习宽恕。至于乱拿别人东西的行为，则当从培养节俭的习惯开始，同时练习控制欲望。

184. 鼓励竞赛而不竞争，一方面使学生有奋发向上的意向，一方面也有益于智力发展。

188. 多给青少年介绍值得赞扬的事例，明白并表示对这类事例的尊重。

192. 如果学生已经知道道德的重要，就可与世界知识相联结，同时也可和他们的自我观察相结合。

194. 古代学校与近代学校所用的教育原则差别很大。如果学生用对古代训导的看法，来看现在的训导，就不免有失偏颇，因而教学要使之明白其错误。

195. 如果学生的观念与行为准则完全相符，就不必再用训导了。

第十九章　三岁前的教育

196. 幼儿非常敏感，又容易兴奋，智育最重要。

200. 幼儿期容易表现暴躁，所求不遂，便激动起来，此时绝不能让步，以免养成任性的习惯。

201. 幼儿期就要培养服从，当他知道成人能满足他的需要时，对成人就会敬佩，由此可以培养他服从成人的习惯。

202. 管理儿童，是使他听从成人的话，但不要使他惧怕成人。

第二十章　四岁至八岁的教育

205. 在儿童的任性行为完全停止前，还要加强管理的坚定性。对有些儿童，还要更严格些。纪律是不能松弛的。

209. 使儿童在群体中练习合群，其中包含纪律中的自我约束，并尊重别人的意念，也可减少恶意的表现。

212. 要避免儿童心灵冷漠，对待儿童在严格中要有宽容；宽容中有和蔼可亲。培养儿童的仁慈思想，要激发其仁慈的观念，在群体中有同情心便是一端。

214. 此期儿童好发问，但不一定要求答案，不回答他们的问题，不等于阻止他们发问。

第二十一章　少年期的教育

220. 从教育学来说，教学内容必须适合学生的智力活动，其次要适应学生的个性。

221. 测试青少年的能力为采用教学方法的基础，同时也为教师教学做参考。要顾及少数发展较迟的学生，可以设法弥补，但不能在开始时即加速进行。

227. 学校教育必须为家庭教育留出必要的时间，但是家庭作业不应占据大量的时间。

第二十九章　进一步的说明

289. 依教育学的观点来说，应当使每个人都能达到其所能达到的最高点，而又能为其家庭所接受。但家庭往往只关心教育水准。

290. 与此相关的是兴趣与纯熟问题，纯熟可以强制达到，如果缺乏兴趣，纵然纯熟，也会产生情绪问题。

291. 个性是否能因纯熟训练而不受伤害，尚难确定。

292. 教学的完善，可以从受教者身上比较优劣。据此可以决定继续教学与训导的实施，因为训导要明了造成缺点的原因。

293. 道德生活要和宇宙观结合起来观察，也可在极端狭小的思想范围探讨。教学范围受外界生活状况限制，但不应小于人类共同生活的经验，而且要更广阔，以免学生在遭遇危险时，只顾自己和亲近的人。

294. 教学要涉及最大范围，必须教历史。

第三十章　对一般错误的区别

295. 学生的缺点存在于个性中，同时，随着时间而增减，于是需要、机动性与适应性，也贯穿在变化中。一方面对自己的信心增强，一方面对某些事物又毫无把握，所以一方面有反抗作用，一方面又有情绪作用。

296. 认识青年，可以从他们的个性特征来看。他们可能表现无意识的接受或加强某些印象：有人注重时间，有人专心思想；有人重视现实但不接受，有人则用嬉戏的态度对待，这和气质有关；有人相信自己的力量，有人知道自己的弱点。如果有人因游戏而忘了功课，可算是轻微的错误；如果挥霍无度，利欲熏心或隐瞒实情，则是极大的错误，必须坚决地采取措施制止。

297. 单纯的软弱不是重大的缺点，在细心看护下可以纠正。仓皇失措可以劝告或责备，这些缺点可以迅速改正。

298. 如果不稳定和持续的不安心交替存在且固定，又有极强的约束力时，乃是危险的。最好用一定的活动，或必需的活动严格地控制不安，要求严守时间，或作出规定的成绩，若能出于其自身的爱好，较为适当。

299. 好色与暴躁随年龄增加而变得严重。对此必须有严密的监督、严肃的责备和相当严格的道德原则规范。如果只是暂时的，可以宽容地对其观察。

300. 有一种忧郁型的学生，似乎思想受到拘束，只能做小型的模仿，机械式的学习，判断会错误，缺乏勇气而固执。对后二者，还要做进一步的探讨。

301. 聪明的学生在学习意愿最高的状况下，也有表现迟钝的时候，日后也会生出固执的情形。其实这种现象可能在其幼年就已出现，如果能及早防止，日后就可避免。

302. 有些学生少年时肯接受任何思想变化，喜欢闲谈，轻率地插嘴，学得快，忘得也快。这种缺点多是受早期环境影响。另一种是表面活泼，显得有趣，使人误以为将来可能发展成天才，不过天才还要加上努力，在有实际证据以前，不可轻易确定其才能。这二者都存在于个性中，但可以削弱。

303. 好高骛远的学生倒不难教导，他们多半精力充沛，热情奔放，给他慎重而出色的教学，更有裨益。

304. 儿童早期因管理、教学与训导不当，或是疏忽，出现了缺点，如在出现之初，即予矫正，将大有裨益。

第三十一章 不道德行为的根源

305. 本章所讨论的重点为：

（1）儿童意志的方向；

（2）审美判断及其缺点；

（3）准则的形成；

（4）准则的统一；

（5）统一准则的应用。

306. 训导工作不够充实时，儿童会出现随心所欲，习于争吵，要求多，爱表现，每个人都要做第一人，曲解公平，互相对立，随时都伺机爆发，这些都是冲动的根源，情欲强者也在这些之中。

307. 以道德为基础的审美判断，要在学生心境平和时，观察别人的意志现象。要使学生观察入里，必须先行有效的训导，约束粗心，保持注意力，并彻底了解意志表现的现象。

308. 当得体的榜样一个超过一个，学生会有片面的审美判断出现。

309. 学生出现顽强的欲望，且伴随着强烈的情绪时，他可能得到两种经验：一种是觉得有益，而日后继续表现这种欲望；一种是认为有害，则要避免。从而产生生活规则与遵守的决心，这就叫作准则。遵循准则的决心，与其说生自教导审美判断，不如说生自欲望过程中，因为这种过程较易感受到。

310. 道德判断所赞赏的，是接受了准则，确定了衷心服从。故而，道德判断以正确认识意志的价值为前提，这种认识存在于对意志的审美判断中。但是也会有不正确的准则出现，如虚荣、退让、羞怯等。

311. 准则应该形成一个整体。但对青年来说，准则不是完全确定不变的。欲望与舒适的准则与审美判断的准则永远不合，导致审美判断的准则被欲望与舒适所遮蔽。

314. 从错误的教育学中，人们不难找到采取颠倒措施的理由，如从绝对命令推演出准则，借此控制意志，便是颠倒的。所以意志必须经过管理与训导，再培养有兴趣的教学，使意志与审美判断会合。用经验与历史说明兴趣与冲动会陷入于混乱，而服从道德永远有其必要性。

第三十二章　训导的作用

315. 训导的作用有以下数则：

（一）防止冲动的热情之法

1. 满足需要；

2. 避免引起强烈欲望的机会；

3. 关心学生的各种活动；

4. 使学生习惯于纪律；

5. 令学生思考并建立责任心。

（二）包涵学生的情绪

1. 阻止强烈情绪的发生；

2. 鼓励学生产生积极的情感（如仁慈）；

3. 使学生练习自我克制。

（三）使学生练习与同伴礼貌的相处并学习宽恕

1. 使个人的行为趋向一致；

2. 使学生避免竞争或口角而多接触；

3. 应用上述方法时应保持温和的态度。

（四）培养学生谨言慎行

1. 限制莽撞的行为；

2. 提醒保护自身安全，避免危险；

3. 惩罚在使学生得到效果时方用；

4. 训导在于监督学生，应使学生习以为常而接受。

316. 训导的积极方面为培育"善"；消极方面为减少"恶"，但勿使恶瞒过监督者。

317. 如果学生习惯于隐藏违规行为，视训导与监督为与自己对立的一方，便将处处规避这些人员，同时也会隐瞒教师。所以监督最好在不着痕迹的状况下进行。

318.学生的隐瞒手段会花样百出，有时甚至会将违规反转为守规，而成了欺骗。欺骗应在幼年时便设法禁止，年长后智力增加，更有技巧，教育者必须谨慎地对待。

320.少年期会产生帮派或小团体，教育者不可掉以轻心。如果有较长而又循规蹈矩者指导这些小团体，可能有导正作用。

第三十三章　个别的错误

321.学生犯错与其自身的缺点不同，除非犯错成了固定的缺点，才要向其说明，使之铭记改善。

322.轻微的过失或违规行为，如果不是有意而为，便要耐心处理，处理者不可动怒，不必小题大做，以免造成学生的反感甚或怨恨，从而削减其改过的心意。

323.对初次欺骗或偷窃等有损道德的行为，应进行严厉的处治，并持续观察，以防止再次出现。

324.当学生出现反抗权威的表现时，应严肃对待，但不可发怒，只把其过失指出，给予时间，待其反省悔悟。

326.学生所表现的缺点，有时正是他希望得到认可的信号，如果能找到他的优点，从而予以鼓励，使他得到高一层的认识，便会转而希求荣誉。

327.有缺点的学生，并非一无是处，可能另有过人之处，发现并发展他的长处，也可能弥补并减少他的缺点。

328.使学生从社会有价值的一面来看社会，从相反的一面看，可以领悟到自己对社会的责任，而向好的一面发展。

329.青年的可塑性也有其限度，教学与训导在于指引他向有价值的一面塑造自己的个性。

第三十四章　家庭教育

334.实际上，教育始终是家庭的一项责任。然而，家庭对教学和训导所要求的，往往因为忙碌、杂乱、不了解和过分关心一样，有过之而无不及之失。

337.家庭教育的先决条件是，要有正确的教育学观念，不要用冷漠、乖僻或一知半解来代替。

◆述者总结◆

赫氏的教育学，将教学、训导、管理熔为一炉。实际上，若把教育视为长期整体的工作，纵使名称有别，任务有分，也要在执行一体之下，才能生效。如果教、训、管各自分立执行，则不免徒劳无功。因为知识与品格陶冶本不可分。事实上，教师不能维持教室秩序，教学便不能正常进行，如果教师上课时，还要一个管理员来管理学生，岂非笑话！教学材料和敦品力行有关时，就不能只教知识，而忽略品格。严格说来，三者合一，才可称为教育。若只管教知识，顶多不过是"传授材料"，形同"教书匠"，不但不是教育，也不算"完整"的教学。赫氏此书，所说的实际做法都有理论根据，从而可以深思其见地。

六、《我们如何思想？》

——人之可贵处就在于会思想

How We Think（1933）

杜威（John Dewey，1859~1952）

杜威的哲学思想属于美国的实用主义，认为真理就是"改变"，宇宙就是变动的。其对教育的贡献超过哲学，在教育方面著作极丰，特别重视发展儿童个性的教育；加以受美国民主思想的影响，认为教育在于培养民主国家的公民，而公民教育的精神以合作与竞争为原则。

他主张教育以发展儿童个性为主，反对教师教条式的教学，认为学生是学习的主体，在教室中可以自由学习，教师不应该用权威管束学生，只能居于指导学生的地位。

他的这个主张一出，一些爱好新奇的学校便起而尝试。于是传统的安静教室变得混乱不堪、教师无法按照教学程序教学，引起家长和多数人士的批评，最后加以修正，教师开始重视儿童的活动，使教学方式有了改变。

不过，杜威在中国声望极高，大概是因为他在1919年曾来中国讲学，当时正是中国急于模仿外国实行新教育的时候，使得许多人将其敬若圣人，教育人士言必称杜威，这情形至今不衰。

杜威的教育著作自有其价值，本篇转述的《我们如何思想？》便是学习者必读的书籍。

第一部　思考训练问题

第一章　什么叫思考？

（杜威在书中有两个常用字，一是 thinking，一是 thought，而前者用得最多。述者将前一字译作"思考"，后一字译作"思想"。二者并没有什么分别，都指心有所思，只是在用法和上下文连接上有些分别而已，特此说明。）

一、思考的意义

（一）思考的最佳方式

人人都会思想，可是各人的想法却大有差别。思想的最佳方式称为"反省的思想"。这种思想并非直接感觉的事物，而是对一个主题反复思考，接连不断。从心理历程来说，首先是一串连续不断的意识，称为"意识流"。反省思考中包括多个相连的观念，前一个引出后一个，后一个又回到前一个，互相关联而不混杂，一步接一步，从一件事到另一件事，就是所谓的"思想"这个名词。

（二）意识流

多数"思想"是连续想到的一些相关的事件，如万花筒般，然后在想象中生出一个结论，想象有一致性，在心中出现一些图形，思想就是如此而来的。所以反省思考会指向一个结论。

（三）反省思想

思想犹如一个实际的信念（belief）。信念指向某些事物，而在该事物之上，所指的是经过验证的价值，成为对某些事项的事实、原则或法则，无论承认与否，至少是已经熟知了的。思想中的单一事件不等于信念，无论信念是否已经确定。两个人各自述说的信念，可能来自人云亦云，传说、传统、模仿，都可成为无意识的思想，信念未必是真正出于一个人自己的想法，即使他真是如此想，也可能只是偏见，未经思考。

（四）反省思考在于求得结论

反省思考会激起探讨（inquiry），当头脑清楚时，乐于就所想的追究下去，假设，比较，不断地想，以求得一个结论，这就成了反省思考。由此得到的结论，纵然与前此所知的不同，也是得自于主动、坚持、慎重考虑，其中包含着验证与理智活动。

二、思想的中心因素

（一）未观察到的暗示

第一个思想的中心因素是事物的"暗示"（suggestion），也可说是心中升起的一个"意念"。事物是尚未观察到的，却在知识的范围之内，由一些迹象推想出其可能的相关后果。如看到天上一片乌云而想到可能会有风雨，乌云是看到的，风雨便是想到的，是由一个所感的引起所知的而尚未发生的，其中含有证据的成分。

（二）征示的功能

第二个因素是"征示"（signifying）的功能。这种功能是由一样东西显示或指示另一样，即由一个信念可以认证到另一个，都存在于反省思考和心智思考之中。经过验证，后者即可证实前者。

（三）相信证据

第三个因素是反省意味着相信证据。所相信的不是直接有关的某个事件，而是以另一事物为证而相信，证人、证物、理由、根据等，都是信念的基础。从探讨的目的来说，思想就是由一个已知事件显示出另一事件，找出两者之间的关系。

三、反省思考的阶段

（一）不知与探讨

反省思想和一般思想的不同之处有二：（1）疑惑、犹豫不定等，造成心理的困难，从而进入思考；（2）探查以解决疑难。其中还含有两个状况：

第一，不确定与探讨。征示是未曾预期的，干扰了原有的信念，成为"不确定"状态，需要有所改变，要针对新情境重新思考，找出新的事实。

第二，因不确定而困惑，解除困惑是目的，于是循序反复思考，思考便有了一定的路线。

第二章　教育必须以反省思考为目的

一、思考的价值

（一）使行动有目的

我们都知道文字使人和动物有了区别，也应该知道反省思想能"形成有目的的行动"。因为这种思想不同于单纯的冲动，它能使我们有"先见"，能按照预定计划行动，使我们的行动经过深思熟虑以达到目的。知道不同的行为方式会产生不同的结果，就知道自己正在做什么。思考把欲念、冲动、盲目的行动变成智慧，可以想到若干时日之后的结果。

对有思想的人说，很多事物本身就是对自己过去的记录，犹如化石使我们知道地球的远古历史及其未来，从现在天体的位置预言到后来才出现的日食。莎士比亚曾说："语言在树丛中，书籍在溪流中。"即在说明思考有足够的力量可以给存在物增添生命力，给事物以意义，应用起来可以达到某些结果时，便可经过思虑而予以控制。

（二）形成有系统的预备与发现

其次是反省思想能"形成有系统的预备与发现"。人运用思想制造出符号，以便先想出一个结果，达到或避免这结果的方式。这种特质，不但人兽不同，即使文明人与野蛮人之间，也有很大的差别。文化昌明的人，经过深思熟虑而建立起纪念碑以免遗忘，慎重地讲习以预防偶发和意外事件，许多制造物都是有意地改变自然，使其更为有用，能显示不可见、不明确或遥远的事物。

（三）充实事物的意义

最后是"充实事物的意义"。思想能赋予有形事物以状态和价值。文字对不识字者，可能只是"鬼画符"；而对于识者，则代表某些观念或对象，具有特定的意义。

读者如果愿意把自己认为奇异的事物和有知识的专家比较，或者比较自己对一事物前后所知的，便知道后来所知的是智慧作用的结果。水对一个普通人来说，只是可以解渴或洗涤的东西；另一种人则以为是两种化学元素合成的含瓦斯的液体，可能不适合饮用；对小孩最初只是光与色，能发出声音，要待水成为符号才有了意义，但还并不实际。只有对有科学知识的人，一般的东西才有广泛的意义：一块石头不只是石头，而是含有特定矿物质的，出自特定的地层，说明千百万年前所发生的事，使人能描绘出地球的历史。

（四）控制及充实后的价值

上面的前两种价值是属于实际的，能增加控制力，其意义的充实则在增加控制力之外。我们知道了前此不知道的天象变化的意义，在某些事件发生时，可能不假任何思索。不过如果我们事前曾经想过，所想到的就可直接加深某事物的意义。意义本来得自思考的验证，所以在生活中，意义的增加没有限度。

思想力的价值可用密尔（J. S. Mill）的综括来说明：

推论是人生活中的大事。每个人无时无刻都要确定未曾观察到的事实，不是为增加知识，而是兴趣与职业的需要。政治官、军事指挥官、航海者、医生、农学家，针对判断的证据以决定行动，……其成或败与职责密切相关，要始终坚持不懈，用心从事。

（五）训练思想的两个理由

前述三种思考的价值并不能自动实现，任何要适当实现的事项，并不能自动出现。思想需要谨慎且专注的教育指导。思考可能导致完全错误的方式，而引出错误且有害的信念，需要系统的训练比不发展思考更危险，而"错误的发展"比错误更甚。

在密尔之前，洛克（J. Locke）曾论述过思想对生活的重要性和需要最好的训练之实现，他说：任何人做事，都以某种看法为理由，无论他用哪种官能，无论好坏，都是他的指引，因此其作用力，也不论真假，都为这看法所左右。……寺庙都有神圣的意象，对人有很大影响。其实在人的心中，真正的观念和意向，才是不断地控制人的不可见的力量，人们全都屈服于这力量。因此，最要关切的是了解，正确地引导研究知识，以便形成判断。

思想的力量使我们摆脱本能、欲望及常规，但也偶尔会犯错，它可以使人超出野兽之上，也可以使人坠落到受本能限制的动物之下。

二、倾向要不断规范

（一）自然和社会认可的正确思考

在某一点上，生活的需要迫使人有基本且牢固的思想训练，胜过任何精巧的代替品。被火烧伤过的儿童对火的认识，比一位热力学家的讲述更确实。社会状况增加了对事物认识的正确参考作用。

不过训练的效度是有限的，一方面的逻辑学识不能达到另一方面的极端结论。对生命的安全和富足的数据"无所谓"时，就不会自然地接受错误的信念。接受一个结论，可能因为其生动而有趣。但和习俗相悖的大量资料，却未必能提出适当的结论。通观思想史，许多人在把握正确的概念前，只是网罗了无数错误的信念。科学信念史也显示，一个错误的理论被普遍接受后，人们不想开启另一个新方向，反而将错就错地推演出更多错误。即使今天广泛被接受的所谓正确信念，也只是因为"流行"，因为是"众所周知的"，而不是因为了解其道理。

（二）迷信如同自然与科学

各地民间都流传着一些迷信，以事物现象暗示人事吉凶。只有在系统规律的状况下观察，习惯性地使用严格方法，才能决定结论的正误。科学之所以能代替迷信，是由于控制了观察和推论的情境，这需要长时间的科学训练。

1. 错误思考的普遍造因——培根的偶像说

培根（F. Bacon）在现代初期即提出四种信念错误之源，称为"偶像"，即：

（1）种族偶像：人类通性中的根本错误方法，是人类共同的。

（2）市场偶像：来自于人交往和语言的错误方法，出于社会情境。

（3）洞穴偶像：由于个人特质而生的特殊方法，是个人的特殊癖好和习惯。

（4）剧场偶像：一个时期内流行的错误方法，来自一个地方或一个时期。

上述四种中,(1)、(3)是内涵的,(2)、(4)是外延的。

2. 洛克论错误信念的典型形式

洛克所说错误信念的典型形式,更有启示性,其说如下:

(1)没有理智,只会模仿,不想用心思。

(2)以情感代替理智,但求适合自己,不计其他。

(3)遵从理智行事,但一知半解,观念狭隘。

洛克的另一个说法是:

(1)与自己原则不相符的,也承认其权威性而信服。

(2)把所了解的注入一个模式,使这模式合乎一个形式,成为标准而固定不变。并不反对已有的事实或信念,但不信其有,否则本可纳入信念中。

(3)违反人欲的情绪占了优势,一个贪心的人,在理性和金钱之间,一定选择金钱。

(4)用权威衡量可能性,如根据朋友、党派、邻居等的意见,从而放弃了自己原来的信念。

3. 态度的重要性

上述影响信念的因素在日常生活中屡见不鲜。个人态度使人不再考验自己的观念,社会影响也使人不辨真伪,希望与人相同是人的一项特质,因为接受了别人的偏见,而失去了独有的判断。

态度的重要性,不能只依靠思考的形式,一个人要有一种占优势的态度,肯于广泛的思考,不徒以专门为务,才是正道。

如此就要使"态度与技巧相结合",在态度方面要具备三项心理作用:

(1)"虚心"(open-mindedness)不存偏见,兼容并蓄,多听,多注意不同的意见,敞开心胸,才能增广见闻。

(2)"专心"(whole-heartedness)态度通常见于实际和道德事件,

和心智发展同等重要。心神达到一定境界时，所注意的便驱使心智继续活动下去，不能自已。教师若能导引学生深入一项学习中，胜过一切形式的或正确的方法。

（3）"责任心"（responsibility）责任心常使人认为是道德的，若把一腔热情寄托在所要做的活动上，诚心诚意地做下去，不完成绝不罢休，做到最后才停止的力量就在于心智责任的态度。

"态度在于思考的意愿。"从能得到结果来说，态度对于个人，不仅能养成反省思考的习惯，也可培养道德品质。思考是心智活动，"想不想"在于"主动意识愿意还是不愿意"。"愿意想"才能主动去想，有意做一件事，就是这里所说的意愿（readiness，从前在心理学中译作心理准备）。就教育目的来说，抽象逻辑原则与道德品质不可分，必须合而为一。

第三章 思想训练中的本有资源

凡事皆有所本，胚芽自有发展的潜能，有其发展的根底或资源，但是还要有助长发展的其他因素。我们必须学习如何正确思想，并培养反省思考的习惯。这种习惯要按照原有的倾向发展，教师就必须了解其根源。

若把教学比做买卖，有买主才有卖者，所以学生（买主）才是主体。在教学中了解学生学习思考习惯所需要的，有以下几项。

一、"好奇心"（curiosity）

人与环境接触时，难免会受到刺激而留下印象。或者躲避伤害，或者寻找其新奇处，这就是好奇心。儿童尤其如此，他们常有"动"的意念，能警觉各种东西，要去接触它，总括起来都出自好奇。好奇有三个层次：

1. 生命力旺盛，似乎不能静止不动，必须找点活动的诱因，以发挥生理的机能。

2. 较高层次的好奇由社会刺激而生。当儿童为储存经验而不能自娱时，将会求助于成人。提出问题，不断地问"为什么"就是一例。

3. 超越了本身机能和社会，上升到心智层次。儿童在上个层次中，并不关心答案，只是要问而已。到了想要答案时，就要寻求线索，问别人或寻找事物，如果引导其进一步自己去寻找，便是有了目标，而能进入这个层次。

（一）好奇的消失

除非进入心智计划有效，否则好奇心便会消失。培根说："我们必须变得和儿童一样，才能进入科学王国。"就是说我们要有儿童般的开阔与灵敏的好奇心，把握住儿童的好奇心，使其不致消失。在这方面，教师要从儿童身上学的，要比教他的还多。把好奇心指向一个研究目的，以满足儿童的好奇心。

二、意示（突起的意念，suggestion）

（一）观念会自动出现

就观念的原始性与主动性来说，可称为"意示"。（前文曾说到"暗示"，即此英文，与此段所说不尽相同，故用此译。）即人所经验的事物中，还伴随着其他的东西，其中有些是明显的，有些是隐晦的。从一个明显的经验联想到原来不明显的，就是意示。此时不仅要想，而且是愿意想。于是"我"成了思考的主体，想到所要想的，"想"成了自己的责任，思考才有了主体和来源。

（二）意示的维度

意示在其本身和连接上因人而异，有如下三个方面：

1. 难易　人有智愚之别，对启示性观念的反应遂有迟有速。不过反应慢不等于迟钝，有时慎重的思考本就需要较长的时间。（通常教师急于得到学生的反应,不留给学生思考的时间,这一点应该注意。)

2. 广狭　对观念思考范围的广狭之分,要广而不失庞杂,狭而能致精要,把握住两者,才算合宜。

3. 深浅　深度思考往往需要时间,所以思考反应慢者可能有深度,不能视之为迟钝。反应快者表示有机智,但也容易陷于肤浅。

思考有特质,任何学科都可能是心智的。思考的特质,不似机器任人随意转动,而是许多观念联结、从一个观念引起后续的思考力。这力量能启动并指导探讨与反省,所以任何学科都有训练思考的功能。

三、秩序

(一)反省思考意味着意示的连贯次第

只是观念或"意示"并非反省思考,也不能得出结论。合理的结论要有理由和证据。像"我忽然想起了(什么)"这样的所谓观念,既无连贯,也无秩序,不算结论。要把"意示"加以控制,使之连贯且有次第,产生结论,才算反省思考。

另一方面,连续思考并非胶着于一点,而是将许多观念组合成单一持续的活动,以趋向于一个结论。

(二)思想次第间接依循行动次第

有目的的思考即有力量。很多人起初都是基于有秩序的行动而得到有秩序的思考,由此而得到结论。再加上不断的验证,而形成不断的进步。其中含着理智作用,不会墨守成规。

(三)儿童的特殊困难与机会

儿童的思考和成人不同,儿童不受思考结果的限制,没有继续思考的固定领域,而又常常任性而为,故而持续又有次第的思考难于出现,但可塑性极大,也因此使儿童选择教育活动的机会相对增加。

（四）对开放性教育活动的极端意见

对开放性的教育，有两种极端的意见。反对者认为开放性教育没有定向，造成混乱，放纵儿童任意活动取乐。赞成者则以为这种教育虽然缺乏学术性，却使儿童有充分的体能活动，而体能活动也有益于形成正式思想。

四、真实的教育问题

在制定教育活动计划时，真正的问题是，要发现并安排最有价值的工作。那就是：（1）最适合儿童发展阶段的；（2）未来行使成人职责最有希望的；（3）能形成敏锐观察和连续推理习惯的。

一位希腊智者曾说："疑惑创造了科学和哲学。"疑惑虽非好奇，但如果是智慧的，便与好奇无异。如果外在状况呆板而内在心理因循，便无疑惑出现。活动的事物最能引人注意，而学校却要求纪律与秩序，虽整齐却呆板：教室桌椅排列整齐，学生行动一致；不允许学生有任何个别表现；跟着教师学，读死书，死读书，不容丝毫差错。如此"统一而没有变化"，教学全无"艺术"成分，学生得不到学习的乐趣，反而怀着极深的反感。再看那些抵触或忽视学习与校规的学生，不为教师所喜，却能独立思考，日后大有成就，便知道两者的差别了。

第四章　学校情境与思考训练

一、导言：方法与情境

（一）形式训练与真实思考

官能心理学和形式训练相同，把"心灵"当作"机器"训练，殊不知机器不会思考，而"思考"却是经过对事物观察，保留在记忆中，发现问题而有所疑，得到意示而联想，并寻找结果的活动。

所谓"训练"，乃是引起好奇心到探寻结果的活动，其中不可或缺的是思考。思考训练即增加心中理性的意念，使所想的有秩序地相连，乃是心智活动的增强作用。

（二）思考训练是间接的

反省思考要有引起好奇心的情境，把经验到的事物联系起来，由意念流动，发现问题，形成观念的连贯性。不当的情境是教师只用一线相承的问题，不允许学生问预定以外的问题，认为那是有意干扰教学。学生没有灵活思考的机会，这样的训练不会有什么效果。训练思考只有控制引起思考的各种条件才有效。

教师一方面要了解学生的个性，另一方面要知道学习情境，对各科学习用不同的方法，教学才有效。

（三）普通与特殊情境

教师常把学生的注意力限定在一个特殊情境中，忽略了持久地培养虚心、全心全意和责任感的普通情境。而普通情境才是养成思考习惯所必需的。

（四）别人习惯的影响

人有模仿性，但也更受隐含的"潜移默化"的影响，学生就会接受这种影响，此外还有其他的影响。

（五）教师是由刺激心智到引起反应的人

教师教学不仅是对课业的影响，其人格特质同时也影响学生，如礼貌、特性、语言等，其一举一动都不会逃过学生的眼睛，特别在思考方面，所以应该注意几点：

1. 以己为度。通常人都根据自己来判断别人，以自己为准，接受有同好者，排斥与己不同者，教师往往依此决定对学生的好恶。

2. 过分信赖个人影响。教师"自以为是"，使学生信赖自己超过信赖教材，以至专以依赖教师为务。（如考试时只读教师所选择的重点，而不想学会全书。）

3. 只求教师满意，不想了解教材问题。

4. 对学科性质的影响。通常人们把学科分为三类：思考训练、技能训练、知识性，三者各有弊端。

思考训练性学科：脱离实际。因为只重思考，与日常生活中的理性知识脱节，推理和语言易于偏激。

技能训练性学科：趋于机械化。抄快捷方式，求速成，限制理智能力，思考能力较弱。

知识性学科：知识经储存累积以增加智慧而改善生活，丰富的知识可能只是百科全书，而不会活用。

四、当前流行的目的与观念的影响

目前对教育的看法，或者只重表面，或者只重结果，各有所失。

（一）提高表面标准

1. 教学方面。只要"正确答案"，以代表教学与学习成绩，在实行一致标准的状况下，容易比较优劣。

2. 行为方面。为使行动有机械性的标准，制定严格的规律与规则管理学生，但却不在道德教育范围内。

（二）思考训练中有无迁移可能

思考迁移是指在一个情境中的思考，可以转移到另一情境，但两种情境须有共同因素方可。透彻的思考习惯内容广泛，要经验过才能进入思考领域。与逻辑推理与技术相比，前者较有迁移的可能。

第二部　逻辑的寻思

第五章　反省思考的历程与结果——心理历程与逻辑形式

一、思考是形式兼实际的

（一）教科书的逻辑

逻辑书籍中有许多术语：特殊、普遍、外延、内涵等名词；肯定、否定、全称、特称等命题；三段论式的论证是大家所熟知的，即所谓"亚里士多德三段论"。

（二）实际思考有别于形式逻辑

形式逻辑的主题纯粹与思考者的态度及意向无关，犹如代数公式一般。逻辑的形式则恒常不变，统一而适用于任何论题。

（三）思想犹如逻辑形式或结果以及心理历程

教育要考虑人实际产生的思考，培养有效思考的态度，选择安排教材及活动。但不能只重视实际思考而忽略形式推论的价值。譬如一张地图，因使用的目的而考虑应用之处，也可以视之为形式，而生出其他的想法。

（四）逻辑形式可不用于实际思考但可宣示思考的结果

逻辑学中的逻辑形式，未谈到如何思考或应该如何思考。这种形式不涉及寻求结论。如果超出这个范围而自行达成结论，可能会造成错误。

（五）实际思考自有逻辑，即秩序、理由与反省

一个人说话做事合乎逻辑，并不代表其合乎三段论式。而是指其思考与行为谨慎，不厌其烦地找证据，并检查证据的力度。也就是说，其思考历程是反省式的，其结论因思考而坚定且精细。

真正的思考是逻辑的，经过衡量、推敲、评判问题，又经过考察与验证，确定了理性关系的准确性。

二、教育与形式的关系

（一）学习就是学思考

教育从心智方面说，是培养反省思考的态度并保留下来，从而改变散漫的思考方式，另外还要促进道德伦理的发展。所以心智的教育在于多方面地培养觉悟和细心透彻的思考习惯。

心智学习在于保留并积累知识，把握所得的数据并透彻了解，一则靠内在元素，一则靠环境压力，两者共同驱使思考具有逻辑性与反省性。

（二）忽视思考过程与结果的错误

教育中有两派都忽视了思考过程与思考结果的关系：一派认为人的思考本来并不合逻辑；另一派则认为逻辑形式是从外加给思考的。前者分散学习材料，由各科专家决定该学习什么，以为学习后儿童能自行组成逻辑体系。后者认为学习者以现有的倾向和爱好，就可发展出逻辑形式。

（三）两派各有所短，均未确切把握反省思考的真谛

因为逻辑思考从广义来说，是应该为人所能接受的，所得的结论是符合逻辑的。从狭义说，是依照已经被认可的方式，应用清楚明白的术语得出结论，自有严密性。介乎两者之间，在教育上最为重要的，是指有系统地注视并控制思考的过程，其思考是真正反省的。

三、训练与自由

（一）训练

训练是积极且有创设性的，是一种控制必需的工具以达到目的，并衡量且试验目的的；其中包括操作与反复练习，非无意义的重复，而是练习巧妙运用。真正的教育终点就在训练之中，是将心智置于有价值的活动中。

（二）自由

训练既为锻炼能力，同时也训练自由。自由是不受外在监督而独立行动的力量。能独自练习，无外在管制。教师提供大量教材、设备，并进行各种活动，便可维持自发性并主动地活动。

（三）自由得自于克服障碍

即使是有深度和广度、充满生机的活动，在力求实现的过程中，也不免遭遇困难或障碍，有障碍并非无自由。自由是经过克服困难，免去障碍，自发地达到成功境地，一身无挂碍，才是自由。

（四）思考须从儿童早期自然发展

在自然生长中，后继的每个活动阶段，都在非意识但透彻的状况下，准备表现下一阶段，犹如植物的生长周期一般。思考也不例外，既然各种感觉动作已经表现了，观察、记忆、想象和手段的技巧也无须思考就练习过。思考无时不在，幼儿玩自己的大便时已经开始，由实验观念而动作，然后试验这观念。

（五）心理习惯无论好坏，总要形成

确定的习惯总会形成，若不能细心观察事物，就会形成跳跃式的思考习惯，只重表面。要从开始就训练细心、周密、连续并彻底的好的思考习惯。

（六）真正自由是心智的

真正自由之为心智的，在于经过训练的思想力量。看事扣其两端，深思熟虑。否则将受欲望、感觉和环境所支配，自然没有自由可言。

第六章　推论与检验举例（略）

第七章　反省思考的分析

一、事实与观念

一个人遭遇困惑时，可能暂且放置而从事其他事务；或者进入幻想中以为逃避；也可面对问题以求解决；后者即是应用反省思考的工作。

（一）反省包括观察

一个人开始反省时，可能直接运用感觉，可能应用之前自己或别人的观察，其中有的有助于解决困难，有的另有难处，这些都是事实。直到思考习惯形成后，面对状况，才发现事实是需要力量的。

（二）反省包括意示

发现状况中的事实时，会引出新的观察和反省，于是有了意示，作为研究与检视的线索，所出现的推论可以解决问题。

（三）反省中资料与观念相关而不可缺

资料是所观察事实的术语，用以解释并说明，或经过深思后，决定做什么及如何做，由观察显示的观念提示解决办法。两者在反省活动中遂成为相关而不可缺少的因素。二者都靠观察和推论。反省从前观察到的状况，推论可能的事实。推论靠预设、假设、猜想与想象，需要双重检验：第一，检查当前观察到的实际情形，形成或提出解决方法的过程；第二，用行动或想象检查，经过证实，可以修正或否定观念。

二、反省活动的基本功能

反省思考如果有了结果，会觉得愉快满足，现在来看一下其进行的过程。

（一）反省思考的阶段

1. 第一阶段：意示

有事情要做，就要想个主意。如果只有一个主意或想法，当然可以立刻去做。若有一个以上的想法，就需想一想到底要做什么，要想清楚目的、状况、数据、需要的助力和可能的困难，可说是遭遇困难的状况。在这种状况中，不免要继续想，想到一些观念或突发的意念。如果第一个意念被抑制住，就又回到观念，重新检查。

2. 第二阶段：理智化（用心思确定问题）

遇到真正问题就要起而有所作为。从思考活动来说，开始时的问题，指向一件任务，就是要解决这个问题。但问题却还不够明确，还在困扰之中，因而要排除情绪作用，用心想，然后才知道困难之所在，要用心智来确定问题。

3. 第三阶段：有指引作用的观念——提出假设

第一个出现的念头是突发的，未经思考。经过思考之后，再出现的念头是"怎么办"。由此得到一个解决问题的好主意，看出问题的正确性，想出解决问题之可能的办法，遂成为"假设"。

4. 第四阶段：狭义的推理

根据假设，起初那主意显得渺茫而粗糙，经过观察，当发现其合乎事实时，就整理那些复杂交织的元素，经过深思熟虑，成为与此前不同的观念，扩大到所做的假定。靠已有的经验，如教育、文化、科学等知识，把更合乎假定的元素统一起来，采用数学推理的正确方法，以免推论错误。因为数学是典型的推理学科，是科学用来检视假定的最好方法。

5. 第五阶段：试验假定的活动

在结论阶段，要明显地试验确切度。有时直接观察就可确定。如果只是空想，就需要试验所想的是否能实现。有时结果不能确定，似乎试验失败了,要知道失败为成功之母,可以发现或是假定有问题,或是重新考虑新问题,有训练的思想者从错误中学会的更多。

(二)思考阶段并不固定

前述五个阶段并不按照顺序固定不变,也非一步步都要走完。每一步的正确思考都能形成假定,改变观念或假定;或是确定问题,不必待问题完全确定便重新观察已有的事实或考虑假定;任何试验随时都可做。差别只在试验与实际慎重的科学探寻之间。

(三)每一阶段都可扩充

前述五阶段中,每个阶段都相当广泛,其中又都包括若干小阶段。把握目的和所求的结果,才是要点。

(四)参照未来与过去

反省思考包括未来、预告、前见或预料,可以算做第六阶段。因为每个心思或观念都可预期未来的经验,最后的决定也确定指向未来。有时参照未来相当重要,同样重要的是参照过去,突发的意念就是靠过去经验而生。有良好的反省思考习惯,善于组织知识,利用已有的事实和观念,可以生出新结论。

第八章 判断在反省中的地位

在反省思考的过程中,有些附带的部分,与思考息息相关。

一、判断的三要素

(一)判断是思想的组成部分

思考过程包括一连串彼此相关的判断,以趋向最后的一个判断——结论。但还是把反省看作一个整体。首先,判断并不单独出现,而是与解决问题相关联,要排除困难,这目的就需要判断,这判断要与问题完全吻合,要正确评量相关价值。其次,思考的好习惯在于精确的判断力与辨别力。受过良好教育的人,据思考而能做出良好的判断,要比丰富的知识或高度技能好得多。

(二)判断的特征

判断的特征,用具有权威性的用法说,犹如法律判断。其特征之一是辩论:对立的双方对一客观情境申述不同;二是审查并限定申述,找出支持申述的事实;三是决定或判决,并可作为此后判例的法则。

(三)判断始于疑惑与争论

疑惑始于无法判断,或者利害冲突,或者情况不明,要厘清到底问题何在,哪一个才是真正的陈述。

(四)选择明显事实与适当原则限定结果

1. 选择事实

在疑惑或争论中最重要的是数据。但数据之肤浅或无意义者混杂其中,必须选择明确而有助于做决定的事实,于是便要作良好的判断,需要机智与先见,能作智慧的选择与评量,显示出来的是"直觉"(智慧与经验累积而成的迅速判断)。

2. 选择原则

原则有很多,但都不会自己跳出来要人应用。人的记忆储存了大量数据,在紧急的状况中,要能迅速地采取其一,使之适合眼前的情境,这源自思考习惯和经验。

(五)以决定结束判断

最后的判断即是决定。如果决定的解释与后来发生的事件无不合之处,便会成为此后可以援引的例证,成为一个判断原则,也成为逻辑概念。

二、分析与综合——判断的两个功能

经过判断，澄清混乱的资料，即是分析。把片段的事实连贯起来，即是综合。用经验说明新事物的形状或动作的道德品质，成为明显的特征，才能形成判断。

（一）心智分析不同于物理分析

有人把心智分析与物理分析视同一事，对教育颇有影响。每一门课程中，都被认为是由性质、形式、关系等加以区别而组成的，并为每个区别加上一个名称。殊不知在真正推理的过程中，思考是寻找、预测和试探，要到有了结果才停止。希腊人常说："怎样学或研究？"如果我们已经知道了所要追求的，便不用去费心思。如果不知道，也就不会去探讨。真正的推理是因怀疑而探讨，反复思考与试验，迅速地解决问题，建立组织思考的方法。

（二）有意识的方法与无意识的逻辑态度

通常人们认为，学生一开始就应该依照逻辑的方法认识并说明，这种观点是错误的。实际上，逻辑态度与习惯是在无意识中逐渐发展的。从无意识中尝试得到结果，才会将那过程纳入意识中，成为有意识的方法。到了这一步，分析与综合结为一体，方法才有了意义。

（三）教育过程中的分析与综合

教育中有两派各自标榜其方法的正确性：一派认为应该先分析再综合；一派认为应该先综合再分析，两者都有偏见。实际上，要根据儿童的经验，从他们所能接触到的开始，当然是部分的较小的见闻，但是他们自会扩展，把部分的连贯起来，把较小的扩大起来。其中分析与综合有交互作用，两者并不互相排斥。

第九章　了解——观念与意义

一、观念犹如意念与猜想

了解即把握住意义。当我们有所见闻而不能确定时，会生出好奇心想要弄个清楚，先是猜想，继而探索。待到清楚了状况，便等于见闻有了意义，此意义即是观念。待观念确定后，即成为了解。

（一）观念是判断的元素与解释的工具

观念是形成判断的一个单位元素。将反省当作一篇文章，判断就是一个段落中的一个句子，而观念则是句中的一个字或词，多数观念合成推论。当推论尚未肯定或可信时，就要暂缓推论而从事检验，此时便必须应用观念。因为真正的观念是研究事实、解决问题的工具。

（二）观念在推论中不可或缺

当意义尚未肯定，还需要有所检验时，就要暂缓推论。例如当前有模糊不清之处时，就要想办法澄清。所想到的还是假想或可能，这想法有两个特点：（1）只是猜想，或者可称之为假设或理论，只是一个可能，有待解释；（2）疑义值得探讨并验证。对这两个特点的态度，如果只是疑而不定的观念，可能就不会进而探讨；如果只当做是可疑而已的观念，便会阻碍探讨；如果认为确定可疑，探讨就有了立足点，有了立场，有了探讨的方法。

除非观念能成为寻找材料以解决问题的工具，否则就不算真正的观念。用一个皮球和一个地球仪教给学生地圆说，纵使学生耳熟能详，也不能形成地圆的观念，他们需要一些观察的事实，如看过船桅在远处消失不见的实际情形后，才能形成地圆说的观念。

逻辑观念犹如锁钥，是理智地用来指导自动的行动。因为这种观念是经过反省思考来克服困难的方法，否则习惯于盲目的应用，就会失去理智成分。聪明人精明、机智、有计谋，能巧妙地认识并设计，把许多意义与观念融合在一起。

（三）观念是逻辑工具而非心理的复合物

观念之逻辑意义与心理课本中所说的不同。观念从心智方面说，不在其结构，而在其功用，能在疑难中形成判断，预期解决的方法，达到结论和推论，可以说是心智活动的功能而非心理结构。

二、事物与意义

观念的作用止于了解，使事与物有了意义，至此遂与观念有了差别。观念中的物只是物，等到知道该物为何物时，才是了解，物才有了意义，才可予以说明。

（一）了解是把握意义

知道了物与动作的关系，才是了解。关系在动作功能与因果中。知道关系的"知"，其中含着科学研究，能把孤立的物提取出来而加以探讨，即部分融合于整体中。

（二）了解有两个模式交互作用

模式之一是熟知直接的意义；二是"知周"，即迂回周全的"知"。两者在知中交互作用，反省即在了解全貌。

（三）智能的进行有其规律

真正智慧的进行自有其规律，即：发现、知而未解、认识、把握原则、法则和抽象道理。直接了解（apprehension）在于有所"见"，然后有意地"看"，继而有所"知"，最后把握意义。间接了解又称综合了解（comprehension），在于"想"和"领悟"。

三、事物获得意义的历程

常见而熟知的事物一见即知其意义，即对该物已经有了了解。要了解不清楚的事物，就是另一种状况。

（一）未知的整体是了解的前奏

初次接触未知的事物只不过是一个模糊的整体，即因为对它一无所知。要想了解它，就要形成简单的直接了解的习惯（apprehension），第一，要确定或分别；第二，要对意义坚持，固定不变，以实际反应澄清模糊。得到确定一致的意义，始于实际的活动。物各有特征，区分物与物不同的特征，分别物的形状、颜色、大小等，都是无关紧要的，重要的是区分物的用途、功能与关系。如此便需要有不同的态度，用特殊的推理方法，才能做出正确的区别。儿童并不在意对绘画、音乐、语言等的形象、声音，而在意其意义。

（二）意义与脉络

儿童学习了解与言词，其脉络多半是对象和语言。因为脉络直接呈现在对对象的动作上，如儿童知道出门时把帽子戴在头上，帽子的意义即由动作而得。由单字而连接成句子，即从事物的脉络进入语言学，其重要的进步是心智的。此后从阅读和别人那里扩充了经验。就如声音起初并无意义，经过应用后，带来快乐和其他的帮助，才有了意义。经验中所接触的事物，多能使人从其中获得意义。理解能力即由语言和思考的一系列意义，加上推理发展而来。

（三）工具效用的关系及其教育意义

工具效用的关系是了解的核心，由操作工具而知道工具效用的关系，其关系即由效用开始，任何发明都是如此。我们想制造一些东西时，只要知道所用什么材料和方法才可。如汽油在初发现时，并无用处，到发明了内燃机，汽油便成了最实用的东西，而有了新的意义。

这原则在教育中非常明显。学校不培养了解能力，未曾得到这种最有价值的效用,即因为忽视了对所要结果的探讨、寻找工具,再从工具效用的关系探索其他结果,其中便不免应用反省思考。若不鼓励学生作进一步的思考,他们就失去了发展了解的机会。

第十章　了解——概念与定义

一、概念的性质

前两章讨论了有关意义的两个观点:一、意义是尚未确定的观念;二、意义是事物和事件的特质。本章将说到第三点,即如何把事物联结到意义,而不是把它们分开。

（一）概念是建立的意义

意义事实上就是一个观念,在用做指引观察和动作后,即被确认而应用。这样的意义就是概念,是判断的工具和推论的标准,也可以说是标准化的意义。每个熟悉又了解的名词都可用来判断其他的物以说明一个概念,使名词的意义得以延伸。

（二）概念可以类化

概念有类化作用,把了解从一物推延到另一物,思想和动作习惯可以用于大量事物上。

（三）概念使知识标准化

概念使未定型的事物确定下来,不再变动。有时人们在辩论中改变了概念的意义,就要知道自己的改变,如果没有充分的理由,将陷入混乱中。当人们有了共同的了解时,就代表标准化和确定的意义是有效沟通的条件。标准化的意义经公认后,个人就能保持思想稳定,观念可以确定不移。

（四）概念有助于认定未知并补充实时的感觉

概念或标准意义乃是工具，其一是认定；其二是补充；其三是将事物置于系统中。如初见天上有一道光亮，只是视神经的感觉而已，依照已有的经验，开始动用心中的概念，经过思考，"认定"其为彗星；然后应用对彗星的知识来"补充"；对天体知识"系统"反省，遂成为无涯信念中的一部分。科学包括组合的事实，从其中可以找出普遍的法则或结论。

（五）概念之教育意义

幼小的儿童无法获得或应用成人的概念，但在每个发展阶段，要使课业有教育作用，就要使其印象与观念概念化，否则对新经验就不能了解。从教育来说，心智的储积最重要。

教学时往往把现成的概念迅速地教给学生，使他们没有机会在观察中形成概念，只会文字形式而已，至于"了解"则遥不可及。从经验获得观念并形成概念，才是心智教育。

二、概念的产生

（一）概念并不是从现成普通特质抽取而成

以儿童来说，他们开始形成概念，会把不同的物"从观念中"呈现在面前，然后分析这些物的不同之处，再归纳出其相同的品质，得到一个类别的总称，即概念。

（二）儿童的概念始于经验

在儿童有了一个类别概念后，又寻找一些其他特质，应用到多种类似的物上去，做进一步的界定与推论，并不接受现成的定义，而是根据新经验来了解事物。

（三）儿童因应用而确定概念

当儿童能汇集经验并推论以后，观念便有了体系，稳定而清楚，于是成为概念。

（四）儿童的概念因应用而变成普遍

当儿童知道一个意义后，就形成预见，成为了解其他事物的工具，由此意义逐渐扩张并确定，可用以统合了解新事物，加以对其他事物的了解，就成了普遍的用处。

综合使观念的延伸与普遍化，犹如分析使观念清楚。二者相关，待品质分别确定后，就有了特别的意义，会把意义用在其他方面，到用过之后，此前个别的意义综合在一起，由其作用而认定，再统合，成为"知彻"（comprehension）的综合。

三、意义的定义与组织

（一）含糊之弊

因为意义朦胧不清，我们常常误解人、物，以至自己。意义不清使分析凝滞，模糊其他的观念，规避检验和责任。要避免这种情形，则需要诚恳和力量。

（二）意义的内涵与外延

意义必须前后一致地客观、单一、独立并有同构型。这些个别化的意义称为"内涵"（intension），意义达到这一点才是定义。如人、河流、诚实、法院的内涵所指的，即每个名词本身独有的特性和意义，其意义由定义而表现。

意义的明确性在正确说明一组事物与另一组不同，特别是意义有近似之处时，如河流、池塘、溪水之类，用其特点指明类别，是为"外延"（extension）。

定义说明内涵，区分或分类则说明外延。这两者与定义或分类明显地相关。说得详细点，内涵的意义是认定特点的原则；外延是认定并区分一组的特点。

把定义与分类合在一起，能得到确定的意义，也能分别说明事物的种属关系。经验的意义一经确定，就可作为区分其他经验的原则，成为科学，故而定义与分类，就是科学的标志。

（三）定义的三种类型

定义的三种类型是：

1. 指示的（denotative）。应用对事物的看法认清一件事物，其方法可称"指示的"。所有感觉性的事物，如声、色、味等，以及情绪和道德的品质，都由指示的定义来说明。就如诚实、同情、仇恨等，也要由感觉的经验来获得。一个人无论知识多么高深，要了解新经验或体验时，都要重新思考。

2. 说明的（expository）。把已知的事物特性汇集起来，那种意义是出自"听闻"，可说是"说明的"。其中带有权威性，未经亲自检验即认定，颇为危险。

3. 科学的（scientific）。科学的定义和通俗的定义不同。通俗的定义只取明显的特征；科学的定义则选择原因、结果和生产的各种条件为特点，加上彼此的关系。科学概念中的定义，不是出自看到的性质或用途，而是物与物的关联，相互的影响，其间有连续性、自由与可变性，乃是一个动力系统。

第十一章 系统方法——控制数据与证据

一、方法是对事实与观念的慎重检验

判断、了解和概念合成反省，把杂乱、困惑的情境变得一致、清楚而确定。到此新发现的事实，检验、修正一个观念，以及每个新观念与

其形式都需要探讨。新事实引起修正此前对事实的了解，由此引起两项讨论：一是收集并检验数据的方法，即证据必须支持推论——控制观察和记忆，以便推论；一是形成并发展观念，通过解释数据进而解决问题，二者相互为用。

（一）系统方法之必须

检验从事实到观念，再从观念回到事实，需要系统的方法。如果事实不足，不经检验，便急于下结论，就难免犯错。

（二）以假设指引观察有价值

探寻需要指引。以意念中可能的意义为指引寻找事实，直指有结论性的，排除其他，可得多数假设，找出适当的证据而予以检验，慎重思考，方能得到有效的结果。

二、方法对判别资料的重要性

一个意念的出现与否，在于一个人当时的文化与知识程度、识别力、经验与资质，许多有想象力的发明与发现都是偶然产生的。当最初的意念出现时，不论智愚，都不能直接控制。接受并应用这个意念，要有思考的习惯，才能控制。如果所想到的恰好正确，虽然并不常见，但是在科学研究中，控制观察，搜集资料，多半可以成功。

（一）观察与思想的相互关系

应用思想的观察活动中有一半是思考，一半是慎思多种假设。略去明显突出的，找出隐而不显的，这些才是值得想办法搜寻的。要经过多方搜集，以及巨细靡遗的检验，否则就要延迟推论。

（二）科学方法的规律面

科学方法包括规律的观察和累积资料的过程，以便说明概念与理论。其要点是：（1）经过分析而排除不确切的资料；（2）强调由汇集比较后所得的重要资料；（3）经实验各种变项后慎重组织资料。

（三）排除不相关的意义

从相关的资料中观察有力者，特别要排除错误的资料，勿因兴趣或习惯而急于下结论，以客观、不偏不倚为宗，勿为主观所左右。

（四）汇集充分的实例

科学方法坚持多方面观察，考虑许多复杂的实例，选择明显有意义的一面，用以推论某些单一事件。

（五）不同于相同的实例同样重要

在检验的实例中，不同者与相同者一样重要，比较时要有相对的一面，才合逻辑。观察者要在可能的情形下，对不同的事例，同样细心观察，以增加结论的说服力。

（六）条件的实验变量

理论上，一个适当的实例样本比一千个实例更适于推论，但这种样本很难自动出现，而是需要搜寻以至自行做成。只把手边的实例拿来应用，实际上却与问题不相干，而其他的又模糊不明，这时就要知道，实验目的必须根据预定的计划，依常规步骤，先行想出典型的事件，以说明问题困难之所在。所有的方法，都要控制观察和记忆条件，无所遗漏。所以要开放、公开、确切地从事实验。这样的实验有三个优点：（1）稀少，（2）精细，（3）严密确定的事实。［参见杰文斯（W. S. Jevons）：《逻辑基本课程》（*Elementary Lessons in Logic*）。］

第十二章 系统方法——控制了解与概念

一、科学概念的价值

控制观察和记忆以选择适当数据在于累积标准意义或概念。概念是理智的工具，用来汇集感觉和记忆材料，以澄清混乱不明的材料，使之结为一体。有了了解和坚定的意义，就是有了概念，故而规律的控制，概念的建立，实属必要。

（一）概念系统的基本重要性

使一系列概念——进入规律发展，在于观念与观念间的关系，使之成为一个系统，有基本的重要性。认定一个事件的优越概念，常常出现于经验中。把概念连成一体，在于用文字说明前提与结论的关系。第一，前提是根源或基础，确认并支持结论；第二，由前提进入结论，再由结论推回到前提，即结论乃由前提所引出；第三，结论是结束前提的所有因素。前提包含结论，结论包含前提，表示"知彻"的全部感觉，使理解元素紧密地结合在一起。不过科学发明的概念并不像通俗的概念那样只靠感觉。

（二）数量概念的价值

自然科学的伟大成就在于用数学概念观察并说明自然事件。应用数量概念，不必因区分事物而妨碍推论的不同构型，可以由衡量不同的事实毫无限制地推论其他事实。

（三）每一科学都可建立独有的标准概念

每个科学分支都可建立独有的概念，依照确定的状况，在某些条件下，观察未来可能的结果，界定、类化公式、区分工具，用以加强了解而解决问题。小学教育中就常有这种看法。

（四）概念游戏

一位专家会把一个概念意义当作自己的课业，不管其是否存在，不问其是否有用，而只考虑其相互依存的逻辑关系，把"玩观念"当作游戏，心中的快乐比赌博还有趣。没有浓厚兴趣玩观念游戏，就很难成为杰出的科学家或哲学家。很多有了解能力的儿童，也会戏耍观念。创造的伟大价值，如写作、绘画或任何艺术，都在无意识中，因玩意义游戏而成为建设性活动。

（五）最后检验概念的必要

当观察到的事实与理论的结果完全一致而毫无例外时，结果方可说是有效。思考要自始至终置于具体的观察上。其最高的教育价值，要以能否成为创造和发展新经验的工具来衡量。

二、教育上的应用意义——明显的缺失

在事实与意义、观察与概念之间，互有相关。教育中有很多错误因区分二者而成。

（一）事实与意义分离

学校教材和课文，把学生淹没在细节之中。多半是不相联属的零碎条文。即所谓实物教学，也只看到孤立的片段，不注意事物的联系、起因和意义。即使普遍性的原则，也只供记忆而已。高等教育的实验也一样，学生在实验室所注意的，只是操作过程，不知道原因，不了解方法，想不到事物相连的关系，实在不能称作知识。

（二）不能用理解继续追寻

在匆忙中对整体有了一个朦胧印象，但只是集合诸多部分而成，并不知道部分是如何连接的。即使教师鼓励学生从个别事物上形成一个普遍概念，也不能唤醒学生深思与当前情况相似的情境，这些概念便毫无意义。而学生用归纳法推理时，多半出于猜测。如果猜对了，立即承认；猜错了，立刻否认。至于扩充观念，教师便自行承揽了去，不做进一步的提示，以引导学生继续思考。许多科目和教材中，推理被孤立出去，乃是一大错误。

（三）由演绎开始而又孤立演绎

教学生学习，一开始就用定义、规则、普遍原则、分类等演绎的思考，

是逻辑的错误。校正者又矫枉过正，坚决反对这些用法。要知道普遍原则也可以引人注意，而不是终止探究。

（四）概念孤立于指引新观念之外

将普遍观念放在一边，就不能把检验这种推理的过程用于新情境。理解在于融合了解个别事件，不会应用普遍原则，便等于不曾完全了解这原则。如是，原则便成了无用的死东西。

（五）失于提供实验

从科学方面说，只有应用实验法，才能从事完整而有效的思考。高等教育已接受这个事实，初等教育则没有。另一种错误，是把一些杂乱无章的课外活动当做实验，不知道正确的实验要有一个问题，据此要找出一些东西，由观念指导行动，推想出假设，经过验证结果，以求解决问题，这才符合实验的条件。

（六）缺少整体性的结果

有些学校不顾检验的需要，没有步步为营地时刻观察全体的行为，只以结果为重，以至全部实验不相关照，散漫而无整体性。

第十三章　经验思想与科学思想

一、经验的命义

未经科学方法规范的世俗推论，很多都是经验的。传统的民间谚语和格言，就是不知其因，不问怎样，靠所见的事实概括而成为信念，只是经验而已。

（一）经验思考可用于某些方面

东方智者的预言颇有准确性，如对宇宙天象的观察和医药治疗之类，也常符合事实或有效，因而得到人们的信任。不过仍然还是经验的。

（二）经验思考的三个明显缺点

纯经验思考有三个缺点：

1. 错误的信念。尽管经验的结论大体上正确，但是仍有错误，错在"误认因果"上，即往往把甲事之果，当作乙事之因。如一种药碰巧治好了一种病，就把这种药视为能治百病的万应灵药。

2. 抗衡新奇。遇到新奇时，最可靠的信念也无法抗衡。新事物无法用旧经验应付。一旦常规失效，便会手足无措。

3. 心理惰性与武断。强调过去经验，无视新事物与新情境，更无视新旧中间的联结，把旧经验当作教条，把新的当作异端邪说，不肯接受。

二、科学方法

（一）用科学方法分析

用科学方法统合分裂可以了解的事实，把观察到的、粗浅的事实变成精密的事实，以见其中的联结和因果关系。

（二）变换条件之二法

变换条件有两种方法，其一是扩展经验的观察法，比较在某种条件下，能产生一个结果，在另一种条件下，同样的结果未必出现。这是根据粗浅的事实为条件，然后再来应用精确的了解方法。但这种方法要以足够的事实为据，且条件的变换是被动的。其二是研究者主动变换条件进行观察，然后从事实验。以科学推论为主，可以从混乱的状态中，选出重要的因素。

（三）实验包括分析与综合二者

实验思考或科学了解，是联结分析与综合的历程，也可说是涵盖区分与认定两种作用。区分独立变项，以求观察的事实无所遗漏，是为分析。把不可见的当前事实加入观察，是汇集变项，即综合，乃是思考的作用。科学思考之优于经验的思考，特点在第一是减少可能的错误。增加了可靠性与确定性后,注意到细节与特别事实,可以加以安排。第二是面对新奇和变项,用普遍和熟悉的原则,可以控制说明与预测。第三是乐于看向前景。经验法加强了过去的影响,实验法则看向未来的可能,增加事实以便多方观察,而得到进步的观念。

(四)科学思考不受切近事项与威力的影响

普通经验受制于直接或各种偶发事项的影响。科学思想的重要性在于思想者要从感官刺激和习惯中解放出来,想到将来可能会有不同的情形出现。

(五)抽象思考的价值

抽象思考作用即使在平常的思考中也是不可少的因素,在各种分析或观察中,把含混不清的独特品质分离出来,使之清晰可见。不过科学的抽象作用在于把握关系,这却不是感官可以做到的。抽象作用的逻辑价值,在于能把握此前未曾把握的品质和关系,使之呈现出来,放弃已有经验,向深处挖掘,能得出更清楚、更开阔的推论。

(六)经验的意义

"经验"可以说是经验性的或实验性的态度,但却不是呆板封闭的,而是有活力又能发展的态度。人若为过去、习俗、常规所束缚,就会抗拒理性和有思想的见解。但是经验仍然包括反省,使人不受制于感觉、欲望与传统。经验也接纳确定而深刻的发现。教育就是解放并扩充经验的。教育之能深入人心,需要其人有相当的伸缩性,尚未把经验僵化。儿童是天真的,好奇而乐于实验,看人与世界都新鲜有趣,正当的教育要保全这种态度,但要消除过去因常规和懒惰造成的浪费。抽象思想是在经验中,用新奇的眼光看熟悉的事物而加以想象,以开拓经验。实验就是走向开放并试验永恒价值之路。

第三部　思想训练

第十四章　活动与思想训练

一、活动的最初阶段

（一）婴儿想什么

婴儿比幼小的动物发展慢，据猜想，婴儿有主宰自己的倾向，不过都要经过学习：看、听、伸手、把握、平衡身体、爬行到能行走，这些都需要眼和头的协调作用。其中有意识的活动可能受大脑的思考作用影响。

（二）主宰身体是理智问题

幼儿学会用四肢就会很快乐，这种发展随智力很快地增长。因其体能的增加源于智力的增长。这种增长在一岁半左右。

（三）社会适应变得重要

婴儿与成人接触，知道成人能满足自己的需要，也知道这些满足在成人控制之中。在四岁至五岁之间，幼儿受成人活动的刺激而加以模仿，因此人类文明历史才能永续不断。

（四）模仿的任务

儿童模仿成人的活动，固然使其思想进步，但若只靠模仿，并不能引起思想。虽然教育家和心理学家都这么说，其实儿童的模仿中包含冲动与满足，有自得其乐的成分。他们的模仿曾通过观察而选择、安排、适应、试验，到自己想要的才算数。他曾通过实验而得到结果，乃是智慧训练与教育的成绩。成人的活动，在儿童心智发展中，有重大的作用，是成人不可轻忽的一面。

二、游戏、工作及有关的活动形式

（一）游戏和"游戏"的意义

当某些东西变成信号而成为另外的表象时，游戏也会由体能活动变成心理因素。儿童把一块石头当桌子，一片树叶当盘子，橡子当杯子，以及玩玩具时，乃是生活于意义里，象征自然与社会，游戏与故事连在一起，听儿童边玩边自言自语，乃是自己编造故事，所以游戏中也会有规则，有头有尾，和谐一致。

"做游戏"重于游戏，乃是一种心灵态度，臆想指着某些东西，使原来所指的东西超出实际之外，其臆想乃出于自由。由此发出的游戏活动，是臆想创造出来的。若使儿童游戏心不止于恣意嬉闹，最好将之转化为工作活动。

（二）工作的意义

工作不只是身体活动，而是心智表现。在生长的历程中，当儿童觉得那些不实的、假装的游戏无趣时，会把一些事物隐含的观念应用到类似真实的事物上，就要自己去寻找，这就包含工作的意义。因为这样的活动有目的，要用脑筋去想，要计划，还要有结果。不以成人心目中所谓之工作衡量儿童的工作，便可以看到其内在的思考和教育的关系。从儿童自行计划、观察和发现上，可以看出他们的学习状况。

（三）游戏与工作的真正区分

游戏与工作的真正区分并不在于对活动本身的兴趣和活动的外在结果，而在于活动兴趣继续不断，一直贯穿到结果。学习中常错误地把游戏与工作截然划分为二，如幼儿园的游戏多是象征性的；而小学的作业则是权威性的任务，儿童并不知道目的是什么，不知道这样做是为了熟练技巧，只知道是无法避免的苦差事，既无游戏趣味，又无工作目的。

（四）想象与实用的错误关联

视游戏与工作相对立的错误，在于把想象和实用相关联。把儿童帮忙做家务当做"实务",不知其中含着美学欣赏的因素,不知道这些实务可以与想象相连。这种错误有几点:第一,健全的想象不只关乎不真实的问题,而是能引起意念,用智慧来解决问题,扩展对实务的意念。鼓励儿童从实务上想象其他的意义,是增加智慧的方法。第二,儿童的反应多半在身体和感官方面,教育工作者却认为在于道德和真理,这超出了儿童可能想象的领域。第三,教育中只认为游戏在取乐,反对直接有用的活动,又分不清工作与劳动的关系。事实上,儿童的兴趣就在事物上,于是做事和得到乐趣,并无二致。用成人对工作的感受看儿童工作的感受,并不正确。

三、建设性的行业(Occupation)

(一)科学出自行业

文化史显示,人类的科学知识和技术能力,因早期的基本生活问题,很早就已出现。解剖学和生理学,出自健康与活力的实际需要,几何学与机械学出于测量土地的需要,发明建筑和节省劳动力的机器,连接天文与航海的知识,文字为保持过去的记录,植物学导源于医药和农艺,化学与染色、冶金等有关,这些都在应用科学范围内。现实生活中,几乎无处没有科学的成就。

(二)学校提供智术

上述事实充满教育意义,大多数儿童具有主动学习倾向,学校也不只以教育为由,另外还为儿童开设了大量实用科目。或者目前教育的紧要问题,在于组织并贯穿这些科目上,使之能形成机警、坚持和智能的习性。把握儿童原有的基本特性,训练其为人所公认之处,培养他有自信,能够献身服务社会;同时也能应用个人的反省和实验,得到确定的科学知识,以解决典型问题;并在未来掌握更专门的科学知识。小学课业负担过重已怨声载道,最好将各种艺术、工艺、行业编入智慧课程中,放弃盲目守旧的观念。

（三）设计教育性的必备条件

近来发现教室中增加了建设性的行业，说是"设计"。要使其真的符合教育，就要具备某些条件。第一是兴趣，即学习的东西是学生愿意学习的；第二，活动内容应是有价值的；第三，设计要发展新问题，引起新的好奇心，为寻找数据而创造；第四，设计要允许作业有充分时间，使前一步骤很自然地导向下一步骤。即做完了一步，可以看出还有要做的工作。

第十五章 从具体到抽象

一、何谓具体

教育中并未真正把握从具体到抽象的真谛，以为机械常规和感官刺激作用较低，学术性和非实用的学习才有价值。实际上，儿童和成人一样，面对事物时都离不开推理。由事物引起意念，意念即在事物上，用来解决疑难问题，确定信念。教事物而不涉及思想，非常不自然，也没有抽象作用。

（一）直接与间接意义的关系

直接意义是明显的，由一个名称立即知道所指的是什么；间接意义则是闻其名后，无从了解所指的是什么，要找出名称与指谓之间的关系才能了解。

（二）个人的心智作用

熟知物理和化学的人，对原子和分子无须思考就知道是什么。但对常人和初学者，则不能立即懂得，其他专用名词也是如此。这差别就在于个人心智进步的历程。在生长的一个时期看来是抽象的，到另一时期会变成具体的，或者相反。在生活中，具体或抽象，与熟悉或生疏有关。

（三）思考中方法与目的的关系

抽象思考者从生活的实用中逐渐用思考抽象出目的，看到超乎其上的好处与价值时，就变成实际；若专用思考为工具，就是抽象作用。理论家之认为观念适当且充分，就是应用思想的好处。

（四）对纯理论的轻视

注重实际的人，轻视理论，以为那是无法实践的。理论与实际，只在程度和实践上有别，不能截然划分。活动力需要"宏观"，需要应用想象。人必须乐于思考，才能超脱常规和习俗的局限。为知识而知识，为自由思想而思考，才能开拓实际生活，使之充实而进步。

（五）从实际操作开始

因为具体意指为活动而思考，以解决实际中的困难。从实际开始，就要学习新经验，把新旧问题与原则及目的结合起来。用实物教学者认为把实物放在儿童面前就够了，竟不想使儿童意识到实物以外的意义，这只是感觉训练而已。要使儿童思考实物与相关工具的关系，及所要达到的目的的实际操作，才是心智训练。

（六）将兴趣转移到心智事物上

由结果而生的兴趣，应该逐步转移对象：性质、后果、结构、因果。教育儿童活动，要使之注意与心智活动间接相关。如对木工的兴趣，应逐渐进入几何与机械问题上。对烹调的兴趣，应进入化学实验等。发展所说的"走到"，就是指教育历程中，从具体到抽象的活动。

（七）发展思考的喜好

教育达到了抽象地步，是以心智事物为兴趣，是为思考而思考，直到沉浸于思考之中。儿童自然且连续地因兴趣而反省、探索、试验，思考从而产生且大量增加。教师要引导学生主动爱好观念，以及观念与观念的关系，由现实到观念，即是抽象力。

二、什么是抽象

（一）抽象思考非全部目的，亦非多数人所能为

抽象思考是一个目的，但非全部目的。思考远离直接有用的事物，从实际并且近处看好像是思考，却不能代替抽象作用。以教育为目的的思考，并非用抽象代替实际，而是发展抽象的心智能力，培养计划、发明、安排、预告，不为喜好而想，不以实际结果为务；不只以专一为精，要顾及人的个别差异，并非人人都适合进行抽象思考。

（二）教育应以维持工作平衡为目的

教育应以保持具体与抽象两种心理态度为目的，使之平衡。注意个人倾向，不可伤害其原有的能力。特别倾向具体者，也要发展心智作用；特别倾向抽象者，也要寻找实现抽象于实际的可能，不只以抽象能力为限。

第十六章　语言与思想训练

一、语言是思考的工具

逻辑（logic）这个字，源自理性（logos），意为字和说，思想和理性，并无差别。但是只堆积文字，只见心智无聊，思想空虚而已。学校把语言作为学习的主要工具，一直以来饱受教育改革者的抨击。一者说语言对思考重要；一者说语言只会歪曲或隐瞒思想。两者对立，乃是一个问题。

（一）对思想和语言关系的看法

对思想和语言的关系有三种典型的看法：一是以为二者相同；二是以为文字是思想的外表，只可做遮饰而已；三是以为语言虽非思想，却为思想与沟通所必需。如果说，没有语言，就没有思想，就应该知道语言不只限于口头与书写，那么姿态、图画、古物、视觉印象、手指动作等，便都成为信号，成为逻辑语言。那么如果说语言是思考所

必需的，信号也就是必需的了。思想不只用于物，而在于意义，需要了解。一个人如果指着门说"走"，其动作就变成了意义的交流工具，只是信号而非物。

自然物是其他一些事物的信号，雨兴于云，风云变幻，自然的信号有其限度，要待其变化后才能知道；且这类信号不是自然有意创造的，人有意创造的信号，是为了传达意义。

（二）人为的信号用以代表意义的好处

思想高度发展，信号必不可少，语言的必需即在此。人为信号的优点有三：（1）轻微的声音，书写的文字，不妨碍人的注意力，也不会降低其所代表的意义；（2）由人自行制造，可因需要而增加；（3）人为的语言符号方便又容易控制。

（三）语言的选择保存与特定意义的应用

文字符号的特定意义之一是选择与分辨，以免含混不清；二是记录保存意义；三是可用于了解其他的事物。因此有三个比喻：第一，犹如围墙，是一个物的适当名称，即确定该物，更无疑义；第二，成为标签，标明为一物，即成通识；第三，是一种通用工具。符号和意义密切联结，使二者指谓合一，知其一即能知其二。

（四）语言符号是组织意义的工具

把相同的字作不同的联结，自成一个意义；把不同的字连在一起，构成一个新意。这种微妙功能，使诗歌、文学在人类思想中创造了辉煌的纪录。

二、教育中对语言方法的误用

（一）只教事物而不教文字，乃是否定教育，会削弱心智生活

正确的学习意义是学习事物的意义，必然包括文字符号的认识与应

用且无可避免地应用语言。教育改革者反对符号，等于破坏心智生活。

（二）符号代替意义的限制与危险

符号是特指的，有形象而可感觉，用以显示或代表意义。对一些人来说，只有经验过意义和情境的关联时，才知道那些符号的正确意义。文字所说明的意义，在未接触到意义和实际的关系时，就不能说是认识文字。另一种误解是以为有了明确的语言文字形式，就有了明确的思想，成人和儿童都能应用公式，但并不知道公式的意义。又如接受了流行的新观念，把别人的信念当作自己的来说，既不深究，人云亦云，也应用于教育研究中。再次，初时代表观念的文字，长久使用以后，就成为具文，不再追求其意义，也就不再有新意义出现。

三、语言在教育用途中的位置

语言在教育工作中有双重功能。其一是用于学校中的学习与社会训练；其二是明显地为学习材料。语言的普遍用途，在于对思想习惯的培养。如果说语言能说明思想，那只是对了一半；另一半则可能完全错误。语言虽能表达思想，其本意乃在影响别人的行动，并与别人形成亲切的社会关系。作为思想和知识的工具仅居第三位。用洛克所说文字的用途在于民事与哲学二者来说，我以为民事在于思想与观念的交流；哲学在于传递事物的准确概念，陈述一般的命题，以及说明毋庸置疑的真理。

（一）教育应该把语言转变成心智工具

分别语言之实际、社会和心智用途，可以充分说明其在教育中的问题。问题在指导学生口说与书写的语言，将原本用做实际与社交的工具，变成有意识地传播知识并帮助思想的工具。使学生能自发自动地使语言有活力、有变化，成为精确而灵活的心智工具，习于思考，就要增加学生的词汇，能精确地表达词汇的意义，并养成流畅的口语表达习惯。

1. 从扩充字汇来说，是将人、事、物与心智结合，了解字的意义与用法，从听与阅读书籍而得，学习选择并分析，其条件是人为的教育结果。如果对文字不求甚解，用起来就难免有"鱼鲁亥豕"之误。文字流畅和语言应用自如有别，口若悬河不代表词汇丰富典雅。学校课本多依照学生的程度编写，反而抑制了学生的学习机会。而且若教师强调"单词"的记忆，把词汇孤立出来，会影响语言的发展。

2. 使词汇更精确。增加词汇和概念，要把意义不明的变精确。如此做有两个方法：一是辨明字与字的关系；二是注意字的特性。前者在抽象方面；后者在具体思考，二者不能偏废，语言史即兼顾二者。词汇随着时间和应用而有变化，因个人心智能力而异。学习几何时，如点、线、面、角、方、圆等，都有广狭二义：狭义的指精确的；广义的指一般的关系。在教育中，专门术语所指示的是相对的事物，不是绝对的。名词成为术语，即是为表达精确的意义。思考求精确，术语就会增加。但对术语的应用，也不可太滥。教师以为教了术语就等于教了观念，导致教了一些职业术语，只有名称而无名词，又无意义，因此失于精确。

3. 形成连贯叙述的习惯。结合并组织意义，在于把字连成句，句又组成合理的叙述，那么就要使叙述有一贯的系统。学生不能完成这一点的原因是：第一，学生还不习惯连贯自己的用语，述说常是片段的，教师不能忍耐，便代其完成；第二，教师指定作业就常是片段的，学生缺少贯通的练习；第三，学生为减少错误，宁可少说，说得片片断断，不能将全部连成一气，只是被迫必须说话，而不是"有话要说"。

第十七章 心智训练中的观察和材料

思考是参照所发现的旨趣来安排材料，若材料毫无头绪，必然扰乱思考。

一、观察的性质与价值

（一）观察非目的

有些人强调知觉的重要，以为只要让儿童观察实物，就可增加记忆并发展想象力，忽略了思考和对实物的接触不可分。

（二）扩张认识的内在热情可推进观察

每个人都渴望多认识人和物，画廊中禁拿手杖和伞，就是说人可以与画有较近的接触，不必指指点点，和喜于观察不同。希望为自我实现而扩张才是动机，是对社会和美的同情，而不在认识，且高于有意识的心智作用。

（三）由活动引起需要以推进分析的观察：感觉训练的错误

在正常的发展中，特别的分析观察和活动方法与目的必须连为一体。在做一项心智活动时，想要成功，少不了视、听、触等感觉。但是感觉，除非是为了做成一件事，并不因训练目的而自动出现。不过在做事时，感觉却不可少。儿童在活动时，感觉敏锐且灵巧，但却不因孤立地练习而有效，只有在训练观察时，知道目的和结果才会有用。

（四）解决理论问题可推进观察

心智或科学观察进一步的发展，是要从具体进入理论思考。学校中使学生所做的观察之无效，即没有主题要解决，从幼儿园到大学都如此：以观察代表所有目的与结果，以实物表面的现象为鹄的，不用思考，也没有方法，只知道一些事实和操作技能就算满足。

（五）科学工作中的观察

科学工作者的观察效果，如杰文斯所说："只有在证实一个理论所鼓舞和指引下的科学观察才有效。……可以观察和实验的事物无限，没有明确的目的，只会记录事实的，那记录就无价值。"杰文斯的第一句话比较狭隘，科学观察除了证实理论外，还可提出问题与假定而形成假说。以累积观察为目的，为取得结论而观察，则是正确的，教育应该以此为鉴。

二、学校中观察的方法与材料

（一）观察应包括主动探索

观察是主动的历程，是要发现隐含不明，不得而知，需要找个水落石出的具体或理论的结果，需要全心全意机敏的观察。

（二）观察要有戏剧性的悬疑策划元素

观察的机警性，如戏剧般有悬疑情节，引人继续看下去，"欲知后事如何"，在这里就是观察活动的引线，想要知道下一步将会怎样。因为历程中可能含着不可知的改变，猜测其可能性，却要待事实出现来证明，也可以说是对兴趣的挑战。如果对所观察的变化能做出理智的安排，将有助于逻辑思考的形成。

因此就要做结构与功能性的观察。有生长，就有活动与改变，并有改变的周期。人在这种情况中，先出现思想，然后则是组织。儿童观察动植物的生长，想出对策，不只是观察而已。其中除了基本的兴趣功能，还有分析研究以观察其结构的动作。原来只注意活动，进而注意其如何活动，以及活动的部位或器官。由功能到结构，都成了观察的注意点。

（三）观察应变成科学性的

观察开始时，是由实际的目的或兴趣转变成心智目的。学生学习观察是为了：（1）找出面对的疑难是什么；（2）由观察所见推测假想的说明；（3）试验所想到的意念。观察变成科学性的，应该使外延与内涵有节奏性。以确定问题，意想有变化，切合事实，在切近处选择少数事实，以为正确的研究。从外延说，广泛的观察虽不精确，却可使学生感觉到较多的可能性，将材料储存于想象中以形成意念。从内涵来说，需限定问题以保持试验条件。前者不免于肤浅；后者又过于专门。两者变换应用，才能适合研究。科学观察并非只为"好玩"，而是一种磨炼，有益于书写、绘画、歌唱等艺术功夫。所以喜欢看和听的人，可以成为最好的观察者。

三、知识的传达

学校中大量教材来自教科书、讲述与口头交换。如何从人和书本中得到心智好处，乃是一个问题。

（一）如何使交换材料的学习成为心智资质

学习的文字是从别人那里来的，教育中不适当的卓越观念也是别人的。但是如何将所学的变成心智资质，乃是问题。如何将课本和教师所提供的材料作为反省探讨，而不是像买来的食物般，张口吞掉？要回答这个问题，第一，传授的材料是必需的。因为个人在学习时期，所知有限，有人提供材料，无须自己去暗中摸索。不过所提供的材料应该是自己不易观察得到的，同时又能引起学生的好奇心。第二，传授的材料有刺激作用，而非教条或生硬的东西。刺激作用在于激发对问题的兴趣，即"独创性"（originality），使学生知道是为自己而思考（Thinking is thinking for yourself）。第三，所提供的材料要在学生的经验范围内，与问题相吻合。此外，材料要使学生的经验（包括课本内外可能学到的）变得系统而近乎知识。

第十八章　讲述与思想训练

一、讲述的错误观念

讲述是教师与学生最近的接触，专注于指引学生的活动，热衷于教材，培养语言习惯，并指导观察。教师所用的方法是对教师的重要考验，考验其甄别学生才智状况和引起学生心智反应的能力。简单地说，即考验其作为教师的艺术。

（一）重述与反省

"重述"是教师把所讲述的一说再说，如留声机般使学生一听再听，目的是使学生把所听的反映在考试中，犹如储水器般，机械式地从一根管子进去，再从另一根管子出来。

（二）被动性之弊

上述情形使心灵变得被动，失去判断和了解能力，降低好奇心，使学习成为苦差事，索然无味。即使原本还知道些事实与原则，也不会利用。儿童的心灵本是活泼的有机体，如生物般会寻找食物，会选择，会舍弃，会把所吸收的转化为养分。

二、讲述的功能

讲述的目的有三：鼓舞心智热情，有从事心智活动与获得知识的愿望，爱好学习，情感自在其中；用讲述引导学生的兴趣和热情，将之加以疏导，以完成心智工作；将已知的组成系统，以确定将来更高的学习效果。

（一）讲述应激起心智热情

学习和心智活动的最高动力来自内在，心灵与生理一样，是一种欲望。讲述发生在一个既定的社会团体，基于同样的兴趣，由一个成熟而有经验的人领导，鼓舞心灵热情。一个学生来到这个班级，可能脑中空空如也，昏昏欲睡，或者其兴趣不在教材上，那就要在讲述时间中，激发其心灵活动，使之精神振奋起来。有的教师没受过专业训练，没有心理素养，却成了伟大的教师，超过有充分训练的教师。能使学生经久不忘的教师，能唤起学生心智热情，把自己的知识和技能传给学生，激起学生求知的渴望，而后发动自己的力量在学习上。如是，教师与学生以教科书为媒介，将兴趣、知识与经验结合在交流中，突显问题核心，发挥灵活的思考，学生才能有所得。同时，教师要有同情心，了解学生的感受，加入幽默风趣的言辞，使学生"如沐春风"，学习自然有效。

（二）讲述应指导学生形成学习的好习惯

思考是探讨、探察并钻研，以求发现新事物或对旧事物有新的了解。简单地说，就是怀疑而提出问题。传统的发问是由教师提出，但只是为得到一个答案，未曾用问题促成师生共同讨论。其实讲述时间也是教师督导学习的时间，了解学生的困难，确定他们的学习方法，提供暗示或线索，改正学生觉悟不良的学习习惯，一并包括在讲述之中。

（三）提问的艺术

提问的艺术纯粹是指导学习的艺术，使学生养成独立探讨的习惯。首先，对已知的材料，可以问学生如何用来解决新问题；其次，问题要指向教材内容，而不是教师的目的；再次，问题要增广所学的教材以扩充知识；第四，要时而提出问题反观已学的教材，以观照全部意义；第五，在全部讲述结束时，提问学生所学到的和未来可能要学习的内容，以引起继续学习的兴趣。

（四）讲述应测验所学的

结束讲述的测验非为记忆已学过的材料，而是在：（1）了解进步状况；（2）应用已知推论未知的能力；（3）思考习惯中态度、好奇心、条理、复习能力、总结、界定、心胸宽广与诚实等。

三、讲述的行为

（一）第一需要：学生的心理准备

讲述的第一需要是学生的心理准备，即想知道一些不知道或意想不到的。要使学生如此，第一，所用的时间不宜过长；第二，要把熟悉的经验转化为自觉的认识。

（二）教师参与的程度

在现身述说与鼓舞反省思考之间，教师最好能取得平衡。如果学生已经进入主题，教师又愿意留给学生活动余地，那就不必占用太多讲述时间，以便有较多时间做师生互动。

（三）使学生说明自己意见的合理处

要使学生有心智责任，教师应该在学生发言时，允许其说明所说的理由，给予时间，使能"毕其词"，并鼓励其说清楚。至于语言无味的，聪明的教师自然知道如何适当地制止。因为思考需要时间，使学生想清楚所要说的话，也是训练思考的方法。

（四）直指主题或典型目标以免心神分散

注意力是选择性的，一些事常要集中思想来深入其中，涉及的事物会过多分散心神，反致头脑昏乱，不利于了解或推理。教师应该选择主题或典型事物作为思考材料，使学生的思绪能有条理地进行，以解决问题，也便于概括全部材料。

四、教师的功能

（一）教师为领导者

教师的真正作用是一个社会性团体的知识领导者，其领导能力源于有渊博的知识和丰富的经验。认为自由在原则上是学生有自由，而教师没有，所以教师若没有领导能力，乃是愚蠢可笑的。

（二）削弱教师领导名分的错误想法

有些人认为教师安排作业是强制行为，不尊重儿童。目前，虽然有这样的呼声，乃是出自许多其他的原因，只归咎于教师，等于罔顾教师的职责。因为既然承认其为教师，就要承认其做教师的能力和职责。（有些指定作业不当的另当别论。）

（三）教师要有渊博的知识

实际上，教师必然是一个团体的领导者。第一，要对所教的科目有丰富的学识，且不止于此，还要有更多的学识以面对学生可能的问题。虽然我们不能要求教师"无所不知"，但是对学生不知道的问题，张口结舌地无以答对，终嫌尴尬。教师学识渊博，对学生有问必答，可以提高师生交流的气氛，增加学生学习的兴趣。多述说一些课本以外的材料，也增加学生对教师的信心与尊敬。

（四）教师要有专业知识

除了学科知识之外，教师还要熟悉心理学与教育史。前者是了解学生所必须的；后者有助于借鉴以前的教育的优良做法。而且在学生的问题涉及其他学科时，可以提供正确的判断，使自己的教材，与其他学科相关者能够融会参照。

五、欣赏

（一）实现价值

对一件事物认识得彻底透彻，使之如在自己心中，也可以说是心领神会，此时对一个人来说，觉得温馨；对儿童说，则是兴奋。因为事物和自己融为一体，有"世人不知余心乐"之感，可以说就是欣赏。当心中欣赏一种事物时，内在和知识无别，不止是满足而已。

（二）欣赏在思考中的形象

当学生把书本中的问题真正存在心中时，该问题就在心中实现了，所以心灵活动和欣赏不可分。现在学校认为，只有文学、音乐、艺术等才是欣赏的科目，却把历史、算术、自然等只看做是知识的，忘了这些科目都要思想，都有理性与情感、意义与价值，都有欣赏在其中，且必须融合在一起。

第十九章　概括结论

一、无意识与意识

（一）隐含与明确

所谓"了解"是"彻底明白"，无须再加任何说明；也就是说，所有内涵都"明晰的"（explicit），没有一点"晦暗不明"（隐含，implicit）之处。这种状况，如果发生在两个人之间，可以说勿需赘言。可是如果两个人各有不同意见，而不同意见是基于无意识的假定，因而不够明确，就要加以查验，于是无意识的就变成了有意识的，那就可能解除误解。其中从无意识变成有意识，也等于把隐含的变成明确的，在其中思考是不可或缺的活动。反省和检验以减少错误，教育就是要培养这种思考方法。用这种方法可以累积知识，使思考有效。

（二）控制反省思考举例

在反省思考中，可能有人以为从前到后都是有心理控制的，实则不然。因为控制受学生工作条件的影响，视其能否唤起探讨、意念与理解而定。要知道在教师讲述后，学生有意识或无意识的反应，因人而异。艺术家的创造过程中，并非全是意识的。

（三）专心与潜伏期

通常在专心致志的活动后，头脑就不再那么灵活，等于进入潜伏期，而显示活动的低潮，或者把注意转移到别的方面。经验里这种情形十分常见，表面上似乎头脑已经不管用了，而在停止一段时间后，意念竟突然出现，可知潜伏期是思考的一个节奏。（后来研究创造的观念者就发现潜伏期是必需阶段。）

二、历程与结果

（一）游戏与工作

心灵活动的特征是历程与结果的平衡，最好的验证见于游戏与工作。游戏时只在活动上，不计其他，工作时就要全神贯注于工作上。二者方向不同，但并非截然不同的两回事。若一定截然划分，游戏就会散漫失序，工作就成了苦役。这样看，各有利弊。最好使二者平衡。

（二）艺术家的态度

人通常说艺术源自游戏，无论正确与否，至少代表艺术观念的心灵游戏和严肃之间的和谐。艺术家若专注于方法与材料上，可能表现精妙的技巧，却缺少艺术的超凡精神。艺术的思考要适当，使做法能体现目的，才是典型的态度，这种态度可用于任何活动中。

（三）教师就是艺术家

艺术是原创性的活动，其表现中有不可或缺的热情与想象。如果教师能激发学生把热情寄放到一些想象出来的有意义的活动上去，且愿意自己去试验，去观察过程和细节，就有了艺术家的倾向。如果教师不拘泥于旧规或成法，能推陈出新，在教学中加入新意与变化，就有了艺术家的成分。

（四）平衡新旧与远近

工作有难易之分，事物内容有新旧之别。教学要适当地在两者间求取平衡；旧的看似容易，但学生或已失去兴趣，要加入一些新的，才能使学生眼前一亮，重新产生兴趣。其次是观察在于近处，也要引导学生想象远处，由近及远，扩大知觉的领域，只要不流于幻想或梦想，就能展现思考的自由度，扩大学生思想的空间，而养成会思考的习惯，那么他的前途可能会有想象不到的发展。教育是寄无穷希望于下一代的工作，教师要在看见近处的同时，能看向未来，才能确定对教育的信念，提高工作热忱。

◆**述者总结**◆

  作者所说的"思考的方法",是从教育的立场出发,特别着重教学如何培养学生的思考能力。其说一面详述积极的方法;一面指出教学中的错误。其所说的错误乃是常见的;而积极的一面则往往被教师忽略的。结果把学生教成学习的机器,背诵如鹦鹉学舌,思考则是一片空白,测验评量更助长了这样的教学,成了教学不是教人用脑,而是名副其实的"教书",使得学生的脑力都僵化了。这是教育者必须深刻反省的。此书从好的一面看,每个重点都一一标出,容易把握;然后再说明理由。这对读者可以有一个启示,即看了标题,可以据以思考下面将如何解释,用来考验自己的思考,再对照杜威所说的,也是锻炼自己思考之一途。从另一方面看,则似乎有些庞杂,只好由读者自己用心,将诸多的重点归纳起来,统合后整理出一个系统,求其精要,以便应用。

七、《对教育方面的想法与说法》
——伟大科学家的教育心灵
Ideas and Opinions（1954）

爱因斯坦（Albert Einstein，1879~1955）著 贾馥茗 译

爱因斯坦生于德国小镇乌尔姆（Ulm），毕业于瑞士联邦工科大学，20世纪初提出相对论，推翻了牛顿的绝对时空观，并修正了牛顿的万有引力定律及运动定律，此一伟大成就，使其于1922年获得诺贝尔物理奖。

爱因斯坦的成就不仅在科学方面，他对和平主义及人道主义具有很大的推动力作用。本章内容摘自爱因斯坦的《想法与说法》（*Ideas and Opinions*）一书，从其提倡独立思考、伦理文化、人格教育、良心及人权等主张，可以看出这位伟大的科学家有着深邃的人文心灵。

一、教独立思考（Education for Independent Thought）
(NY Times, Oct.5, 1952)

对人若只教一种特殊技能并不够，那样被教者可能变成一部有用的机器，却不能具有和谐发展的人格。学生最重要的是学习对"价值的了解和明显的感受"。他必须对"美和道德之善"有明显的感觉。否则若只有专门知识，顶多像一只训练有素的狗，而不是发展和谐的人。他必须了解人类的目的、幻想和痛苦，以便和人群与社区相处和谐。

这些可贵的东西要靠在教学中个别接触传达给下一代，不过不是靠教科书。这一点是形成并保存文化的基础，也是我提出"人文"之所以重要的衷心话，但并不只指历史、哲学之枯燥特殊的知识。

基于切近的应用而强调不成熟的专家竞赛，将斲丧"文化生命所依赖的精神"，包括专门知识在内。

同样重要的是，"有价值的教育"要发展下一代的"独立批判思考"，但是这项发展却被又多又复杂的教材所取代。学习负担过重必然流于表面。教学所教的应该使学生认为得到了有价值的礼物，而不是辛苦的义务。

（人最有价值的禀赋就是思考能力。在学习方面，孟子说："思则得之，不思则不得。"这种"思"是就着已知的深入思考，然后将会发现更多与所知的有关的东西，而增加了知识。教育中的一个错误做法，是教者只灌输一些现成的材料，然后教学习者"死记硬背"，不教思考的方法，不鼓励学习者自主思考，更未留给学习者思考的空间，以至学习者可能对所学的材料倒背如流，却不了解其中的深意，延伸不出"心得"，更生不出创见，即如爱氏所说的，受教者不会独立思考，是教育者最应反省改善之处。）

二、论教育（On Education）
(Address at Albany, NY, Oct.15, 1936)

庆祝日通常是回想日，尤其是为了纪念文化生命特别显赫的人。对前辈这份善意奉献绝不能忽略，何况过去最好的记忆又足以鼓舞今后的力量。这项任务应该由一些自幼即接触国家及其过去的人来做，而不该像流浪的吉普赛人那样，用五方杂处的经验来说话。

因此，我只能说一些虽不属时空，但时空在过去和未来却又始终与之连接不断的教育事项。在这方面我并非权威，也不像古往今来的智者与善言者讨论教育问题那样，不厌其烦且清楚明白地说明他们的观点和这个事项。

在教育领域里，我只不过是个有偏好的普通人，除了自己的经验和信念外，没有任何基础，怎敢大胆说出什么意见？如果是真实的科学问题，像我这样的人就应该保持沉默。

不过对于人类的事就不同了。因为在这方面，只有真理和知识并不够；相反，这种知识（教育知识），如果不想其消失，就必须连续不断地努力创新。就像沙漠里的一座石像，为避免被"流沙"埋没，保护者必须永不停息地挥拂，使石像永远在阳光下闪耀，我的手也在做这项工作。

学校永远是把文化财富从一代传给下一代的重要工具。今天这项功能更高于过去，由于现代经济生活的发展，已大为超前，家庭似乎成了传统的递送者，而教育反倒萎缩了。人类社会的继续与健康依赖学校的程度更甚于从前。

有人认为学校只是把某些知识大量传给下一代的工具。那完全不对。知识是死的，学校却要求"活"。其价值是为全体国民的福利而发展年轻人的品质与才能，而不只是为了使一个人变成社会的工具，像一只蜜蜂或蚂蚁般，摧毁其个性。因为一个标准化而没有个人的原创性和目的的社会，将是一个没有发展的贫乏社会。相反，社会目的必须是训练独立动作和思想的人，他们能在奉献社会中，看到生命的最高问题。到目前为止，根据我所能判断的，英国学校倒是接近这个理想的实现。

但是如何实现这个理想？用说教吗？全然不是。文字是空洞的声音，口说的理想曾经是沉沦之路。人格不是由"听和说"形成的，而是由劳力和活动。

教育的最重要方法是鼓励学生进行实际练习。像初入学的学童开始学写字，直到大学写完毕业论文，或者像背一首诗，写一篇作文，叙述及解释课本，解数学题或体育锻炼。

但是每一项成就之后都存在着"动机"，那是由"成就"扩张并充实的基础。这才是学校教育价值之最大不同且最重要之处。这项成就可能来自最初的恐惧和压力，权力和成名的野心或是对教材有兴趣，想要得到真理和了解，于是每个健康儿童所禀赋的天生好奇心，常常在幼年就被削弱了。教育训练学生的手段，视做作业时出自怕受伤害、以自我为中心、期望愉快和满足等情况而定。没有人会否认学校行政以及教师的态度会影响学生心理基础的形成。

我以为最坏的事莫过于学校应用恐惧、压制和制造权威等方法。这些都会摧毁学生的良好情操、热诚和自信心，只能造成屈服者。难怪这样的学校是德国和苏联法规下的产物。我知道美国并无这样不良的学校，瑞士和其他民主国家也一样。其实要免于不良的做法也不难。只要允许教师不做压制性的评量，学生就会尊敬教师的人格和智慧。

第二种动机是"野心"（个人成就），比较温和的名词是以"认可"与"关切"为目的，这是人固有的本性。没有这种心灵鼓励，人就绝无合作的可能；期望别人赞同是一个人趋向社会最重要的力量。在如此复杂的情感下，建设与破坏的力量并存。期望赞同和认可是健全的动机；但是一个人要想比别人更好、更强或更聪明，就会变得过分以自我为中心，以至伤害自己与社会。故而，学校与教师必须避免用培养野心来诱导学生努力用功。

达尔文的生存竞争与优胜劣汰说被许多人引用为鼓励精神竞争的权威。有人甚至用科学"伪证"以说明个人间"拼经济"的破坏力是必需的。

但这是错的，因为人致力于生存竞争在于人是社会生活的动物。不像蚂蚁或蚁冢之间的战斗只为活着，人群并不只是为活着。

因此，不应该教年轻人那种世俗的成功生活目的。因为一个成功的人从群体中得到了很多，多过他对群体的贡献。而判断一个人的价值，要看他所付出的，而不是他所得到的。

学校学习活动与生活最重要的动机是工作愉快，愉快是结果，结果的价值知识在社会。年轻人这种心理力量的觉醒与加强，最重要的是出自学校。只有这种心理力量才是人愿意期望拥有的，那就是知识和艺术类的工作。

心理力量的觉醒力虽然胜不过个人野心的力量，但却更有价值。要点是发展孩子气的游戏心，孩子气的期望认可，并引导儿童转入社会中重要领域；这才是教育要建立期望成功活动和认可之处。如果学校以这个观点而工作成功，将得到下一代最高的尊崇，而学校所给予他们的工作，将被认为是一种恩惠。我知道很多儿童喜欢去学校甚于放假。

这样的学校要求教师在他的领域中是艺术家。怎么在学校中获得这种精神？最普遍的一个小药方就是使人保持健康。但还需要具备一些其他条件。第一，教师要在这样的学校中成长。第二，教师要有选择教材和教法的充分自由。因为教师计划工作的愉快往往被权力和外在压力所剪丧。

说到此处，你可能生出一个疑点。我已经照我的想法说明要教导年轻人的精神。但是却还未说到教材与教法的选择。语言是否应该有压倒性，或者技术教育是否应该在科学中？

照我看来，这都是次要的。如果一个年轻人从运动和行走中锻炼肌肉与体能，其后就能适合各种体力工作。这和训练心和手的技巧一样。因此这样界定教育并没有错：如果一个人忘了学校里所学的，教育仍然存在。因此，在典型哲学历史教育的服膺者和注重自然科学者的对峙之间，我无所坚持。

另一方面，我反对学校直接教专门知识，学成之后，就直接用于生活。

生活的需要比那些专门训练多得多。而且，我更反对把人当作死的工具来训练。学校应该永远以培养年轻人"和谐的人格"为目的，而不是培养专家。我对技术学校的意见也是如此，他们的学生专心致志地进入名副其实的"专业"。要把发展独立思考与判断的普通能力永远放在第一义，而不是得到专门知识。如果一个人能掌握学习材料的底蕴，并且学会独立思考与工作，一定能找到自己的出路，且对进步与改变比只知一些琐碎知识者更能适应。

最后，我要再次强调所说的规范式的话，只是个人意见，基于个人如一个学生和一个教师般得来的经验。

（早期的学习先从通识入手。有了通识的基础，再进入专门知识，才不致与生活脱节。西方自工业革命之后，科学一门独大，风靡了全世界，重专才而轻通识，以至教育也以此为务。爱氏以其科学创见闻名，却不偏重自己专长的一面。更难得的是，不以自己的专长目空一切。他对教育的观点，使"懂得"教育者也不能不赞许钦佩。他认为教育是使文化继续发展并发光的工作。教育不是制造机器而是教活人，教活人不是只教一个人企求自己的成就。他称企求自己的成就为"野心"。教育所要做的，是为社会人群培养人的"原创性"，以便奉献社会。如此学校便不应徒重文字学习，而应提供实际作业机会以练习生活能力；且使学生在学习中，没有恐惧，不受压制，得以发展好奇心，从而心情愉快，身体健康。教师应该有选择教材与教法的自由，注重生活知识胜过专知，才能培养出和谐的人格，才能培养出独立思考与判断的能力。）

三、伦理文化的需要（The Need for Ethical Culture）

（Letter read on the 75 anniversary of the Ethical Culture Society, NY, 1951）

我觉得在贵会周年庆时应该表示庆贺之意。说实话，75年就伦理计划的诚恳奋斗所得的成果来说还算不上满足。因为人类生活的道德方面在今天大体上并不比 1876 年时好多少。那时的看法是，认为任何事都可从可知的科学事实及不落偏见与迷信而得到启示。好多人的不懈努力，当然重要且有价值。这一方面是 75 年来靠文学与舞台而完成并传播的。但是扫除障碍并未把尊贵置入社会与个人生活中。和这不良结果并行的是，想要在我们的共同生活中，努力求一伦理道德整体的确定期望便极端重要。在这里，没有哪一门科学能拯救我们。我真的相信，我们的教育只侧重心智的态度，一味直指实际和事实，直接伤害了伦理价值。我并不像一般人那样就事论事地想象，认为技术进步对人类有直接的危险，犹如有杀伤力的寒冰对于人类一样。

道德伦理的实践目的在于专注艺术，比科学更接近人。当然，了解我们同类更重要。但是，这种了解只有在快乐与痛苦的同情感中才能维持。如能澄清其中的迷信的话，道德行动之源的培养则主要是宗教。那样，宗教将成为教育的重要部分，但这一点却只得到些微注意，并未系统化。

政治情境的难题就在于如何删去我们文明之罪的部分。没有伦理文化，就无法拯救人性。

（爱氏并不专重科学，更难得的是，他认为受一般科学家"轻视"的教育更重要，特别是道德伦理的教育。他在 20 世纪时提出这一观点，让人不得不佩服他的睿见。

爱氏以其科学客观的态度谈教育，却能深中底里。如果说爱氏只是一位科学家，对教育乃是门外汉，则旁观者清，可能比一些沉迷于"世风"的教育工作者看得更透彻。而一个有"统观"能力者的见解，必定从全面着眼，不局限在自己的领域里。何况教育是人人都看得到的。

至于爱氏所说的"教育之失"和"教育的真谛"，当前许多依附流俗的短视者无所见，也无所知。这是教育界应该深刻反省的。目前，学校教育只管教"死知识"，只称道"暴发户"的技术，完全不想培养能独立思考的和谐人格，更视道德伦理为"违反人性"的糟粕。看了爱氏的论述，教育界以至"雄视天下"一切的科学家，都该深切反省，如爱氏所说的，社会所需要的知识数不胜数，科技只是其一而已。

爱氏认为伦理文化大不如前，但是否就说明了人类的堕落，似乎他不肯这么说。但是他指出，道德伦理是培养人性所不可少的，也是期望人类世界和谐所必需的。最后他把伦理文化期望于没有迷信色彩的宗教，自是西方的文化传统观念。

任何宗教都有一个"神话了的"理想主宰，这一点无可厚非。宗教中的"神"，使人因信仰而生出"敬畏"感。因"敬"而信服，而尊奉；因"畏"而不敢违反教义作恶；伦理观念便在其中。不过不含"迷信"的"神话"，可能其"神"很难描述。

说到此，便会想到中国儒家用"道"作为最高的"规范"，而未托之于"神"。可能因为"道即是理"，"相信理"不含迷信成分。"理"使人信服，但却不足以使人畏惧，少了如宗教般的一股力量。儒家把这股力量转移到个人的"良心"，使有意作恶者"畏惧"自己的良心责罚而不敢为恶。如此"培养良心"也就成了"教育的责任"，也就是"道德伦理"之所在。）

四、社会与人格（Society and personality，1934）

想到我们的生活与奋斗时，就会发现我们所有的活动与愿望，都和人类的存在紧密联系在一起。我们知道我们的本性和其他社会性动物无异。我们吃的东西是别人生产的，穿的衣服是别人做的，住的房子是别人盖的。我们大部分的知识和信念是由别人所创造的语言传达的。和一些高等动物比较，若没有语言，我们的心智能力一定非常贫乏。我们必须承认自己能够超越动物要归功于我们生活在人类社会中。一个人如果一生下来就与世隔绝，他的思想和感觉一定停留在原始状态，和野兽一样。那样这个人就不会有什么个性美德。但是作为一个伟大的人类社会成员，他从摇篮时期到进入坟墓,在物质和精神双方面的存在,便有了方向。

一个人在社会中的价值,在于他的情感、思想和行动,为他的同类做了什么。我们就针对他这方面的表现,说他"好"或"坏"。这样说好像我们是完全根据他的社会品质来做评定。

不过这样说可能错了。我们不难看到,我们从社会中所接受的所有有价值的成就,物质的、精神的以及道德的,来自以前若干代的创造者。有人发现了火,有人培植了可以吃的植物,还有人发明了蒸汽机。

只有能思想的人,才能为社会创造新价值,不只如此,还有人建立了适合社会生活的新道德标准。没有这些能独立思想和判断的创造者,社会就不能向前发展,犹如没有社会的滋养,就不会发展出个人的人格一般。

健全的社会基于其组成分子的独立与凝聚。说希腊—欧洲—美国文化是最基本的文化是正确的,特别是意大利文艺复兴所放的异彩,将个人自由与孤立相对,终止了欧洲中世纪的衰落。

现在来看看我们所处的现代,社会与个人变化了多少?文明国度的人口比从前大量增加,欧洲人口比一百年前多了三倍。但是精英人物与人口数相比,却不成比率。只有少数有创造性成就的,才为大众所知。机构代替了精英人物,特别是技术领域,而只有最少数是在科学方面。

艺术方面缺少杰出者最为显著。绘画与音乐退化到失去原有的吸引力。政治方面,不仅缺少领导者,即使公民的独立精神与正义感也下降到最低程度。民主与国会制度本以独立为基础,在许多地方已经发生动摇;独裁者脱颖而出,竟然得到宽容,因为人的尊严和个人权力不再坚强有力。一个狂热的国家,只因为少数党派的利益,基于卑鄙的目的,可以借用新闻"驱赶羊群",在两个星期内武装起来,去杀人或被杀。在我看来,强迫兵役是使文明人失去尊严而受苦的可耻象征。

难怪不再需要预言家了。我不是一个悲观主义者;我相信好时光会来临,我可以说明这个信念。

依我看来，现在的退化可以用一个事实说明，即经济和技术的发展加强了生存竞争，严重妨碍了个人的自由发展。技术发展使个人从社会需要的工作中所得的满足越来越少。迫切需要一个劳工计划部，这个部门要保证个人的物质安全。安全感、休闲时间和个人的能力，可以用来发展他的人格。如此，社会可以重获健全，可以希望未来的史学家说，现在社会的病态征象，就像大有希望的人类之幼稚病，因文明进步太快而致。

（爱因斯坦认为人在社会中，不是只求一己的生存，而是要有人格。培养人格靠独立思考的能力以及对社会的贡献，因为人类当前所享受的生活，是基于前代智慧者的创造。累积的创造之最有价值的在于"艺术"。爱氏所说的艺术应是指人文的全部。而人文创造要在"心灵自由"的状况下才能出现。当"物质主义"如工商业为牟利而诱导人们大量消费后，人们已经失去了自主能力，得不到真正的满足，在社会中"失去了"人格，这损失是社会的，关系到全体人类。）

五、国家与个人良心（The State and the Individual Conscience,1950）

如果一个政府或社会要一个人所做的和他的良心相违背，他该怎么做？这是一个老问题。那很容易说这不是一个人的事。因为一个人依赖社会为生，在无法反抗的状况下，就必须接受法规。但是在这个法规下，唯一要问的是，这是否违反了我们的"正义感"？

外在压力可能降低一个人的责任感到某个程度，但永远不会完全取消。在纽伦堡审判时，这个观念认为是必然。我们的机构、法律和民俗，无论在道德上如何重要，都源自无数人的正义感。一个机构除非以人生的责任感为重，才有道德的重要性。努力唤醒并加强人的责任感，是对人类最重要的贡献。

我们这个时代的科学家和工程师身负特别的道德责任，因为武器发展和大量破坏就在他们的活动中。我以为科学真正需要为社会责任建立一个"学会"。在其中，经过讨论原有的问题，可使每个人头脑清醒，把稳自己的立场；而且遇到困难的人，可以互相帮助，因为他们都秉持自己的良心。

（爱因斯坦这短短的几句话，表现了他忧世忧民的深意。似乎他已经感到科学家在创造发明的同时，不可以只热衷于自己的成就，还要顾及自己的成就对全人类的影响，也就是科学创造与发明的副作用。顾及这一点，便是"专业良心"。其实在第二次世界大战结束后，有些科学家因为看到大战结束所用的"破坏武器"之可怕，在一次讨论会中，已经提出科学创造发明应有的预警。时过数十年，现在的确拜科学之赐，人们享受到生活中许多便利，但同时也感受到一些隐忧，这是人类不能粗心漠视的。）

六、人权（Human Rights, 1940）
（Address to Chicago Decalogue Society, 1954）

人权的存在和效度并未写在星球上。关于人对别人的作为和社会结构，在历史中已有先知教过了。那些理念和信念由历史经验形成，那些对美与和谐的渴望，已经存在于人的论述中，但很多时候，被同样的人们践踏了。因而，大部分的历史由争取人权的奋斗所取代，还要永远继续下去，难得成功。但是在这样可厌的缠斗下，社会必将濒于毁灭。

今天说到人权，就要指出下述要求：保障个人权利不受别人或政府的侵害；保障工作与适度的工作收入；言论与教导的自由；个人适当地参与政府的形成。这些人权目前已被承认，虽然因大量的应用公事化与策略，已比三十年前破坏到极点。不过，倒是还有一种人权常常被提到，将来可能会变得重要：那就是一个人有权利和义务，拒绝参加自己认为错误或有害的活动。在这方面，第一就是拒服兵役。我曾偶然听说有人因为异常的道德力和德行，与国家机构发生冲突。纽伦堡审判的德国战犯即沉默地接受了这项原则：受政府命令的犯罪行动不能赦免，良心代替了政府法律的权威。

我们今天的奋斗在于政治宣判有罪的自由与讨论，以及研究和教学的自由。

（爱因斯坦身在德国历经两次世界大战，反对战争，反对强制征兵，认为人虽被强权所迫，但也要本着"良心"反抗。）

七、教育与世界和平（Education and World Peace，1934）

美国由于地理位置，很幸运地可以在学校中理智地教反战主义，因为这里没有外在侵略的危险，也勿需教诲年轻人有军事精神。不过，教育和平若落入情绪化，而失去实际立场，则是危险的。对这个问题背后的困难没有彻底了解，不会有什么收获。

美国青年首先应该了解，纵使美国领土没有被侵略的可能，美国联邦却可能在任何时候卷入国际战争中。只要美国参加世界大战的消息一出，就需要这种了解。

保障美国联邦安全，和其他国家一样，必须先完满解决世界和平问题。不要使青年相信，保持政治孤立就可得到安全。相反，要审慎考虑普遍的和平问题。特别要使青年了解威尔逊总统所计划的，美国政治家最大的责任，是在战争中和战后，因为国际法庭对这问题解决的力量将被削弱。

人们应该知道的是，一些强国想要用武力争取在世界上有利的地位，只要求裁军得不到什么结果。由法国倡议的建立世界机构以保障各国安全的说法，就是一例。要获得这种保障，需要国际协议共同反抗侵略者。这种协议是必需的，但并不完满。军事防卫必须国际化，任何军事驻在国不得为那个国家所用，只可合并或交换。在做这种准备之前，青年必须知道这问题的严重性。

要强调国际团结一致的精神，就要和妨害世界和平的沙文主义斗争。学校应该借历史说明文明的进步，而非教诲侵略者用武力获取成功的观念。我以为韦尔斯的《世界史纲》（*The Outline of History: Being a Plain History of Life and Mankind*）应作为读物。最后，与此有关而重要的是，利用地理和历史教学获得同情的了解，了解各种族的性格，并鼓舞通常被视为原始或落后的民族。

（美国得天独厚，不但地理位置没有强国包围，而且资源丰富，两次世界大战都处于战场之外，好像有资格倡导和平。爱因斯坦有其世界观，看出美国难免卷入战火，所以警告美国青年勿过分迷信和平，甚至走火入魔。在爱氏此说之后，美国先是发动了朝鲜战争，然后发动了越战，继而出兵波斯湾战争，最近又出兵伊拉克，以至国内议论纷纷。大体看来，中国先哲所期望的大同世界，必须等到世界各国的政治家消除狭隘的"国家观念"后，才有希望实现。）

八、科学的共同语言 (The Common Language of Science, 1941)

语言的第一步连接着声音或感觉印象可以取代的信号。几乎所有社会性动物，至少都达到了某种程度的、如此原始的沟通方式。当更多的信号引进来，而又能了解时，和其他信号的关系便进入感觉印象。在这个阶段上，已经可能说出一连串比较复杂的印象，也就可以说语言开始存在了。如果语言能引起了解，就一定有一些规则，一方面在信号与信号之间，一方面在信号和印象间始终相符。儿童们靠直觉由相同的语言把握这些规则和关系。当人意识到信号关系的规则时，所谓语言文法便建立了。

最早的阶段，字与印象可能直接相合。而当字和知觉的关联渐多，特别是用于和其他的字的关系时（如是、或、东西），直接的连接便消失了。于是,"字群"比"单字"用于指示知觉的更多。语言从印象中独立出来后,就有了内在的结合。

只有在这演进的阶段,所谓常用的抽象概念,在字的真实感中,成了理解的工具。可是也因为这种演进,语言也成了错误和迷惑的来源。一切物在某种程度上,都有赖于字和词与印象相符合。

是什么使语言和思考生出如此密切的联系?是否不用语言,就没有思考?也就是说,在概念和联系概念时,字不需进入脑海中?我们是否已经很清楚事物的结合,却还要苦苦思索该用什么字来说明?

除非一个人获得或形成他的概念时,环境中没有言辞,我们就得相信思考活动与语言毫不相干。不过一个人如果真的在那种状况中长大,一定可怜得一无所知。

所以我们必须说,人的脑力发展和概念的形成,绝对有赖于语言。因而知道同样的语言必然有同样的脑力。从这一点来说,思考和语言就锁在了一起。

科学语言和我们平常知道的字有什么不同?为什么科学语言是超越国家的?科学所致力的是互通的关系与感觉资料相符合,使概念精确而明白。以欧几里得的几何语言为例,运用单独的小数字引介概念,相对的如用符号、整数、直线、点和记号等,来指示基本概念。这是建构的基础,也是其他概念与陈述的定义。通过完满与决定性的计算与衡量,建立概念和陈述以及感觉数据的联结。

科学概念与科学语言的超越国家的特质,是靠从古至今无数"好头脑"建立的。靠着单独又合作的力量,针对最后的结果,为技术革命创造了精神工具,在 19 世纪改变了人类的生活。他们的概念系统引导了迷惑且混乱的知觉,使我们学到从特殊的观察中把握普遍的真理。

科学方法对人类而言隐含着什么希望与恐惧?我以为问这个问题并无意义。人手中所握的工具要做什么,完全取决于人类的目的。一旦这些目的出现,科学方法就会提供工具来实现,但是不能提供那些"真正目的"（the very goals）。科学方法本身不会将人引导到哪里去，没有企求清楚了解的热诚，科学根本就不会诞生。

工具完美与目的混淆，在我看来，是我们的时代特征。如果我们热切地期望安全、福利，并使才智者自由发展，就不会缺少达到那个境界的工具。纵使只有极少数的人致力于那些目的（安全、福利、才智自由发展），他们的卓越终究会证明这一点。

（爱因斯坦对语言的缘起、发展和功能，说得简单明了。事实就是如此。语言始于一个人要把自己心中的"意念"用声音表达出来，但并不只是说给自己听，而是至少要有一个人能明白这些声音的意义，于是人们说语言是人和人"沟通"的工具。所以语言最基本的起点在于"思想"。没有思想，一连串声音可能只是毫无意义的"噪音"。因此，一个人在用语言时，先要经过思考，使所组合的声音具有意义，这是心与口合作的活动，所以口的活动不可"轻视"。

爱氏说科学语言最明确，是无可否认的，这也是科学最受推崇之处。不过爱氏更指明科学是"工具"而非"目的"。坦白地说，人从事科学研究是为了寻找"合用"的工具，应用工具是为达到一个目的。而人生的目的是在求生活的意义，以求人不负此生，其着眼处在全人类的福祉，不是每个人只为自己。）

九、给智者群的赠言（A Message to Intellectuals, at the Peace Congress of Intellectuals, Wroclav, 1948）

我们这些来自多数国家的智者和学者，肩负着重大的历史责任在这里集会。应该完全感谢法国和波兰同道的一个肇始目的：即是运用智者的影响增进全世界的和平与安全。这是长久以来的一个问题，柏拉图曾经是第一个致力于此的思想家，他希望用理性明辨来代替屈服于遗传下来的本能与情绪冲动。

我们从痛苦的经验得知，理性思考不足以解决社会生活问题。深入研究和严格的科学工作常常对人隐含着可悲的后果，一方面因发明使人免于用尽体力，生活容易而富足；一方面又使人终生疲于奔命，成为技术环境的奴隶；更大的灾难是，制造出大量毁灭自己的工具。这实在是极端痛苦的悲剧！

无论这悲剧多么痛苦，更可悲的是，人类也在科技方面生出异常成功的人才，但却无法找出解决久困我们的政治纠纷和经济紧张的适当方法。无疑，今天国际经济利益的敌对是最大的危机。人还没有发展出政治和经济的组织形式，用以保障世界各国和平共存，也没有建立一个系统以消除战争和毁灭大量杀人的工具。

我们这些科学家的可悲的目的在于，想要找出并消灭更可怕更有效的方法，就必须考虑我们庄严和先验的义务，用全力来阻止基于残忍应用所发明的武器。我们还有比这更重要的工作吗？什么社会目的更贴近我们的心？这就是这个会议的重要使命。我们在这里就是要互相商议。我们必须建立一座精神与科学的桥梁，把世界各国联结起来。我们必须克服国界间可怕的障碍。

在较小的社区实体生活中，人已通过削弱反社会统治权而有所进步。事实是，都市以至个别国家的生活，都达到了某种程度。这种群体中的传统和教育有了中等程度的影响力，使境内各种人相互容忍。但在不同的国度里，全部社会政治仍然占优势。我不相信几千年来，我们做了真正的改进。国际间的纠纷经常决定于残忍的方式——战争。无限制的权力欲望希图更强大，任何时候，任何地方，只要情势允许，就要主动侵略。

许多年来，占优势的国家在国际上造成人类无法胜数的苦难和损伤；一再延缓了人类的发展，使人的灵魂和善意沉沦。有时甚至使一个地方全面沉沦。而且一些国家的这种长期战备，更影响了人的生活。几百年来，每个国家统治其人民的权力有增无减，即使政治权力应用得宜的国家，也不免于残忍的暴政。

由于集中且由中央管制现代工业器械，国家保持公民的和平与秩序的功能越来越复杂，越来越多。为了保护公民不受落后国家攻击，于是扩充军备。此外，还要教公民应战的能力。这样的教育，不但腐蚀青年的灵魂和精神，且会反过来影响成年人的心理状态。没有哪个国家能避免这种腐化。这种情形会延伸到未曾明显表示攻击倾向的国家。这种国家已经成为现代"偶像"，没有人能逃脱这种权力。

　　"以教止战"只是幻想。近几年的技术发展已经创造了一个全新的军事情境，能在几秒钟内摧毁大量的人和土地。既然科学还没找到防止制造这些武器的办法，现代国家就无法适当地保卫人民的安全。

　　那么，我们怎样才能得救？

　　人类要想对抗这种不能想象又荒谬的毁灭，只有建立一个能生产并持有这类武器的超级权力机构。除非在目前状况下的国家肯把权力交付给这超级权力组织，使这组织有权力与义务解决过去兴起战争的纠纷，才有可能。但那是很难期望的。个别国家应该注意国内的事务；对其他国家只应讨论相关的问题或争议，但却不可危及国际安全。

　　不幸的是，许多国家政府还未觉悟到在人所处的情境中，迫切需要采取一项改革。我们的情况无法与过去任何情形相比。过去的方法不足以用于现在。我们必须改革我们的想法，改革我们的行动，必须有勇气改革世界各国的关系。昨天的陈词滥调今天已不适用，明天亦然。把全世界人带进安全之家，是智者要肩负的最重要又最命定的社会功能。他们能否有足够的勇气克服国家观念，引导全世界人迅速改变根深蒂固的国家传统？

　　巨大的力量必不可少。如果不成，超级机构将会成立，但那将是在世界现存的大部分毁损之后。我们希望取消现存的国际强权，无须单独承担我们不能想象的世界灾难。时间已极为紧迫。如果我们要行动，就是现在。

◆述者总结◆

　　爱因斯坦的这番话，似乎是国际智者会议的宣言，时在第二次世界大战结束后不久，所余的两大武力国家——美国与苏联，表面上是民主与共产对立，骨子里是争夺世界霸权，各以发展致命武器为能事，以至世人栗栗危惧，生怕再引发另一次世界大战。由于美国在日本本土投下了两颗破坏力空前的原子弹，第二次世界大战才得以结束。那时人们认为原子弹的破坏力，会使中弹的地方，若干年不再有生机出现。身为科学家的爱氏，知道这种危险，所以一再呼吁和平，同时警告科学家了解自己的研究，对于人类世界只是工具，不是目的；而且必须顾及研究成果的后遗症。不以自己所研究的领域雄视一切，是科学家"真正无私的客观"；其关心全人类的安全，颇似中国传统哲人之"先天下之忧而忧"；看出国际强权者的短视与野心的自私自利，乃是睿智。从这里可以看出一位伟大学者的宏观与济世的胸怀，不徒是"一家"而宜。同时也给当代自命为"学者专家"者一个反省机会，即要看得更大更远，才不愧为"有识之士"。

八、《夏山学校述要》——怎样教不受教的孩子？

Summerhill（1962）

尼尔（A. S. Neill，1883~1973）

夏山学校创办者尼尔有感于一般正常学校不适合教育个性特别的孩子，这些孩子多是受到不适当的家庭教育，所以独创夏山学校，以允许孩子自由活动为原则，使他们在自由中，自主学习想要学的东西，直到他们的学习与活动进入常规，成为所谓"正常"的为止。这所学校的教育弥补了正式教育的缺陷，属于特殊教育的领域。

一、学校概况

夏山学校设在英国一个小山上。根据尼尔自己的一套主张，要儿童在学校里自由发展，摒弃一切传统教育的形式，有课表却不强制学生上课，任由学生在校区或工作室自由活动，以民主自治为原则，由学校大会（由全体学生和教职员组成）来决定团体生活的状况。

学生入学的年龄小的五岁，大的十五岁，全校有四十五个学生，分大中小三班，每班有一个保姆，一律住校。学校教育的原则是："使学校适应儿童，不是使儿童适应学校。"

学校创办人尼尔自任校长，相信"儿童天性善良"，用真诚的"爱"来化育，其善性自然就会表现出来，能循着正常的方向发展。其次，校长相信儿童的不正当行为是由"恐惧心"造成的，去除其心理的恐惧，儿童才有自由。

学校的活动如下：

星期一、四晚上：看电影。

星期二晚上：教职员和大班学生听校长讲心理学；小班有不同的读书小组。

星期三晚上：舞蹈之夜。

星期五：特别活动。

星期六晚上：开学校大会，会后跳舞或演戏。

其他劳作、绘画、实验等无定时，学生可各随所好活动。

学校收学费，一些贫苦人家的孩子无力入学。学生家长送学生来此，多是有特别状况，但校长也会因家长态度而拒收其子女。有一次，一对夫妇向校长提出许多问题，长达一小时，最后妻子对她丈夫说她还是不能决定是否让孩子来这所学校。于是校长说:"你别费心了,我已经替你做了决定,我不收你的孩子。"

(尼尔先生非常反对一些家长对子女教育的不正确观念,他相信没有问题儿童,只有问题父母,就这个母亲的表现看来,学校教育与家庭教育南辕北辙,教育不会有效,所以才拒收这个学生。)

学校采取一切可能的安全措施。每六个孩子必须有一个救生员,才准游泳;十一岁以下的孩子,绝对不许单独在街上骑脚踏车,这些是孩子在学校大会上自己规定并通过的。

教员办公室充满快乐气氛,没有钩心斗角,没有仇恨与嫉妒。

夏山的教育和一般的教育不同。从家庭教育来说,从幼儿时期,成人就处处阻碍幼儿的个性发展。幼儿看着悬在头上的玩具时,成人就赶快拉到他眼前摇晃;幼儿伸手尝试抓一样东西时,成人就赶快拿过来放在他手里,这样不仅剥夺了他尝试的机会,也阻碍了他行动的快乐。到了学习时间,一味地逼着他学一些完全无益于学习的东西,学不来则用恫吓甚至惩罚,导致孩子因失去自由而愤怒,因恐惧惩罚而愤恨,累积起来,便心生报复,于是有了反常的行动表现。归根结底,是成人永远把儿童置于被动的地位,不允许他有个性地主动出现。

尼尔认为学校里也是一样,甚至变本加厉。教师只管教一些先已认定的东西,学生学不好便是大逆不道。很少了解学生的想法,似乎也不允许学生有其他的想法。学生感受不到教师对他的爱心,在权威之下,当然也谈不到自由,于是他"自己"恍如"不存在"一般,然而自己究竟在哪里呢?不知道自己的存在,就不会有主动的自由,必然终日恍然若有所失,不知何去何从。教师只教育了学生的头脑,却未教育他们的情感领域。

在夏山,尼尔发现,将近十五岁才能专心或愿意读书的孩子,几乎都对机械有兴趣,后来成为很好的工程师或电机匠。女孩若不勉强她读书,一般常用许多时间做女红,后来就做了缝纫或设计工作。杰克不会认字,后来成了手艺专家,特别爱好金属品,现在也能读书了。

尼尔说:"大体说来,自由教育对十二岁以下的孩子,几乎百试百验。但对十二岁以上的孩子,则需要较长的时间,才能使他们从填鸭式的教育中解放出来。"

(学习开始得越早越好。中国古代注重胎教,母亲怀孕时,便要注意自己的一言一行,以免影响胎儿。西方新潮传入后,藐视中国文化,认为胎教是无稽之谈,国人在崇洋风潮下,谩骂胜过洋人的嘲笑,忽略了胎儿和母亲息息相关。直到最近,医学才注意孕妇饮酒吸烟有碍胎儿发育,于是所谓中国古代的"迷信"变成了科学信念。中国古代就说"教子婴孩",因为幼儿如同一张白纸,所学的深入脑海,很难改变。而且幼年的可塑性最强,所学的形成习惯后,若要改变,必须把旧习惯除去,才能建立新习惯,是双重工作,当然困难。)

夏山校长不上课,但与学生个别谈话,因为多数学生需要心理治疗。个别谈话只是闲谈,孩子若吸烟,可以和校长一起吸;校长不会反驳孩子的话,但会直接指出孩子的错误,例如指着孩子说:"你是个大骗子。"如此穿透孩子内心,反而使他如释重负,开诚布公地畅谈起来。借个别谈话,可以解释孩子内心的疑虑与自卑,解除心中的负担,才得到自由。尼尔认为:"个别谈话就是改造教育,目的在于解除所有由道德和恐惧造成的怪癖。"

尼尔说:"夏山是以民主方式自治的学校,一切有关团体生活,包括对妨碍团体的犯过者,都由星期六晚上的学校大会投票处理。"不过,有一次他提出不守睡觉规律的要罚所有的零用钱,但一个十四岁的孩子却提议,谁在熄灯后能不睡,每小时可以得到一角钱。投票结果,尼尔只得了几票,提议者却得到绝大多数的支持。

自治会规定了不少,如没有救生员时,不准在海里游泳,不准爬屋顶,由大会举手表决。自治会不但制定校规,也讨论共同生活的问题,并选出一些纠察员。尼尔以为:"管得严是成人建立秩序与安静的最容易的方法，任何人都可以做个训练班长，我不知道有什么理想的方法可以使孩子安静。虽然经过多年尝试，夏山的生活对成人而言，仍不够安静，但对孩子来说，也还不算太闹。也许最后用幸福做考验，以此为标准，夏山的自治已经相当成功了。"

夏山规定教职员和十二岁以上的孩子，每周必须在校内做工两小时，工资是象征性的每小时五分钱，若不做，就罚一角。因为没有人喜欢工作，后来就停止了。

尼尔认为，"恐惧"是成人反对儿童游戏造成的。成人只要儿童读书，把"不读书"和"不道德"连在一起，这剥夺了儿童游戏的机会。

演戏的剧本由孩子们自编自演，常常都写得很好。游艺节目都包含舞蹈，音乐则用爵士乐。此外，如运动与游戏，都和功课一样，任由学生自由参加。

夏山学校曾经督学考察，颇博好评。尼尔自己说："我今年已经七十六岁，不会再写一本关于教育的书了，因为我没有新东西可说了。不过我可以自负地说，四十年来，我从未空谈理论，我所写的大部分是根据观察儿童以及和他们共同生活的实际经验而得来的。当然，我从弗洛伊德、郎荷马和其他许多人那里得到了一些启示，然而逐渐不得不放弃理论，因为事实证明这些学说空洞无用。"

二、儿童教育

尼尔坚持，受过严格管理和压制的孩子是"不自由的"。他描述说："这样的孩子到处都有，你可以随便叫他任何名字。他就住在我们街对面，整天在一个死气沉沉的学校中，塞在冰冷的课桌椅中间；后来改坐在呆板的办公桌前，或是工厂的冷板凳上。他表现得驯良、唯命是从、守规矩、怕批评，只想做一个循规蹈矩的人，不计自己的感受，然后再把他的成见、恐惧和失意教给他的子女。"

尼尔用一个例子说明父母不当的教育。他说张玉翰的父母从来不去教堂（信教的人每周日都有去教堂做礼拜的义务），却叫玉翰每星期天去上主日学校。玉翰小时，就因父母吵架而害怕得大哭，然后发展出无故大哭的习惯，因此总挨打。在他还是婴孩的时候，父母决定定时喂奶，于是他饿时便只好吮手指，母亲又把他的手指绑起来，或是涂上怪味的东西。渐长时，父母又告诉他许多不真实的事情（谎话），于是他也学着以说谎为能事。上学后受过体罚，他却以为受体罚得到了好处，此后便如法炮制地教育自己的子女。

尼尔说："在不自由教育下的人，不能痛快地生活。那样的教育忽略了生命中的情感生活。因为情感生活是动态的。如果只发展头脑而压制情感，生命便失去了活力，变得无价值且丑恶。但是如果情感能自由发展，头脑自然会自动发展。"又说："我们的文明是不正常且不快乐的，病根就出在家庭的不自由。小孩从小就被许多'不'所压制，不许吵闹，不许说谎，不许偷东西。然后又被压制着学习卑微，尊敬长者，尊敬宗教，尊敬老师，尊敬古人与格言。"

于是，尼尔主张要让儿童"自由成长"。他说："自由的含意在于相信人性善良，相信人现在和过去都无罪。"

（这是针对宗教主张"人有原罪"而发的，原罪等于承认"人性本恶"。所以他说：任何主张若不和常识连在一起应用，就很危险。）

尼尔的意思，大概是指"成人"不可以用自己认为对的来要求儿童，不过他也说："给孩子自由，不包括宠溺孩子。孩子在合理的家庭中，与父母有平等的权力，在学校也一样。"

尼尔主张对孩子要"绝对真诚"，因为孩子生来就是真诚的，而生活的目的就在于"追求幸福"。

另一方面，尼尔也说："给小孩自由不容易，这是指不能教他宗教、政治或任何阶级观念。如果一个孩子听见父亲痛骂一个宗教派别，母亲严斥佣人，便不会有真自由。要让孩子不模仿成人对人生的态度，异常困难。……群众反对自由可以从时尚看出,因为群众要求大家都一样。"

(儿童最初的学习对象就是父母,父母的一言一行,他都会看在眼里,记在心上,然后照样表现出来,所以成人无心的一句话或一个动作,以为儿童未曾注意,却不知儿童的"边际注意"非常敏感,逃不过他的视听。所以家庭教育时刻不能疏忽。不过尼尔坚持给儿童自由,让他们在没有管束下自由活动,似乎还值得商榷。我们必须承认,幼儿到了能活动的时期,体力充沛,他只是要活动,完全没有危险意识,关键在于是用"恫吓"还是用更好的方法唤醒他"保护自己"的本能,以防止危险。试看许多较高等的动物,为了使幼儿免于危险,对幼儿的某些活动,也会制止,不会完全听之任之。似乎尼尔的自由教育,重在相当年龄的儿童,不尽能用在幼儿身上。)

尼尔主张要使孩子幸福快乐,必须给他们"爱与赞许"。要站在孩子那一边,用理智的爱,讲理而不占有他,使他知道你爱他,也"赞同他的一切行为",同时赞同也代表对他的信任。

尼尔说:"我对家庭、学校和人唯一的一句格言,就是'尽量恕人'。这句格言可以培养'宽容'的人生态度。我很奇怪以前没想到'宽容'这个字,这个字正好形容自由学校。我们要儿童有宽容心,就必须先宽容他们。"

(孔子讲忠恕之道,距今已经两千多年,比较起来,尼尔可算"后知后觉"了,一笑。)

尼尔相信,不自由而有问题的孩子,都是由于"恐惧"。似乎人的一生就活在恐惧中:怕穷、怕被人笑、怕鬼、怕强盗、怕意外事件、怕舆论、怕死。儿童被成人教得也怕有关"性"的好奇与活动。

儿童在破坏对象时,并不知道东西的价值,尼尔不计较孩子的破坏行为。一次一个孩子用打碎玻璃泄愤,他不闻不问,后来这个孩子主动要求做工赔偿。他认为应当注意的并不是破坏行为本身,而是破坏所代表的"恨"。这种恨如果不加以防范,可能使孩子变成虐待狂。

尼尔对说谎也自有见解。他认为孩子对你说谎，若不是由于怕你，就是在模仿你。他说："撒谎的父母，必有撒谎的子女。如果你要孩子说实话，自己就不要说谎。"他以为父母说谎有两种理由：一是使孩子守规矩；二是要表现自己十全十美。家长和教师都难免说谎，一旦被儿童发现，他们也就认为说谎可以作为家常便饭了。不过，他以为说谎和不诚实有别。说谎事小，不诚实是虚伪，生活中充满虚伪乃是危险的，故而还是以说实话为要。

尼尔认为儿童在家庭中也应该做些家务，可是大人老以为孩子无知无能，不叫他们做一点事，甚至把他们自己能做的，也都替他们做了。不过做家务和责任不同，做家务应依年龄而定；责任的含意太重，会造成儿童的心理负担，从而引起反感。

服从与纪律是尼尔打心眼里反对的，他提出一个"自称不恭"的问题，就是："为什么孩子要服从？"然后自己回答说："因为大人要满足对权力的愿望。"例如做父母的时常大声说："我跟你说了，赶快去做！"看看这代表什么？大人认为孩子要有纪律，像军队一样，军官发令，军士就得像反射动作一样执行。可是父母不是军官，孩子也没大到可以做军士，他们还只是孩子。家庭严格管理就像家长"恨自己"一般，把自己不曾做到的，强迫孩子去做。于是家长心中的恨，就传给了孩子，孩子才有了"恨"：恨父母，恨权威，有时甚至故意惹父母生气，来发泄自己心中的恨，父母越生气，他们心里越高兴。

（似乎多数父母，认定了孩子比自己小，处处不如自己，当然也不合己意，呼来喝去，表面上是"理所当然"，下意识里，难免有"以大欺小"的作用，用名义上的天赋"权威"做护身符。当然，明理的父母不会这样，可是大多数父母都这样而不自知，所以家庭教育才有这么多问题。不过，如果父母完全"不管不教"，听凭儿童"任意生长"，等待他有朝一日自己明白过来，一则这等待的时间，是否是一种损失？二则如果他永远不明白，又将如何？当然人在经验中可以学习领悟，那是要经过许多错误尝试的。倘若有人一开始就给予指导,省得自己暗中摸索,岂不有益,这就是教育的必需。如果"任其生长"完全有效,就不需要教育了。尼尔专着眼于少数教育有问题的孩子,对这些孩子用适当的方法补救,当然无可厚非,但这是"特殊教育",不可与"正常教育"同日而语。正常教育并不需要这样做,因为不但办不到,也非必需,做了反而可能后果堪虞。)

对待儿童,人们往往将奖励或惩罚作为手段。但如果应用不当,也有危险。尼尔以为处罚的危险大于奖励。奖励可视为报酬,对儿童来说,一个孩子得到报酬会使别人嫉妒。但如果把报酬看作是工作完成后的一种自我满足的感觉,便会对工作生出兴趣,而乐于工作,这才是最好的奖励。至于处罚,尼尔认为是父母或教师因为"恨"才施行的。这样使孩子也相对地恨责罚他的人。同时用说教代替惩罚可能更有害,一句不当的"断语",如"你已无可救药了",侮辱了孩子,也伤害了他的自尊,他的感觉可能比被鞭打还痛苦。

成人的清洁观念影响了儿童对便溺的态度。从本能方面说,排泄过后的愉快轻松乃是好事。但把排泄物视为污秽,则影响了儿童,把排泄当作坏事,而造成幼儿排泄的心理问题。许多现代人对家庭里的厕所不屑一顾,认为那是最肮脏的地方,忘却了厕所给予他们的应急服务,这是从成人就要纠正的观念。

尼尔认为自由发展应该从出生和第一次喂奶就开始。婴儿饿了就该喂奶,使婴儿离开母亲,定时喂奶,乃是一大错误。用机械化的方法教养孩子,孩子也就机械化了。

(有些父母,对幼儿的哺育养护拘泥一些"成说",规定一个孩子每餐要吃多少食物,所以把定量食物强塞给儿童,儿童已经不想吃了,还是一味地塞,于是儿童逃走,母亲满屋追逐,结果是儿童觉得这样追逐反而更有趣。此后每到吃饭时,兴趣不在吃上,而在和母亲玩游戏。于是,一顿饭动辄需一两个小时,儿童固然乐此不疲,却养成最坏的饮食习惯。其次是父母唯恐儿童着凉，拿衣被重重包裹，使得儿童毫无适应力，反而容易感冒。）

尼尔说："夏山每个人都很健康，原因是：第一，自由；第二，食物好；第三，空气新鲜。"

尼尔认为，家长们常过分重视整洁，是"可怕的美德"之一。一个以整洁为荣的人通常是第二流公民。外表最干净的人，有时也会有"不整洁"的头脑。尼尔说："我是以办公桌上乱七八糟的人的资格这样说的。"（夏山强调自由的真谛表现出来了。）因此他并不要求学生整洁，宁可等待学生自动地保持整洁。

尼尔说："所有的父母都有尽量给孩子买玩具的习惯。孩子一看见玩具就伸手去抓，父母马上就买了下来，结果屋里堆满了小孩并不感兴趣的玩具。"

（有些自己很节俭的父母，给孩子买玩具却很大方。可以看出，有时并非孩子想要那玩具，而是大人自己爱上了，买下来，乃是满足自己而已。事实上，市面上出售的玩具，只是业者要赚钱，对孩子并无好处。因为多数玩具，只供孩子把玩而已，孩子很容易厌倦，过一会儿就不要了。这类玩具并不能启发孩子的想象力，更不能发展他们的创造力，难怪不能维持他们的兴趣。）

尼尔对"礼貌"的看法，如他所说："礼貌是从群体意识中发展出来的。关键在于能替别人着想，不想伤害别人是修养，但却学不来。礼节倒是可以学的。因为礼貌不是应该教的，那里面存在着虚伪，是不自然的，除非完全出于至诚。"他又说："夏山是个无阶级的社会，不重视学生家长的财富和地位，只重视每个人的个性，最重要的是合群性，做团体中的一分子。好的礼貌由自制产生，尊敬别人，关怀别人，不需要老把请、谢谢、对不起等挂在口头上。"他最后说："文明的进步要靠推翻世界上许多的虚伪和欺骗来取得。我们应该使孩子超越今天的虚伪文明，要他们没有惧怕和仇恨，就是对有礼貌的新文明的贡献了。"同时夏山也很注意培养孩子正确的幽默感。

三、对性的态度

夏山既以自由为圭臬，对"性"当然持开放态度。尼尔认为："性教育对自由发展的儿童并非必要，假如孩子的好奇心都被坦白而不感情用事的回答满足了，就无须再予以开导。"性教育"这名词已暗示性行为是被抑制且富有神秘性的东西了。"又说："在小学课程表上加上性教育有很大的危险。我可以想象一位胆小的老师讲解人体解剖学时的尴尬。其实自由的孩子对性的好奇，只不过是要知道得更清楚一点而已。"在这样的看法下，尼尔可以很自然地回答孩子们的问题，解除他们对性的神秘感和罪恶感，对手淫、同性恋等，都可泰然处之。因为他相信幼儿不受性压抑，长大后就不会成为性变态。

（人类文化在进步中，忽略了"性"与"族类繁衍"的自然定律，却把性与道德串连在一起。如果要做一个客观的解释，或者可以这样说：性需要虽然是本能之一，其出现却要到生理成熟时。心理学家发现幼儿有一个时期对性器官发生好奇，但不久就消失了。在幼儿好奇发问时，如果成人不大惊小怪，不吞吞吐吐地支吾以对，而是据实回答，幼儿未必还有兴趣追究，淡然处之也就过去了。待到性生理成熟后，因为两性结合不似动物般服膺优生的自然定律——雄性以优胜劣汰决定交配权——才将婚姻方式作为结合条件，生出道德观念。原因是人类没有固定的动情期，性冲动随时可能出现，婚姻制度在于防止乱交，以维持群体秩序。实际上，两个人因相爱而结合，共同生活，共同养育下一代，其中有无可避免的情感存在。情感基础并不多见于动物类，强调道德规范，淡化了真挚的情感。用神圣代替了自然，用神秘维护神圣，把路人皆知皆能的行为扭曲，很多人敢做而不敢说，颇为可笑。这情形相沿至今而不变。实在应该开诚布公地加以探讨。同时在婚姻制度中，除了情感基础外，还生出"人文"的责任感，夫妻要通力合作，共同负担生活与教养子女的责任，是人类社会出现后的必然。因为人类不似动物，动物的下一代长成后，便要独力求生，而人类的父母终其一生，都不能和子女变成陌路人。）

四、宗教与道德

尼尔并不赞成宗教的原罪说，不承认人性本恶，相反，他相信人性本善。但是家长和教师却用自己认为对的影响儿童，把宗教和道德观念灌输给他们。尼尔说："我不这样做，我只相信自由可以使青年强壮，使他们能抵抗虚伪和盲从。"

五、孩子的问题

有些儿童的行为显得残忍，为虐待弱小的对象的倾向，且以此为乐。尼尔说："残忍是变态的爱，最极端的虐待狂就是最极端的性变态。残忍的人不会付出，因为付出是一种爱的表现。"又说："人类的残忍是由下意识的动机引起的。据夏山的经验得知，很少有小孩子会玩弄小动物。……自由且快乐的孩子不会残忍，孩子残忍是因为受过残忍的待遇。"

（在爱的环境中孕育成长的孩子，因为接受了爱，感到温馨，"爱苗"就会在心中发育并发展出来，对外在的一切也会是温和的，懂得爱身外之物，当然不会有残忍的行为。如此说，可以补充尼尔的说法。）

尼尔认为成人动辄用威力压制孩子，孩子不服则生出恨而反抗，成人继之以残酷的打骂，对孩子乃是强力的压抑。压抑对任何人都会引发反抗，儿童也一样。于是因反抗而想要报复。冲动的报复行为可能触犯法律而成为罪行，所以要消灭报复心，就不要压抑孩子，改而爱他，尊重他。

尼尔认为孩子的偷窃行为有两种：一是正常的，一是病态的。正常的孩子偷窃，只是为了满足贪得的欲望，因为他还分不清"我的"和"别人的"，只想把不在自己手里的拿到自己手里来。夏山也曾有这样的孩子，我们任其生长到某个年龄，自己就会改变。有的孩子因不能自制而偷窃成习，这是病态的。原因是缺少爱，并非真正想要得到所偷的东西。因为没有父母的爱或压抑而偷窃成习，可能变成偷窃狂，需要家长协助才能矫正。

尼尔说："五岁到十五岁之间，大多数孩子都受到偏重智育的教育，情感生活被忽略了，才用偷窃来满足。"

尼尔不认为法治能感化少年远离犯罪，相反，对孩子真诚，并信任他们，会有感化的效果。尼尔就曾故意多给一个孩子十先令搭火车，使那孩子因为有人信任他，而改变了做人的态度。

尼尔认为多数弗洛伊德学派不知道或不相信应该给儿童自由，竟把自由与放任混为一谈。他认为自己的工作是"预防"，而不是"治疗"。他说："我不干涉儿童，也不赞同儿童不赞成的事。也就是不把良心强加在他们身上，所以他们也就不需要厌恨自己。"最后，他主张："消除权威，就能得到幸福。让孩子做他自己想要做的人，不要教导他，不要教训他，不要勉强他上进，也不要强迫他做任何事。"

六、家长的问题

尼尔说："孩子从他的父母、老师、教会和一般环境得到良心。良心和天性冲突就造成不快，用弗洛伊德的名词说，就是'超我'与'本我'的矛盾。"又说："爱与恨不是相对的。爱的反面是不关心；恨是遭受阻碍出现的。恨中含着恐惧。年长的孩子恨较小的，就是怕因为他而使自己失去爱。"

尼尔说："很少有家长了解处罚会使孩子对他们的爱变成恨。小孩子心中的恨很难被发现。母亲打过孩子一顿后,觉得孩子乖多了,却不知道他把恨压抑在心里,被压抑的情感不会消灭,只是不曾爆发而已,一旦发作出来,后果将不堪收拾。……孩子的恨源自以为父母打骂代表不爱他,尤其父母用打骂孩子来为自己出气的时候,那会使他心中异常不平。"

另一方面,父母又会宠孩子。被宠坏的孩子长大后,往往以自我为中心,那样在群体中,将会到处碰壁。

尼尔说:"对孩子不可有求必应。目前多数孩子已经拥有得太多了,习惯于得陇望蜀,不知物力之艰难,不知惜物。……孩子尤其不可被放纵得任意侵犯别人的权利,任意行为,无视别人的存在,对私有物也不分人我,可以任意碰触把玩,甚至装在自己口袋里,不知道那是偷窃,不知道那有什么不对。"

尼尔说自己也有一个失败的例子。一个十三岁的南斯拉夫女孩来到他的学校,"她恨父亲"。来了半年,竟把学校"变成地狱"。她在学校大会上攻击校长(即尼尔),建议说:"校长无能,应该被赶出校门"。建议居然得到通过,于是校长离开了学校。三天之后,学校又开一次大会,通过一定要校长回去的建议(一票反对)。女孩坚持说:"我不许学校有校长。"这孩子的顽劣与强硬,使尼尔不得不告诉她母亲自己已无能为力。在她离校时,尼尔和她握手道别说:"我没能帮你什么吧?"她说:"告诉你吧!我第一天来的时候,正在做盒子,你说我用的钉子太多了。从那个时候起,我就认为你和所有的老师一样,都是管人的。从那一分钟起,我就知道你对我不能有任何帮助。"

(在了解一个问题孩子之前,在得到他的信任之前,对他任何善意的表现,都很难被接受,甚至还会被误解。第一次接触很重要,会给孩子留下深刻印象,很难抹去。孩子得不到想要的,就会坚持我行我素,很难改变。人的善意往往因为"一心为好"而弄巧成拙。所以矫正教育,比正常教育更费时间,要细心地开始,更要耐心地等待,不能急于见功。

因为基本上，孩子就是孩子，不如成人开朗。一个孩子固执于自己的想法时，很难变通，所以教育并不是一件容易的事。）

嫉妒也是人之常情，是一种复合情感，其中有爱慕，别人有的，自己没有而想要；忌恨，自己没有而别人却有，于是忌恨那个有的人；恐惧，一方面唯恐自己得不到想要的，一方面又怕自己因求想要的而有所失。一个家庭里有了第二个孩子时，第一个往往因父母粗心，而心生嫉妒，嫉妒那个新生的幼儿。在常情之下，做父母的总是对初生的婴儿照顾得多些。如果在父母照顾幼儿时，恰好大孩子有所求，必然叫他等一下，就会使大孩子感到自己成了不重要的，而嫉恨幼儿的插入，夺去了自己惯有的地位，于是恨这个小东西，有机会就要捉弄他一下来泄愤，从而招致父母责骂，使他恨上加恨。而在父母拿两个孩子作比较时，说这一个没有那一个乖，那个被指为不乖的，对另一个自然怀恨在心，而成了嫉妒。教师也常用"好学生"为范，指责不好的学生，本意是要不好的学好，却不知这样只有使不好的学生嫉妒怀恨，并不会向好的看齐，甚至还要反其道而行。

尼尔认为患精神病的孩子，多是因为父母之间缺乏爱情。小孩本身就需要爱，父母不和，只顾互相争吵，无心爱孩子，甚至拿孩子来出气，使孩子陷入最可怜的境地。他指出夏山就有几个九到十四岁的孩子，或恨所有的人，或做小偷，或尿床，或离家出走，或做白日梦，都是因为父母不和而不快乐。

父母对孩子往往存在忧虑甚至焦虑，只任着自己的想法想，想不到需要为孩子付出，孩子所需要的爱、尊重、信任，以至赞美，通通得不到。孩子所知道的，是父母对他无尽无休的希望和要求，似乎只有父母存在，却不知道自己在哪里。

最后，尼尔提出了"父母的自觉"。他认为"自觉"是没有偏见和幼稚的观念，要能透过事实表面而看清真相。因为自觉中有情感作用，所以家长面对孩子时，能自觉并不容易。

（《大学》中说："齐家在修身，修身在正心。""正心"就在矫正情感的偏颇，因为情感偏颇时，便会因愤怒、恐惧、好乐、忧患等而失去常态，最明显的是好而不知其恶，恶而不知其美，是清明的知觉被情感蒙蔽的状况。如果自己不能觉察这种状况，就不会生出自觉。因为人总是依照自己对对方的情感来看对方，来要求对方，很难生出反省的自觉。）

父母若没有清明的自觉，对待孩子的方式就会有问题。最严重的问题，在尼尔看来，就是孩子"不得自由发展"。而让孩子自由发展，的确比较费神。那就是：在孩子出生后的前两年，父母要牺牲自己的时间与兴趣，不能轻易地博取孩子的爱与感激，不把孩子当作炫耀的工具，一句话，就是不能自私——以自己为主体，把孩子当作一个非主体的"对象"。

尼尔又主张，最好勿使祖父母和孩子住在一起。因为老人常要管教孩子，或者一味地溺爱孩子。爱管孩子的人变成了四个；溺爱孩子的人会和孩子的父母发生矛盾，先就破坏了家庭的和谐，给儿童留下许多不良示范。

尼尔还认为，孩子上学后，家长与教师的观念和做法以至期望不同，也会成为问题，孩子夹在中间，将左右为难。事实上，孩子在家里的时间多于学校，如果家长与教师尽量沟通，以孩子为主体，为孩子的教育着想，互不坚持己见，孩子才会得到幸福。

◆述者总结◆

夏山乃是一所"特殊学校"，因为所收容的学生与一般儿童不同，他们多是因家庭有问题，形成特殊的行为习惯以至对学习和人的偏差态度，或者说，个性也有了与正常儿童不同的特征。这种情形，正常的学校和正常的教育方法，是他们所不能接受的。把他们勉强留在正常学校里，不但无益，且更促成其反抗态度，的确需要一个不同的环境，使其能按照自己的方式活动，逐渐把原来"愤世嫉俗"的观念与态度转变过来，体会到自己可以自由地活动，因能"自主"而生出"自信"，从而自己想到要做些什么，而进入正轨。

人类早已脱离了可以"自由活动"的自然世界，而另建了"人文社会"。在这个"人造"的环境中，为了生活，不得不受群居的"约束"。这些约束不是生而即知的，所以需要学习。所学的东西，有些恰好和爱好自由的"本性"相矛盾，加上"教"的人和教法各不相同，对学习者来说，为其本性所不能容忍，因而反抗，即是人文社会所说的"叛逆"，成为习惯性的社会所不能容忍的孩子。这情形明显地见于长幼两代之间，也是教育中所认为的头痛问题。

因为"父母教子女"、"老师教学生"相沿已久，这些成人早就有了成见，先是以为自己有责任教孩子，教他是"为他好"；然后是认为孩子"年幼无知"，"当然"要听从教导；于是形成"大人"的"权威观念"，对不听话的孩子很自然地施行权威，完全不考虑孩子的感受，这中间的相互反应，常为对方所不能接受，于是矛盾变成冲突，且到了任一方都无法容忍的地步。

实际上，在人类的人文社会中，儿童的确有许多必须学习的事项，所以才需要"教"。只是要怎样教，才能使受教者"愿意"接受，且在接受中"心悦诚服"，乃是一个最值得深思的问题。关键在于，人是一生下来就有情感的，儿童和小动物一样，初生时固然需要哺育，可是更需要"爱"。温馨的爱和生理需要同等重要。人类用威胁训练动物如熊虎之类，特别是马戏团，似乎也能使它们就范，可是这些动物有时也不肯合作，发作起来，仍会伤人，因为它们不喜欢长期没有自由。而人则是"自主性"特别强的动物，自主性长期被压抑，反抗起来，可能一发而不能收拾。故而所谓"管教"，不等于"抹杀自主性"，也就是说，要使儿童有相当的"自主"或"自由"。

另一方面，儿童需要教育，乃是人文社会的必然和必需，因为不教就很难知道。对儿童的教育，向来有三种说法：一是"任其生长"；二是"教其生长"；三是"导其生长"。第一种说法即是尼尔所采用的；第二种说法是传统教育所应用的，但有不当之处；第三种可说是前两种说法的折中，兼顾儿童的状况和其所需要的教育，引导而不强制，教育有其正规，受教者得以"适性发展"，可能是比较适当的一种，不过如此做，在方法和做法上，就必须求其适当。对这些说法，从事教育者不妨详细斟酌。

九、《民主社会中教育的矛盾》
——如何培育有教养的大众？
The Conflict in Education in a Democratic Society（1953）
赫钦斯（R. B. Hutchins，1899~1977）

　　赫钦斯为美国著名的教育家，曾任哈佛大学法学院院长，后任芝加哥大学校长，任内提倡博雅教育，要求大学生必读百本名著，包括文、史、哲、科学与艺术，同时反对重工商的功利主义，对美国当时的教育相当不以为然，尤其不赞成杜威的教育主张。他认为发展人性，提高人的智慧，形成博学多识的"普遍知识基础"，是教育的首要之务，用以为做人与生活的指引。他对高深的学术研究，另有卓见。

一、适应环境

这是一本讨论教育哲学的书，用来说明教育哲学是理性而一致地陈述其目的和可能性，是次级主题（secondary subject），依附于人和社会的概念。从总体哲学（philosophy in general）来说，教育哲学之混乱，造因于总体哲学的混乱。

先从流行的理论或教育学说结果看其对人类进步的影响，如"适应说"（doctrine of adaptation or adjustment）、"切近需要说"（doctrine of immediate needs）、"重建社会说"（doctrine of social reform），以及"我们并不需要理论的理论"（the doctrine that we need no doctrine at all）。我将大体上以美国为例，举出一种以完美的总体哲学为基础的教育哲学。

美国在短时间内成为世界上富足又强盛的国家，使得世界上许多想要富强的国家起而模仿美国的教育系统。但问题是，美国的富强是否造因于教育，是否还有其他因素？哲学没落已遍及全世界，此情此景对教育的影响，在美国比世界任何地方更切近而明显，这使得欧洲在全世界学习到，教育才是最要大力作为的。

人们一直以为世界的每个时期都在增加确实的富足、幸福、知识，还有人类的德行。可是事实却不然，征服者所教的知识，比他们无知的祖先可能更野蛮，且更危险。

从现在的环境看，首先要重新教育大众，防备媒体和大众传播的影响，利用普及教育系统来提高民众水准。首先最大的问题是，要把大众的心灵提高到什么程度，或者使教育系统产生什么结果。普遍的义务教育反映国家的需要。教育之最重要的观念是走上柏拉图路线，国家所崇尚的就是教育所培植的，决定于研究和高深的学习科目。美国就是因重视科技造成今日的结果。普遍的义务教育系统要使儿童超过他们的父母和社区统治者所期望的，即是国家所崇尚的。

如果美国人民崇尚智慧和善良，与现在崇尚权力与成功一样，义务教育将不教现在所崇尚的，而教一些别的东西。

美国广播中，肥皂剧占据了时间，使优良音乐无从播放，收听者想要听些别的东西，就只好关掉收音机。专业学校的功能不是为了训练专业人员，而是为了批评专业。除非允许批评文化，否则文化就不会改变，学校也不许改变。

儿童应该养成良好习惯，但良好习惯受不了环境压力，除非有人有良好的信念基础来教导他们。

我以为大众以及教师和教授应该"懂得教育"，不以私见和宣传灌输年轻人。教育工作者屈从公众以便得到支持，而不肯告诉他们，他们所要的是不对的。大众和教育专业缺少清楚的教育理念，分不清何者属于教育，何者不在教育的领域内。

教育是要教学生学习为自己着想，形成独立判断的能力，并成为公民中的一分子。而美国所崇尚和培植的是在经济环境中的成功，是重物质的商务人员。环境是如此，就要适应这样的环境。

说到适应（二英文字义相近，在用法上，前一字为调整或改变自己以符合外在状况；后一字也在求应合外在，调整自己之义当然蕴涵其中，只不似前一字明显）重在经济或职业方面，年轻人必须适应环境，经济环境自然在其中，教育能否管理、监督并指导全部工作？特别是，教育能否提供工业所需要的工作训练？而职业学校又能提供多少工作类别？在战争期间，听说航空公司数周内做出的改良机件，在学校就要做上一年。

另一方面，由于科技的进步，目前工作者每天每周的工作时间减少了许多，因而有了休闲时间，他们如何打发这些时间？如何使休闲时间过得有意义？所以如康德所说：教育不只教学生适应现在，还要能面对未来。那就是在适应环境之外，还要有对环境的概念。

适应说并不考虑标准，无论环境好坏，还是要适应，教育做这样的适应并无价值，而没有价值的教育，也很难符合教育这个名词。

二、面对切近的需要

切近需要说，其特别的说法是由实际结果而论，和适应环境说无甚差别。加州圣地亚哥高中对毕业生的三个要求中，最重要的一个就是"有效的生活"，即：应用第一帮助的能力，能在水中求生（圣地亚哥是海港）；二是从事二至三项运动的能力以过成人的生活；三是能写商务信，填写申请表和预算收入。女生则要有购买食物并烹调的能力，购买及保持衣物，持家和照顾儿童等能力。男生则要能运用简单工具、维修家庭用品等。二者都要学习整洁及礼貌。

这些切近的需要是个人的，也是社会的，但却都是物质的与服务性的。问题是，第一，切近的需要并不永远停留在眼前；第二，每个人需要知道的事物多不胜数；第三，这样将使教育本末倒置。亚里士多德曾说："儿童无法面对世界的各种事实，要了解生活的事实需要经过才知道（近似事不经过不知难）；历史、文学、道德和政治哲学，以及社会科学，都应在年轻人的全部学习之中。"

因为应合切近需要使学校学习分化，并且也进入大学之中。德国帝国大学曾是专家的集团，若没有"人文中学"（humanistic Gymnasium），就不会获得教育成功并得到社会赞许。

我们现在所知道的美国大学是先学自德国，19世纪美国建立了德式大学，但却未引进"人文中学"；且在当时，正当美国中学和学院因20世纪潮流的冲击而衰落，以至专门变成零碎知识，只在"片段中专精"而已。我们所有的工作人员只知道一个片段，对另一片段则毫无所知。美国大学整体上只是地理的，教授会议中所能听到的论点是"天气和政治"，只有这些是大家的共识。当我在耶鲁工学院教"工程英文"时，其意义就是一个工程师只能和另一个工程师交谈，而毕业于工程学院的学生，只有半数做了工程师，我猜想这些人一生都无法和其他美国人沟通。因为专门教育只重专门，反而把教育停滞在"专门之外"。

专门变成停滞，学得"越多越专"，实际上是"越专（知道得）越少"。在美国，我们发现，有人是"从少中学习得更少"。

三、重建社会而扬弃理论

教育写作者停留在重建社会的理论上，他们看不到所喜欢的社会。社会的改变只有两条途径：改革和教育。教育写作者不是采取行动的人，也没有血性，怯于改革的阵势，只希望通过教导，和平地改革社会。

艾略特（T.S.Eliot）希望有两个阶级的社会：一个是有优势的；一个是精英而有能力，但却无先天的优势。他说："教育要帮助并保存这个阶级并选择精英。"

最有影响力的美国教育学家和哲学家应推杜威，他在四十年间重造了教育，也是第一位社会改革者。他不反对艾略特所说的精英，但反对阶级。他认为，重建社会的问题，首先是能否经过教育的"一个科目"就可实现某人心中的社会。重建社会的理想者所在的社会未必相同，柏拉图所计划的理想国，并未设想从教育开始，也未期望必然实现。杜威倒是成功了，因为他所欣赏的社会理念在美国是"人所共知"的。

杜威的一个追随者创建了一门教育哲学，称作重建主义（reconstructionism），想用学校来重建社会，并用之引出世界政府。我也赞成世界政府，特别是重建主意的另一个目的。但是，即使美国人民愿意以此为学校目的，学校又怎能倡导世界政府，至少目前不能。革命不可能由学校教导革命论，纵使可能，也不是教育所要教的。

我认为教育的目的是"改进社会"。要使这个观点有用，就要先知道"何为改进"，更要知道改进的限度和教育的可能性。杜威先生和重建主义者，都未考虑到"教育的限度"。

我认为哲学的重要性也在教育哲学中，试看所有的论述，其实并非论述。

思考是困难的工作。发展一门一致的教育哲学，就要遵循一致的总体哲学陈述，这是费力又不讨好的工作。在美国，使每个人都能进学校的问题，使得学校建筑帮助大量群众攻进学校，进入"教育企业"，严重到使教育者不再面对应该面对的问题，即："教育是做什么的"和"如何实现其目的"。教育家们每次为美国教育呼吁要加倍努力，但却"忘了"教育的目的。

教育目的的概念基于总体哲学。全世界的哲学已经奄奄待毙，尤其美国人最无意于哲学。前半个世纪还有怀特海（Whitehead）和桑塔亚那（G. Santayana），但他们都是外国人。至于杜威，我说过，他的哲学并不是哲学。美国教育家看到了这种失败，也曾想建立教育哲学。他们知道适应、切近需要和重建社会无路可走，这是否显示形成教育哲学也等于白费？

如果我们想建立一个通达理智的教育理论，教育要合乎实际，那就需要"重新教育"教育家，要教众人皆知教育工作的困难，要加入同样困难的、全国人民都有兴趣的东西，而现在却没有。如果我们要这样做，就要相信人是理性动物，要发展智力，那就要使人获得智慧技巧，如读、写、算等，这是应用智能所需要的，强迫他们有兴趣在智慧传统中生活。

在美国已经有一种深刻的印象，认为教育内容不合理。大量的人得到大学学位，也失去高等教育的意义。吉尔伯特（Gilbert）和沙利文（Sullivan）就曾说过，当"每个人都成了'人物'时，没有谁'不是'人物"。（When everybody is somebody, nobody is anybody.）不合理的教育使人们只推崇爱迪生、洛克菲勒等，而不知有他们自己。所以流言所说的"教育可能帮你成为百万富翁"乃是指职业教育，不是智慧教育。

同时我们也不知道如何对待儿童。如果能让他们进学校，直到劳工会说可以工作时，就不致受到什么伤害，在学校越久，就越不用大人操心。

一个由总统指定的、集合文明教育家和普通人组成的堂皇的委员会，于1960年建议加倍增收高中以上的学生，认为通过军人普通测验的，就可以修毕专科学校，其中32%可以读完大学，但却无法证明毕业生一定对社会有用。同时也没有任何证据说一个二十岁青年只想进大学，而不想到其他的地方去。

　　委员会不在意，也不知道青年人在学院里能得到什么，只是夸大其词地要教育文理兼备，不仅充实职业能力，不仅是好公民，还要能从事各种休闲活动，且要能面面俱到地发展各自的潜能。像这样的结论，我认为是"没有论述的论述"。

　　委员会的这种建议，就是说，学院要训练飞行员、保险人员、售货员、摄影师，如果那社区是从南美来的旅行中心，学院就要教出租车司机西班牙语。我相信，如果这些委员会曾经想到了，一定还要学院教出租车司机如何开车。

　　在"没有论述的论述"达到了高潮，教育科目就处在两种压力之下，一是教师的兴趣，一是所教的科目。因为我们不知道要教学生什么，教师就只教自己喜欢的。自以为进步的大学，会自豪地说没有所谓课程。总统的高等教育委员会未曾明言，但还是一样地没有远见：既然校园里学生越来越多，就要大量增加人文社会的科目，以符合多种能力、兴趣和学识层次的学生，也就需要提供多种课程、教法与教材。

　　既然美国大学与学院已经分裂成百万碎片，委员会的建议就有点像是告诉一个淹在水中的人"多喝些水"，以"提高"其在水中的位置。委员会所持的错误理论是，有"数不过来"的个别差异，教育就要做"无限"的供应。

　　人各不同乃是定论。西方教育就是因为强调人各有别，才有了过度的专门化。基本教育的目的就是要形成"普及的人文"，这是近五百年来最需要的。像委员会这样错误百出地把次要的个别差异置于首要又不可少的普遍人文之前，将使教育无处不问题重重。

美国的大学生可以任意选课，回答授课教师的考试题，到所修学分够了数，通过最低的"算数平均数"，就成了受过教育的人。于是聪明学生只研究教授，而不研究学识；选既容易通过又适合自己时间的课，有的大学生扬言其从入学到毕业从未上过"一楼以上"的课（可能是嫌爬楼梯麻烦）。因此，美国的大学毕业生并没有读写能力。

基于前述种种不成理论的理论，而促成受教育人数的比率超高。美国教育家相信，无论如何界定教育，受过教育的人也受不到五十年前那样的教育。那时的教育是在发展人的智慧。美国教育家相信，很多人的智慧发展有限，并不值得发展，但却相信每个人都要受教育，才有了不合理的教育定义。

我们也可以另作一个说法：每个人都有受教育的权力，但却只有少数能受"好的教育"。于是要受好教育的人，因其不普遍，就等于不民主或保守了。因此我们不是要放弃民主观念，就是要使每个公民都能接受适合自由人的教育。

四、教育的根基

适应、需要、重建社会的失败，表明需要一个较好的教育定义。试假定每个社会都需要教育下一代适应其社会与政治环境。如果社会败坏，像纳粹国家的状况，教育也必然败坏，然后人也就跟着坏了。用实用的术语说，社会成功是教育优良的结果。

我以为如果教育只为教适应、教切近的需要，就不是教育。显然，教育的目的是求人的改进。"把人教坏了，就不算是教育。"例如民主是最好的社会制度，使年轻人适应这制度的就是教育制度。坏社会制度教年轻人的不能称为教育制度，这样的教育，把他们教得越彻底，教育的意义就越少。

人有"成为人"的功能，这功能因社会而有异，但要成为人则无时无地都无别，教育就是如此，在任何时间，任何社会，都有教育，就是为了教人"成为人"。

说到改进人和社会，就得相信有好坏之别，但却不是实证主义者所说的习俗。好坏之别也非实用论者所说的，在于一个科目。对一个相沿已久而又复杂的社会，估计其中一个科目的效果，难得清楚，也不能在实验室中寻找，因为人和社会并不是实验室的动物。如果我们以为除了实验室，就没有真理，没有知识，也没有价值，就无法谈人和社会的改进，就没有判断人和社会中事件的标准。

社会的进步不在重建，而在"提升"组成社会的人。犹如柏拉图所说："政府反映人性，国家不是由木石造成，而是成于公民的品格，每种尺度和事物都是出自人民。"这就是说，"人才是社会的核心。"

说到改进人，就要先知道人是什么，否则就无从论其好坏。高明的哲学都以为人是理性、道德和精神的存在，改进人就在于使这三者充分发展。每个人都有这种潜力，也应该充分发展。

人性生而自由，也生而有群体性，需要训练或陶冶以"适当地运用"其自由。生活在社会中需要德行，善良和智慧习惯为充分发展人性所必需，要在民主政治下参与民主活动。

社区在于人的社会性，人需要互相沟通，且需要互相了解，有共同的目的和社会人的概念，以共同维持社会。文明就是要慢慢地追寻共同的理念，群体不仅是人喜欢或利用的，更是善良人的集合体。

教育（学校）要发展人的智慧力量，道德和精神力的发展在于家庭与教会。这三者必须同时并进，因为人虽然兼具此三者，却仍然是一个"整体人"。但学校不能因取代家庭和教会的工作而放弃本身的任务。

我们虽然无法谈人的智慧力，却可以探讨如何训练人、取悦人或适应人，以及符合他们切近的需要，但这需要我们的总体哲学告诉我们知识，以及真和假的差别。我们必须相信，在科学实验之外，还有别的方法获得知识。如果我们要人从重要的方面发展智慧，可以开始从实验和经验信息得到少量可用的,但和很多美国社会科学家的信念相反,哲学、文学、历史和艺术却能给我们更有意义的知识。

如果承认"教育的目的是改进人",没有价值的教育制度就不能称为教育。制度求坏价值是坏的,拒绝价值就是拒绝教育的可能性。(约在十数年前,教育界忽然出现一种说法,说教育应该"价值中立",意在说教育不该教价值,不应作价值判断。那时在研究所上课时,有人提出这个说法,曾受到述者严肃的警告,告诉他教育必须坚持价值,因为教育培养人是有目的的,目的就在培养人的价值,否则尽可让儿童随意生长,根本就不需要教育。)实证论、科学论、怀疑论和反智主义等四个"骑在马上"的哲学启示,使西方教育陷于混乱分裂到了极点。

最高的教育目的是要知道什么对人才是好的。"好"有次第,有价值层次。教育的任务是使我们明白、建立并赖以生活。亚里士多德曾说:"不是人要持有教育,而是人的期望必须相等,必须依据事物的性质,使人得到充分的教育。"

这样的教育和无关紧要的适应、需要、重建等非论述的论述大相径庭。这样的教育并不要青年适应坏环境,而是鼓励他们创造好环境;并不忽略切近的需要,而是把需要放在目前虽做不到但更重要的适当优点上。这才是改造社会最有效的方法。这才是适合自由人的教育,是文雅教育(liberal education)。如果所有的人都自由,就必须受这种教育,不论其如何谋生,不论其兴趣或能力。当他们由文雅教育确立了自由和负责的方法后,就可以谋生,可以发展兴趣和能力,人人都能接受这种教育。

是否可以说,在成为专家之前,没有充分的时间提供给每个人文雅教育?在美国,大可放弃教育制度之大量浪费与轻举妄动的行为,如是,在短时间内,足可提供给每个公民文雅教育,把没有教育的专家变成合格的专家。

文雅教育的目的在于发展理解和判断能力,照这样说,便会有很多人达不到这一目的。曾有人说,受了教育,就会有好工作。这是以得到好工作为受教育的目的，而在受过教育后，得不到好工作时，便受到了挫折。可是如果说受教育是为了"成为一个人"，则无论他成为一个挖地沟的还是银行经理，则挖地沟者虽然还是觉得受挫折，但不会怪罪教育。

年轻人不需要太多的文雅教育，只要教他们需要的就好。教他们习惯、观念和技能，这是他们要用来教育自己的，所以正式学校中的文雅教育是使青年人能够终其一生教育自己。但却不是在幼时就要学未曾经验过的、要到成年时才能经验到并懂得、才要面对的东西，这些应该留待日后自己去教育自己。

教育的原则是，需要经验的材料，而且要从经验中获得。我们有时以为教育好像腮腺炎、麻疹、百日咳或牛痘，幼年处理过，终身便可免疫。却不知道明智的哲学已经说过，重要的事物要到成年才能学习。说幼年就要学习者，无异是说，人生只有幼年一个阶段。

真正的共和国保持正义、和平与自由，出于最高领导人的命令。我们之同意治者，是因为他由学习而了解被治者，所以共和国就是真正的共同教育的历程。孟德斯鸠（Montesquieu）说过，君主崇尚荣誉，暴君制造恐惧，民主是以教育为原则。故而理想的共和国是学习的共和国，这是实际理想国的标准。2500年前希腊是有限的学习共和国（那时的教育未曾普及），世界各国互相支持共和政治。

所有的人都能学习，只要人活着，除非他不学，否则学习就不会停止；除非有规定，否则政治自由也不能限制获得知识。

缺少不断的学习再学习，就不能得到"人事"（human affairs）的真理。除非人不断使自己学习，否则就没有和平。没有全世界学习共和，我们所渴望的世界法与正义、全世界的政治共和就不会实现。当全世界的公民终生学习共和法与正义时，我们所寻求的文明才会出现。

五、博雅教育

柏拉图曾说：政治是建筑科学。这种说法是用政治哲学来决定教育。另一说法则是，实际的政治状况可以使政治在教育中找到绝大部分力量。柏拉图用其课程制造好人和军士，依此而加以训练。照这样说，如果东西方发生战争，西方的教育制度就要依此设计，那么教育就变成了次要的主题。

困难的是我们不能从经验回答教育的重要问题。西方国家已决定变成此前从未有过的工业、科学和民主式的国家。过去的无法用来验证现在，过去为治者和有闲阶级的教育，以为是"好上加好"的，现在并不能证明仍然如此，更不能证明适用于每个人。

真理能否出自实验室？科学能回答物理世界的问题；而所谓的社会科学并不能告诉我们应该造成怎样的社会，因为社会状况复杂万端，我倒并非反对社会科学家能了解社会。我们可以由学习科学与技术而造一座桥，或者也可由学习社会学、政治学、经济学等而知道造桥的结果，但这结果为是为非，却不是物理或社会科学所能回答的。

而这些都是人生的重要问题。什么是好生活？什么是好社会？人性和人生目的是什么？这些都不是科学要探讨的。

我们如何看教育这个次要的主题，只好依赖哲学。因为如果教育这种知识不能靠科学解答，就只好问哲学了。

在西方，教育被称为博雅教育，包括各种艺术、读、写、听、说和计算数目，以及所接受的智慧与艺术传统。虽然受益者不多，却是我所知道的"好之又好"的教育。不过我首先要问，这是否就是真的好教育；然后要问，就算在今天是好的，又是为了谁？

根据以上所说的，我无法证明教育之好；也不能用任何科学方法来证明；用教育所造成的人的品质来证明则更危险。所以一个大学校长吹嘘其所造就的"不同凡响的动物"，也同样可怕。如果大学校长吹捧学生，他也要为那些进入感化院的学生负责。我们可以求诸人类的共识，可是人类也会犯错。教育是人所独有的，也是附属的主题，这就是我所以认为博雅教育和人的观念一致，有充分的道理的根据。这是认为人是理性动物，要自求完美的理性以得到最高的幸福。那就不能没有广博的艺术，因为人可以自行决定的，不是要不要做人，而是要成为一个"好的还是坏的"艺术家。

博雅教育明显地属于西方，因为任何事物都要经过讨论，教育目的就在于不断的对话，是西方文明的核心，是心灵的文明。教育使学生参与伟大的会话，开启了历史的曙光。

美国教育在19世纪末掌握在希腊文和拉丁文教师手中。希腊文、拉丁文被称为古典文学。然而，教师们只注重语言文字的口头练习，而不问文字所蕴含的观念，教师成为"口头师"，不知古典文学乃是现代西方人的文化遗产。这两种文字为大学入学所必需，也是高中升大学的必备条件，但却和博雅教育完全无关。

进入20世纪，古典文学的"口头师"还是对的，但对博雅教育来说则是错的，用来代替博雅教育则错上加错。

博雅教育是好中求好的教育。从其曾是治者的教育来说，在民主国家，每个公民都可能成为治者，因为民主是全世界公认的；从其是有闲阶级的教育来说，工业使每个人都有了充分的闲暇，人们如何支配余暇的时间，只有靠教育才能做明智的运用；这都属于成人教育，不在正式教育系统内，无法使未成年人接受。所以当我说博雅教育是全民的教育时，并非说每个人都要成为伟大的哲学家、历史学家、科学家或艺术家，而是说，每个人都应该知道有这些家。如果全世界的人都接受博雅教育，则全世界的人都可以互相沟通，因为人永远是人，人之为人，并无差别。至于人的个别差异，只在于个人自己依能力而发展。

既然教育是附属的主题，当观念改变时，教育观念也应随之改变。如果西方误以为工业世界化和增加生产力就可以促成和平，就应该知道

"物欲无限"。如果教育只致力于增加物质供应,最后必将不知道如何处理这些产物。

文明是审慎地追寻共同理念;教育是审慎地使人形成理念,物质文明不能持久,教育使人形成物质理念,将不能保护自己,也无法维持文明。

西方文明脱离了物质主义,而承袭了自由探讨,因此可以说西方文明是心灵的,博雅教育直到20世纪还秉持着伟大的会话。

博雅教育在美国的没落,是由于前述"没有论述的论述"而致,教育系统成了一个巨大的游戏场,年轻人只会在其中玩乐。没有自由讨论的辩述,威胁学术自由,爱国与附庸混淆。一位大学教授曾说,要为看护"儿童"而选择教授。大学教授居然成了看护儿童的人!我们的任务是为所有人的心灵保持并发展文明。

六、大学

一个人若要成为世界公民,就要终身持续学习博雅教育,制订世界共和的法律和正义,接受智慧训练以解决新生的问题,把握所面对的新需要,创造人类精神境界中所期望的安适环境。

教育应该是:受教育者知道读、写、算和赋予人类以生命;看到生活的传统,能和人群沟通;熟识典范的伟大处。否则将如怀特海所说,就"没有真正的教育"。

这样的教育应该是对话式的。受过博雅教育的人应该继续历史开始时的"伟大会话"(Great Conversation),可以苏格拉底的对话为例。

苏格拉底汇集意见,提出问题,澄清术语和观念并指出责任。听者可以不同意,同意者只是出于自愿。唯一的限制是矛盾律,对同样问题不能同时说"是又不是"。

明智的哲学已经说过,人是理性的存在,教育哲学据此说:人可以"借助"而学习,但却必须"自己学习"。没有人不因接受"教义"而不违背本性原则。批评、讨论、提问、辩论是教人的真正方法。教学犹如助产,是合作的艺术。如柏拉图所说的,如果教师只教学生背法则,就没有智慧出现;若师生共同合作,教师的问题就会引出学生理智的回答。苏格拉底的对话,是最好镜鉴,对儿童和成人都适用。

怀特海在哈佛时曾说,大学的任务在于智能的领导,哈佛应该像法国大学在中世纪一般,领导20世纪的心灵,蔚成风气。

事实上,中世纪大学并未离开生活,大学是专家兼实际的,每项专门在实际中都有其意义,而每项实际都值得研究,且必须有专门的基础。每一行动都教且学,以求了解其内涵。所以中世纪时,每个行业都是专业。每个专业都是一群人受过专门训练,这一群人的目的在于共同的"善"。他们并未入学,那时的人也不为职业而入学。专门与实际的联结成为教与学不可分的主题。

中世纪的训练因共同生活而共同研究,师生有共同的学习传承,在每一项中受过适当方法和技术训练。他们的基本概念不必相同,但对基本概念却有共同的了解。他们确信"理性之真"的普遍特征,虽然无法证实,却可以接受。

中世纪末除了哲学和神学,每个领域的知识都收获很大。中世纪是一个辩论时代,继之以发现、探讨提升为专门与实验。中世纪巴黎大学的人,共同思想,共同研究,教师与学生相同,探寻每个事物之间的关系,由讨论而得到了解。发现者或实验者则不同,必须成为专家,逐渐撕裂了中世纪的共同训练;为了开新科目,就不在乎传统学习。

专门越来越多,专家再也不能共同思想,不能共同研究,中世纪的讨论寿终正寝,中世纪的标准已成为过去。每个专家只关注自己所要研究的,谁能说一种职业学校比另一种更适合成为大学?

一个大学应该是一个"智能统体"(intellectual community),在其中,专家、发现者、实验者,加上他们专家的责任,互相沟通并了解,保留会话的情况,就可成为大学,成为一个思想的合作体,努力于领导智慧,以形成心灵风气，成为"最高荣誉的辨证所"（Summa Dialectica），由真正意见的同异，总结思想的可能性、分析法、关系与了解观念。

于是问题在于，保持那时代发现的价值，回复那辩论的时代，结束消化时代，要在大学成为一体才可能。要如此，就要把大学看成大学，看到专门和实际二者。大学的智慧要集中于专门和实际两方面的问题。那么怀特海可能就要创造一个高等学校的神话或梦想，还要在知识的各个领域中，做到感性的发现，自问现代文明沾了些大学的智慧之光。我想这只是一个神话或美梦。我怕永远是这样。

我建议有一个机构，领导大学照现在模式走下去，不必取代大学，但要负起大学留下的重担。

这个机构包括一些准备继续指导苏格拉底的基本人生的对话，他们也是专家，但在专家主义之上，他们将专门训练和见地，用在澄清和了解普通的任务上。他们能思想，专门又实际，可以互相兼与大众沟通，恢复发现与辩论时代的优点。他们会建立深厚的心灵友谊，不知有国界，把部分聚合成一个整体，最后成为世界统体，成为学习的世界共和国。

◆述者总结◆

赫钦斯以其广博的学识基础，犀利的笔锋，畅快淋漓地痛指美国教育的错误，并简单明了地陈述其主见，指出正确的教育目的和做法，使读者如闻其声，如见其形，使真正懂得教育者，无不拍案称快。无奈自第二次世界大战后，美国以其国际优势，企图配合武力，发展工商业，在教育方面，也求急功近利的速效，只想训练切近有用的工作人员，不以培养真正的学术人才为务，一力倡导实验技术，轻视文史哲学，更视教育为"无物"，不但教育工作者（教师）地位卑下，且认为教育研究无科学价值而不足挂齿，从其教育工作者的待遇与社会地位，即可看出。美国教育虽然仍聊备一格，却极少有卓见出现，落后国家因崇尚美国，而模仿其教育，无异"东施效颦"。因少有卓见，往往只在形式方面，横生枝节，用种种"格式"要求论文，而不问内容，以至出版物中，纵使也有可读者，然有见地者却为数不多。美国想用发展工商业执世界牛耳，并非地球人类之福，观乎 19 世纪后半期以来，到处"物欲横流"，学术界也孜孜为利，赫钦斯主张之不受重视，自是不为无因。

十、《学习型社会》——做学术的真谛

The Learning Society（1968）

赫钦斯（R. B. Hutchins，1899~1977）

  1968年，时任芝加哥大学校长的赫钦斯出版了《学习化社会》。自此以后，"学习化社会"这一概念就逐渐地流行于国际教育与发展领域。作为永恒主义教育哲学的代表人物，赫钦斯提出的学习化社会理想，浸透着他古典自由主义的文化精神，是对当时教育上国家主义、功利主义和科学主义等现代资本主义文化价值取向的批判性回应。

一、情况：现在教育可能进入本位

21世纪，教育终于可能回到本位。此前教育被经济、技术和社会秩序所束缚，政治依国家的政策，使教育应国家的需要。教育资源的分配已经兼顾了贫穷、技术落后的地方。人口膨胀成了时代问题，缺少入学机会，社会阶级分化明显，处于社会底层的青年难望跃升，纵然有机会，也难改变其阶级性。

问题是社会变化能否改变这个限制，答案必须慎求正确。无论知道与否，我们都是生活在一个人类统体中（human community）。民族国家的发展，无须再强调族群自夸，各族已较前富裕，可以预测将有较多的余暇，阶级渐趋消失，普遍的免费义务教育已为各国所接受，教育机会均等已不成问题，教育也成了个人的权利和国家的必需。

教育权生自民主观念——每个人都应该有机会变得聪明——由于每个国家都特别强调在职或工作权，关系到在职能力和收益时，就把工作权与在学年限相联系。

民主观念和教育有用与生产性生活的信念交织在一起，1964年，美国总统曾说，他重视高等教育，是因为超越了做佃农的父母，由自己努力而成。因为教育是达到富强之路，所以成为国家所必需。这想法推动了工业先进国家，蔓延到发展中国家，它们尽量扩展教育，以求工业化。

1965年，约翰逊总统鼓励商人支持教育经费说，这是最好的投资。并指出大学毕业者比初中只读二年者，一生平均多收入三十余万。（美国本就以收入高低评量人的价值和地位，约翰逊之话更引起人们对财富的热衷，而由于标榜工商业，此后在大学教育系遂有了《教育经济学》这门课。）

从工商业富强来界定教育，所定的教育制度计划和渴望，是"无人性"（nonhuman）、"非人性"（inhuman）或"反人性"（antihuman）的。其期望绝难实现，乃是失败的教育。教育制度能输送什么货物，若不能送出立即需要的，就不能解救当时的情况。

二、谁应该受哪种教育

若干世纪以来，一种教育制度中各级的入学试验通过的标准，决定于该制度。制度指入学资格、毕业程度，以及所学课程。

如果每个人都要进学校，有些学校必然欢迎。如果每个人都要受教育，学校就要继续且使他们喜欢。教育是唯一有用又能制造生活的关键，不能区别学生，谁会拒绝变得有用又能生产的机会？

数世纪以来，西方相信要"教育所有的人"，结果必然使教育"教不成一个人"。因为这工作如此巨大，能力差异悬殊，不可能区分任何清晰的项目。防卫者形成反对收入的洪流。不久就用考试来拒绝学习低劣者，如托马斯·杰斐逊所说，最好使这些人进入职业学校。

1962年大英百科全书召集了一个会议考虑技术等第，谈到技术变化的速度，使人无法预料其后果，因而要加以控制、规范并指导。会中想不出别的办法，最后只好回到教育。然而教育需要时间，最后相信这危机，全世界危机中的危机，就在我们面前，这副药已经来不及治病。说教育能治疗技术病，无异是说，如果我们聪明，教育就是教我们聪明的，那么我们就办教育吧。

这个意见对未来了无新意，且不符合当前的事实。全世界的教育目的不在于求智慧，而是求财富与武力。这样的教育只能促进技术变化，并不考虑对社会的影响，其结果和会议对教育的期望恰恰相反。

有人说教育可以加惠于贫民；有人说贫苦的国家不能用教育解饥；有人说教育可以解决种族问题而得到和平；有人说可以解决少年犯罪问

题。这些都离开了主题，其实是不想触及自己的不便之处。

除非一个国家的文化和教育有相同的目的，否则教育就无法进入本位。如果社会要用技术来得到财富与力量，结果必然使智慧不再是典范、良心和智慧精神，而是群起学习附和，成为技术世界的附庸。

一个十六岁的年轻人如果想要进入别的领域，就没有十足的理由要他继续留在学校，也没有理由叫他去工厂或农场。后文将谈到成人教育和学习会社，一个人达到某个年龄，再学与否是重要抉择，无论是再学或是从事其他，都应该鼓励其考虑而不可禁止，因为不应该违反一个人的意志。

以为教育可以保障一个人前途光明或经济充裕是梦想。若说教育可以使人明白，而明白本就是好事则是事实。教育可以使一个学生有能力做任何事。

三、教育求国家富强

20世纪末期可说是"人的投资"的时期。投资于物的发现、改造和出售。知识原是基础的，却生出实际的结果，如有关原子的知识变成制造原子弹。过去以为教育使年轻人离开劳动市场，削弱了生产力和经济。现在有一个信念到处传播，认为一个人受的教育年限越长，就越有前途。而一个国家受教育的公民越多，国家就越富强，所以世界到处都热衷于教育的神奇。

东西方国家之间的差别，以至工业国与发展中的工业国家之间的差别，只是程度不同而已。东方的工业集中于科学和技术，发展中国家因贫穷与普遍教育观念落后而落后。拉丁美洲、亚洲、非洲和中东尚无教育改革，以至数百万人尚未接触到科学与技术的改革，而这两种改革交织，却已经横扫全世界。

如果"人的投资"如本文所说，应该是普遍受欢迎的。问题出在把投资放在发展物质以求国家富强上。科学家和工程师使人只制造货物，并不能说这是明智的"投资于人"。科学和发明史不能确定投资于科学和发明是否明智，原因在于不明确"教育目的"为何以及如何"达到目的"。

1917年之前，科学是有系统地追求了解世界。如果是以切近的、实际的目的为目的，科学早就枯竭了。20世纪60年代，"知识产业"（knowledge industry）被人们视为教育与科学的成就，是生产制造和输送货物的方法。在研究和发展中，谁帮助形成"知识工作者"（knowledge workers），关系到这种工业的成功与失败。

"知识产业"要小心经营，否则本身就会萎缩。20世纪60年代开始时的研究，就显示其切近的结果在钱和人上，吸引了教学所依赖的研究，政府的资助把有能力的年轻男女送入研究中。地方有名的教师，其地位和研究者比较，虽论文广被世界，却不受欢迎。

1963年，根据对大小院校三千名各级教授的调查，不论在大学部教学的时数多么少，教授们都还盼望减少教学时间，以便多教研究所的课，特别是能多做研究。卡内基基金会1964年报告高等学校教学时，曾提到高等教育的"危机价值"（crisis in higher education）。危机在于无限的研究基金，充斥的咨询机会，升级容易，炫目的高薪。大量年轻人缺少对机构的忠诚感，这样的学生反而妨碍了寻求更多更好的资助，加上较高的学费，以及高薪高等级等，成了杀死"知识产业"的一个途径。

计算机已经能做程序，可以做工业设计。计划教育政策者要用增加科学家和工程师的数量来增加国家力量与财富，他们最好注意"品质"而非"数量"。

这个时代一般都以为教育是发展国家之路，努力设学校和大学就会成就工业化和繁荣，特别是注重科学与技术。

这种目的所看重的，不是提高了解或提升智能层次，也不是帮助人应用心灵以"成为人"，而只要经济增长。照本文所说的教育看，像这样的教育目的，乃是"无人性"、"非人性"，以至"反人性"的。实际上，这样的教育不会成功，因为没有与文化争衡的力量。

教育指向经济增长可能会落到因果倒置的结果。试看国际全景，可以借安德森（C.A. Anderson）的话说："正式教育的数量与经济发展只有一半相关。"并说，用"初级学校人数"预测所得胜过用"全部在学人数"预测。（全部在学人数应指中上学校的人数，一定少于全体义务教育阶段的在学人数。）学校等级和发展资源二者是并生的。

把初级教育当作逃出农场的方法，如非洲许多地区，人们大举拥入本来已经人口充斥的城市，更增加了失业率。除非一个政府能控制就业训练，否则就无法满足受职业教育者的野心。我们已经看到苏联教育政策的起伏，就是由于权威不能使学生的期望与实际的职位取得平衡。

四、极权的例外

本文界定教育是有组织且慎重地帮助人变聪明，坚持教育目的不是"人力"，而是"成人"。期望这教育意义与目的能在21世纪回到本位。这意见并不用在理论矫正教育的定义，而在于教育所用的项目不合实用，如把教育只指向国力或经济成长，指向国力与繁荣，指向教育制度的野心，绝不能作为发展教育的借口。

本文也指出，虽然政治是知识系统的科学，但是教育制度也有某些本身的动力。任何教育制度离不开思想家的理念，任何人的思想，无论如何看重自己的文化与传统，也不免对所生存的社会有所批评。

教育是否落在本位上，看苏联就可知道。历史显示，要封闭群众的观念与信息以免分裂，就必须是总体的。日本学校彻底灌输年轻人，原来以为可以使年轻人对政权产生无可置疑的忠诚（大学倒是几乎完全自由），而到所灌输的武力思想者当权后，穷兵黩武，又只好想尽办法控制，才能贯彻政令。

无论教育如何低下或狭隘，都会使受教者对现状不满。受教者不满于经济前途；虽然也可以使他获得有用或无用的技巧，然而却使他更为不满。如果文化和政府的力量阻止他得到观念或信息，必将促使他批评政府。如果教育只使他得到工作，就只能得到有关工作的信息，所以有人说，职业训练乃是奴隶教育，没有技术练习，除了作业，没有了解，所说的只是使用，只限于自然法则和科学原则，此外别无批评。所以苏联强调职业、技术和科学训练，以免政权遭遇危险。

专门化则只知其所专的一项，不知还有其他，也不知道原则还可以应用到其他方面。

苏联的领导者只注意科学、技术和工业成就，以为如此就可使国家富强，这和民族国家的领袖并无二致。二者最主要的分别在于所用的方法。方法是教育制度之达到目的的总体指导。如果目的改变，方法及其在教育中的应用，也将随之改变。

五、民族国家与世界统体 (Nation-State & World Community)

世界全体人可说都集合在收音机和电视机前，可以同时听见并看见同样的东西。由于电波和声波速度不同，有一种说法是在触及屋后之前，已经绕过了整个地球。

世界统体是由沟通而成，共享知识，交换智能，经济密切联系，旅游，有共同的生命感，或者至少命运相同。

横扫西方的科学与技术正在铺路，如果我们能活着，就可以得到世界的文明。（或可称作"文化"。德国文化学派用"精神"界定文化，用"物质"界定文明；并认为文明涵盖在文化中。美国学者对此不做严格的划分，所以 culture 和 civilization 可以交互应用。）这种文明未必动人，但却是基于共识、共享和共同的生活方式。

哈维·惠勒（Harvey Wheeler）说："因无意中创造了一个单一的工业世界秩序，人遂有意地创造了政治秩序，人的生命就有赖于服从秩序的能力，……人类无处不同，……科学、技术、都市化、工业发展、大众媒体，以及世界合一，走到任何地方都带着同样的需要。"

教育在21世纪可能成为所有国家最重视的任务，主要在于国家的利益。世界可因技术而联合，也可因殖民后期的国家主义而分裂为更多的国家。每个国家将用教育来保持并扩张国力。但实际生活将是另一种情况。

最好的教育是间接的，是帮助而非阻挠世界统体，是求联合而非分裂，如此就要提出人文元素，这是理论的而非实际的，因为人虽然各有所为，却有共同的了解。了解是广泛的而非专门的，因为人虽然不都是一方面的杰出者，却都要把持共同的原则；是博雅的而非职业的，因为人虽工作不同，心灵却都是自由的。教育就是帮助人"学习用心"以"成为人"，这样才会对国家社会有益，同样对世界统体有益。康德曾说："儿童要受教育，不是为现在，而是为人将来可能进步的状况。那就是适合人文观念与人的全部生命的。……家长通常教儿童适应当前的状况，不论现况如何败坏。……家长和统治者不以普遍的善为目的，不求人性本有的完美。"

如果人类处处皆相同，如果教育是适应人文观念，为了人的全部命运，为了普遍的善，教育就要随处皆同。教育如要教人成人，就要适应世界统体，联合人与人。要了解就要承认共同的价值。因为长久以来，人们不会想到别人，彼此就没有了解，所以不知道何谓"了解"。

如果教育变成实际上慎重的考虑并组织，要帮助人"成为人"，必然有助于世界统体，共和能维持公正、和平、自由与秩序，那就只有运用智慧。当我们试验"学习会社"时，共和是真实的普遍教育生活的历程，所以共和的理念就是学习共和。

每个人都能学习，只要人活着，学习就不会停止，除非他不肯学。政治自由不允许限制人获得知识。人类事务不经不断地学习，就不能长久保持真理，和平也遥不可及，世界法和公正也只能停留在口头上。当所有的人都成为世界公民时，学习的共和国才能实现。

六、教育技术

教育工具最能影响教育目的,因为工具会变成目的。如果学生的选择、安置、升级和毕业都需要考试,学生就会把"通过考试"看成教育的目的,也就把"考试题"当做教育内容。于是决定科目的人,在有意无意之间,以"考什么"为前提,不问学生应该"学什么"。这情形在教育技术方面也一样,教师和学生,不管多么聪明,不这样就会被驱逐出去。

于是教育制度和名称,成为名不副实的两回事。教育不是使人适合制度,而是帮助人发展人力。发展人力借助于工具,用"最短的时间"衡量并计算,但却不能发现"了解能力"。

行政或技术可以快速地回答只有一个答案的问题,因为只重答案。而当"一个问题"有"多个答案",或者问题在于"答案之外"时,像欣赏、原则、意义或了解等,机器就拒绝作用。一位哲学家的生平可以很快地用程序操作出来,可是却找不出他在历史中的"意义"。

问题就在于对人而言,很多问题的答案不止一个,甚至一个都没有。这些问题需要讨论、澄清,以至深入,如果可能有答案的话,或者可以找到答案。这是命定的历程,却不是用技术工具可以瞬间达到的。

很难说教育是无效的,但却值得思考。如果说有效,则是为求速度、便利、节省费用,且市场广大,还有"品质低劣"。当然如果技术用之得当,的确可以减轻教师的工作负担。

七、全人的博雅教育

我在肯亚时,听当地地区长官说:"我们这里很少有儿童能受惠到'进一步的教育'。"我问他何谓"进一步",答说"九岁以上"。我想到一个夏天在科罗拉多州阿伯特县,那里所有人都进过大学。这让我得出两个结论:一是阿伯特县的儿童聪明胜过肯亚的儿童;一是绝大多数儿童都能受惠于教育,是家长、教师、地方或国家当权者和社会全体决定给他们多少，儿童无权决定这一点。肯亚的规矩是儿童十岁就去放牛；而科罗拉多大学要求学生二十岁时在学校读笛卡尔。

这就反映了赫胥黎（T.H. Huxley）的话："一个婴儿来到这个世界，不能确定他是做清道夫、店主、神父或公爵，只是一团泥，尽皆相同，只有让他们受良好的教育，才能知道他们的能力。拿一百个贵族和一百个普通人相比，看不出他们的能力有什么差别。"

由此可以证实本文所说的，人都有受教育的能力，只是不能避免教育每个人较长时间的责任。而20世纪末期全世界都教年轻人科学、技术、民族国家工业，但看不出教育目的和方法与此有何关系。很多国家都以为很难做到这一点。

史学家汤因比（Toynbee）曾说，要给每个人一种能避免宣传的教育。这好像给学校加上一个不能负荷的重担，儿童在学校的时间只有一天、一星期或一年的一部分，其余的时间可能就耗在电视机前。他在电视上所看到的，是世界上最有技巧的高薪"厨师"，教育无法与之相比，这是教育与文化的矛盾之处。

这就是说，要改革教育，需要先改革社会。社会不见得允许教育改革它，可是无论从哪一方面说，教育却是唯一形成社会的诸多力量之一。（Society may not allow education to reform it, and in any event education is only one of the numerous forces making society what it is.）

商业广播倾向于责难教育收视者品位低下，可是普遍的教育和知名学校从未反讥说：柏拉图说过，人是由不同的金属造成的；亚里士多德也说过，有天生的主人，也有天生的奴隶。《大英百科全书》中说："为全体儿童提供中等教育，和为少数选定的儿童提供特种中等教育大不相同。关心中等教育的人倒不是预定的特别为了少数，而是要消除为适应各种能力而设的科目。因为儿童需要的科目特别多，不可能经常供应各种各样能力的学生。"

个别差异的事实毋庸争论，却可以在基础教育和高级教育方法上调整。基础教育可以确定的一点是，每个人都有一颗心，每个人也都有能力，只是需要学习来运用。

科学、技术、工业、民主等福利的需要，已经成为无法想象的困难，这些需要并不能由训练和信息供应。所以赫胥黎说："造就好的工作者是伟大的，但更重要的是造就聪明人。除非每个人都受到教育，否则民主的渴望不久就会成为幼稚，人就要称自己为政治动物；他将为官僚政治统治，那可以使他有某些权力，但却不是因政治参与就有了人文，大多数人都成为庸俗的和耍马戏的。"

智慧由学习开始。哺乳动物经过很长时间才成为人类，出生后至少需要哺乳一年，爬行一年，才能直立，再要二十年才成熟。要实现他的潜能，就要一生学习又学习。

马利坦（Jacques Maritain）说："教育不是训练动物。人的教育是人的醒悟。成为人最重要的一件事，就是学习用心。如果他会想，就知道要'成为人'就要用人的方式来作为。"

全人博雅教育的道理，就在于每个人都有'成为人'的机会。这种教育的目的在"成人"，而不在"人力"。这种教育使年轻人可以面对任何可能发生的事，在任何情境下都有其价值，使下一代可以做两个共和国的公民（本国的和世界的），使他们准备学习生命，把人和人联合起来，谈论本国与世界统体的好处，没有偏见，但有基本的实际智能。

这些都暗含着思考习惯与思考重要事务的能力，包括分别轻重，发展思想与行动的批判标准。

这样的教育在深度与浅度上，可以左右逢源，普通人都可运用。每个教师都可从文学教到历史；在历史中，可以教事实；在科学中，可以教实验。这些都比教观念容易，比批评容易沟通，也比其他方法容易测验学生。

这观念所考虑的，是普遍而非特殊，是永久而非传承。不是要制造实行者，而是要发展所有的人成为智慧人。博雅教育所寻求的是脱俗。

一个地方的批评标准，肤浅而一知半解的史地与社会科学，会增加学生的偏见并带到学校里来，因为别人的坏习惯可能冲击到他，使他以为那是"附和自己的高明"。

八、大学

20世纪60年代，全世界受大学理念抚育了一千年后而萎缩，成为国家大学之国家化工业，不再是高明学者寻求真理的主动统体，而被视为是知识产业的神经中枢，要贡献给国家力量、繁荣与声誉。一位美国最大的大学校长说："大学基本的功能就是广泛地认识新知识，这是经济和社会成长的一个重要因素。"

大学是社会的佣人或非难者吗？是附庸还是主体？是镜子还是灯塔？是要面对国家切近而实际的需要，还是要承担高度文化的传承与扩展的基本责任？是专门化年代的智慧统体吗？国家化工业能成为世界的前景吗？这些矛盾的目的能统合在一个机构里吗？

这些问题在民族国家兴起而开始工业革命后，曾一再提出。有人曾试图以大学为用：拿破仑想把大学作为"智慧宪兵"，曾说："如果我的希望实现，这个队伍（智慧宪兵）能反制破坏社会秩序的有毒理论。这些人对于防卫国家道德和原则的，先期提出警告，反抗者为显示自己，而提出危险的理论，常常在群众中，更换空论，扰乱公众意见。"

第二次世界大战时，以为大学可能有用，特别是提升技术，高唱改变，普遍地承认提升科学需要专门人员，广事教学与研究的枝节化。发展中国家与新兴国家尤其如此。

"怪物"（monster）这个名称，本是"不合规矩"的，反而变成了"规矩"。有五万学生的大学遍于全世界，加州大学计划要达到三十万。其实学生的品质和教育品质，应该比数量更重要。高斯道夫（G. Gusdorf）曾说："在美国这个工业最进步的国家，政府机构投入大量金钱用于研究，要大学帮助完成一种任务。大学接受了这项原非本身的而是代理的任务，即需要某种程度的不可知的专门技术，于是把教授从教学中拉出来做代理，使大学变成代理处，教授变成了'奶妈'。"

教授的物质基础，甚至生理处境，因而都有了变化，他的饮食离开大学，到处找所想到的舒服场所。在各领域当主席，一群助理带着他的材料，随他到处开会、咨询、协调。大学成了他挂帽子的地方，忘了那里有他的责任，对那里也失去了兴趣。教授原本可能属于一个智慧统体，并不是只有一个住所或名称。这样的大学已经不再是中世纪的大学了。

大学的目的着眼于知识、生活、世界或真实的整体，驯服自负与过度老练，以及专家进入学术圈和其他主题陶冶中。在其中要看尽一切，并不只为社会或保存大学，也为养成专家或熟练者，使他们相信不在别人的光照下，自己的研究可能会走入死胡同。

生理学家杜·鲍伊斯－雷蒙（Emil Du Bois-Reymond）曾指出，培根和洛克也都说过："自然科学之外的研究和行业，限制了理念圈。自然科学使我们看不见眼下之物，看不见手里的东西，只有切近的经验，只有确实出现的才是绝对的。……这倒也可算是可贵的进步，但是把自然科学当作唯一高明的，必导致理念精神贫乏，从而想象失色，灵感变得狭隘、干枯、坚硬。"

大学曾是统合人的标志，是文明的信托人，是智能统体。不如此想的人是因为这个名称有一个愉快且友善的环。这统体的目的是共同思想，认为别人想的可能比自己妄想好，相信即使自己想的在全世界都是最重要的，也未必能通达到哪里去。

大学从政府代理处接受金钱以完成所交付的任务，而一个智能统体是不能接受的，大学不能因要钱而限制了探讨或教学的自由，所以大学应该如其本分般清白。美国很多大规模的大学都致力于三项不相关的活动：职业证书、照护儿童和科学研究。只有最后一项基本上还能维护学术自由，但若受制于预定的结果，也就乏善可陈了。

克拉克·柯尔（Clark Kerr）曾讽刺说："任何地方的大学，都可以把目的放置在无法超出……在混乱中保持不自然的全部平衡之上。"这其中的危险是，那些在学并支持大学的人，有一天问起这该怎么办，而得到一个不可知的答案时，会背转身而去。

20 世纪 60 年代，全世界的学生都扰攘不安，大部分都是由于如柯尔所说的"混乱"造成的。他们不知道为什么进大学，不知道进了大学做什么，甚至不知道大学是个什么东西。他们大部分基于一个印象，就是会有社会地位和好工作。但是社会如何能区分每个人想要的？社会上或许没有工作，或许没有每个人所指望的那一种。他们发现教授漫游世界，而给自己上课的乃是助教；他们发现自己被编了号而计算机化了，自己已经够混乱了，又加上大学的混乱。

古代大学即使不是实际的，原则上却曾防止出现这样的牢骚。照古代大学的理念，研究与教学本是一体，而在智慧企划中，学生是初级参与者。大学理念可能的实现，在于如果学生能做独立的智慧工作，教师就和他们联合在一起做他们的研究。问题是，今天的大学流行教学和研究"对抗"，大学非人格化，学生的问题在混乱中无法解决。如果大学限定在有能力又有兴趣的人上，问题就简单了。

未得到大学入学许可的怎么办？如我所说，他们可以接受博雅教育以预备过人的生活。如果他们想要做任何一种技术员、商人，解决实际问题以至从事各种各样的工作，可以从工作中去学习，或者进训练学校。

这类训练学校可以设在大学附近，教师和学生都有取材的便利。但因目的与大学不同，不能视同大学生，一个智能统体不能由不追求智慧的人来组成。

那些从事知识工业的科学家一类的人，只在堆积数据以达成政府代理任务的，或者只求满足工业需要的，也可把机构设在大学附近，但不属于大学。没有理由禁止政府和工业从事他们认为需要的研究；也没有理由禁止收集资料的研究。理由是专家不该坚持在封闭的情境中做神秘的研究——他们不一定能成功——如果他们的机构允许,应该待在大学之外,就不致造成大学的混乱。如果大学是一个智能统体,自然能发挥其历史功能。

20世纪60年代英国的挣扎可以作为参照。英国政府宣布高等教育和研究二元或双轨计划,可能源自美国的莫利尔法案,其分支重现于当时的英属尼日利亚。按照英国的模式,大学,现在包括高级技术学院,仍有主动功能,与之平行的称为"公共部"(public sector),则用以应对职业专业和工业基础的高等教育的需要。英国教育与科学部部长柯劳斯兰(Anthony Crosland)认为,"公共部"也可以提升到大学毕业以上的专业训练,因为这是应社会需要且受社会控制的。

"公共部"不授予学位,但可推荐至国家学术奖励会以定其标准。但这个部门并未多做研究,只训练了技术员而已。这就是大学和"公共部"的不同之处:大学是独立思想和批评的中心;后者乃是应急而设的,没有独立自主的功能。

美国的州设立了董事会运作大学,立法者和董事常常互相参照,比较谁更能干预大学的教学与研究。私立大学的董事信托人以私产办学校,表现得如美国企业家般,习于指挥,视教授为雇工,学生为产品。这是美国传统的因与果,使大学成为镜子,而非灯塔。

官样文章、行政机构和官僚与大型组织不可分,以自己的目的为唯一的目的,其倾向就是"否定"人文化。

大学的方法是助产式的,是通而又通。古代大学的理念是人的接触。大学和工厂截然不同。大学虽然不免于官僚作风,如果还想成为大学,就要尽量减少这种作风。一个可行的方法是,使大学成为小型学院的联合体,小型学院可以缩节建筑与管理,而扩大人的接触,使社区更多的人受惠,且更节省行政人力。

全世界都倾向于把大学由智慧统体、独立思想与批评的中心,变成国家化工业,有大量的金钱,有众多的学生,所有的政府都期望实现这一点。

如果这项期望实现了，人文的损失将严重到极点，那就像失去了智慧之光。

柯尔在说到大学犹如国家化知识产业的中央制造厂时，曾问到了大学部教学的改进，知识世界的联结一致，行政的人性化，以及有浓厚兴趣和能力的学生。他得出结论说："现在的大学需要知道，是否在躯干之外，还要有一个大脑。"柯尔所说的也就是要建立一个自主的智慧统体，大学不要再做国家化工业。大学的大脑是生出意义、正确、联合有机体及其活动。

九、学习型社会

每个高度文明都认为劳动是罪过，是文化的敌人，因为智慧的增加需要闲暇，只有少数人才能做到。可是教育关系到生活的真正价值，可以使人生活得聪明、可嘉且美好。非常明显，当社会人力充斥时，教育的目的就不可能再是人力，工作训练再训练必须是有工可做。照变化的速度看，那种情形只在工业中。教育机构的特别任务，将是培养普遍且继续需要用脑的人。

我们已经知道，教育机构的目的，决定于文化的所在处。如果工作在于人的传统目的，教育机构就要做到，关键是要在一定的时间和处所，用最好的方法来完成。

如果以生活得聪明、可嘉且美好为教育目的，我们要把这信念广被于文化中。

教育制度要在所需改进的社会中操作。但社会未必允许改进的方向与方法。虽然教育本身有某些主动力，却不能单独改变文化。伏尔泰（Voltaire）曾说："没有像教育那么自由的。当一个国家想到教育时，就无法阻止。"这就是说，普遍的教育使得心灵自由。但是要政府或控制教育者同意提供博雅教育才行，且要文化允许应用自由心灵。如果文化封闭了心灵，就会压倒教育。文化能够因不许或削弱其效果而"杀死"教育。

如何改变文化的目的？如果看到前述博雅教育下的人生，社会通识的改变，就可承认教育改革是果而非因。而且教育不是文化的唯一推动力，也不是决定者，因为还有其他的力量左右教育。

文化影响力更高的还有大众传播媒体、家庭、邻里、教堂和混乱的义务组织，这些都会影响其分子的生活与态度。很多国家的政党和政治领导者形成公民的心意与行为。在这样的情形下，不会容许博雅教育。

所以一个国家致力于消费和生产者，不会想到心灵自由；只注意销售产品，就不能建立自由心灵。那样的国家把教育机会当作生产与消费的工具，这曾是美国电视的命运。电视本来可以为教育目的而用，一旦用在商业文化中则行不通。现在电视只是用来推销肥皂、啤酒、消臭剂、香烟和娱乐等广告。（述者于1964年回国时，喜见已有电视，曾想可用于作为教育方面的工具，但发现实际上只有奇装异服的男女歌唱者歌不成调的出现，加上庸俗不堪的连续剧，使民众群趋之若鹜，只有摇头叹息。数十年来，歌与剧虽然也有可观者，但却敌不过耸人听闻的媒体夸大其词的报道，以及鼓励消费的商业宣传。一种最有效的民众教育工具，落到如此地步，不得不为教育慨叹。）

历史经验确定基础性的社会改变在于承认生活的事实。如果大学仍存在于智能统体中，领导者认识到改变由此而来，或者改变还属可能。领导者的认识来自一些看到真实一面的人，包括作家、艺术家、学者，以及有独到见解者，看到文化的超越之处，以自由的心灵来追求文明的目的。

如果从工作的传统目的的转变来看，将会发现对每件事物的观念也随之而变，那首先就是每个人都有机会"成为人"。就是说，社会不再担心生存，而致力于"发现"并完成"共同的善"；进一步完成世界统体。

于是"以人为主",放弃战争,免除对残酷死亡的恐惧,使饥饿不再出现。

人的本性显示可以终生学习,科学已经证明人能做到。天赋的心灵发展,成年后仍不失机会。从幼到老,始终不失为人,就在于不断地学习。经验有助于了解,经验越多,了解越深。人们的共同信念是,智慧来自年龄。停止学习,就等于失去了变聪明的机会。

既然工作是生活的目的,教育或学习就是为此而准备的。因此人们认为这准备就如童年病,生一次就可终生免疫。教育制度之分阶段就是受此影响,到每个阶段结束,就算完成。若把教育看成是一件工作或婚姻,达到目的后就可告一段落;若把教育当作一个时段内要做的事,时间到了,教育就"没有用了"。

米德(Margaret Mead)谈到 20 世纪 60 年代的状况时说:"我们不知道一千年来改变的性质。教大一学生的科目,到他四年级时已经变了,却仍然说大学可以给学生好的教育——完成了、包起来了、学位证书上盖了印。……坚持这观念和对学生的概念,教育机构像收养儿童般,只是时间长短不同而已。……一旦他们离开,就以为任务完成了,不论他们有无能力或是否需要进一步的教育。因为我们仍然相信教育只是'一件'或连在一起的一件,每一件都是'整个'的,如小学、中学和大学。……于是我们不用面对新时代最活灵活现的事实:没有人一辈子都活在他出生的地方;没有人死在他成年后一直工作的地方。工作在科学、技术或艺术进展边缘的现代生活,瞬息万变,几个月前唾手可得的工作,现在却需要新知识或练习才称职。在这个世界,没有人能完成教育。我们的学生不是刚开始学走学说话的儿童,直到长大以至成为少数掌握专门技能的人时,在适当的阶段,还要学习以适合他们年龄的经验。"

自由时间的增加使继续教育成为可能,急速的改变更需要继续教育。汤因比由通观历史来思考教育,乐观地说:"闲暇会伤害没有经验者。少数会利用闲暇者,在文明进步中会成为超越原始的主流。在我们古老的工业社会中,闲暇被有优势的少数人反过来看,有失业者就有劳力'可用'；而对工业中的从业者说，失业乃是梦魇，因为没有收入，更坏的是失去自尊。在我们这个世界里，失业的工作者，认为是被业界所驱逐。而希腊人却认为闲暇是伟大的人类之善。……我们这个世界，动力曙光不久就将使工业从业者有足够的闲暇，而不失收入、不失自我与社会的尊重。……学生在没经验到学习的好处之前而抱怨学习的，将会如饥似渴地读书，经验使他知道了读书的需要。未来富足的社会，可以提供部分时间的成人教育，……丹麦已经做到。"

有些国家对继续教育并不认真，只是作为休闲的方式而已。

是否可能进一步看学习社会？这社会除了提供部分时间给各阶段全体成人教育，并改变学习、实践与成人的价值，且以此为目的。希腊人就曾如此做过，他们使社会引导其成员充分发展出最高的力量。用我们的标准和术语来说，希腊人并未受到教育，也不知道现代这种昂贵且有组织的学校，也没有什么教育制度，可是他们有属于人类的教育家。在希腊，教育不是独立的活动，并不行之于固定的时间、地点或生活中的某个时期。教育是社会的目的，城市会教育人，希腊人所受的，是文化教育。世界统体学习文明化，学习做人，最后教育可能回归本位。

价值是否有赖于改变，方法也可能提供机会。在价值改变中，教育自有其任务。一个社会中，每个人在教育机构内外开始接受博雅教育，继续博雅的学习，社会中有真正的大学，是独立思考和批评的中心，在其中价值可能改变。不过这样的大学中，价值已经改变，否则这教育概念就不会被接受。

人能实现自己，能形成环境，能创造出机构和教育他的学校。他的环境和学校又实现了他。他的教育机构与价值永远存在。对生活事实高度的认识，可能迫使重新认识这些价值，以指导教育走向新局面。如此，第一步是对生活事实的广泛了解，了解能够得到新价值，以及教育的可能性与限度，以求成功。本书的目的即在提供这项了解。

◆述者总结◆

赫钦斯对教育一贯的主张：第一，教育必须以提高人性为目的，即"教人发挥人性"，有心灵的自由，过恰如其分的生活，才算是人。第二，学术必须与技术分开，因为学术在智能，技术只是应用的工具。从单一的学术团体来说，应该是一个心灵相通的智慧集团，追求最高的智慧，以谋求人类的幸福，所以这个集团，他称之为"统体"。此字的英文字虽为community，意义却不是一般所说的"社区"。社区只是一群人聚居的一个地域名词；"统体"也指"一群人"的聚合，不过其聚合有特定的目的，其性质是智慧的，在精神上是"凝结为一体"的，可以由心智沟通，通力合作，雍穆和谐，亲切和平地共存共荣。他希望看到"人类统体"甚至"世界统体"，这最后一个希望，和我国先哲所希望的"大同世界"有异曲同工之妙。

人类颇以自己的智慧而自负，但是有识者，从希腊到中国的先哲，早就提出人可以增加智慧，但更要培养德行，因为有才而无德，"才"只会成为"济恶"的工具。看到今天科学与技术的成就，我们在歌颂之余，也领略到其所带来的危机，因为其后遗症是驱人急功近利，不惜用尽手段，小之损人以利己，大之发动集体屠杀，把原本和谐的大自然，搅得乌烟瘴气，使人日夜生活在困苦与恐惧中。这最大的原因，就在于教育不曾把握住正确的目的——不以教育人为目的，却训练人做争取财货的工具，从而把人机械化了。被机械化了的人，失去灵觉与智慧，沉迷在红尘中尚不自知。如果教育还不觉醒，人类的前途以至人类所栖身的世界的前景，实在不容乐观。

十一、《教育的历程》——精心实验来改进教育

The Process of Education（1960）

布鲁纳（Jerome S. Bruner，1915~ ）

布鲁纳在教育方面侧重课程与教学研究，本书是一项改进中小学课程与教学的研究计划，从中可以看出计划与研究的缜密与翔实。

一、绪论

每一代人都以他们的期望形成他们那个时代的教育,进入我们这个时代的教育之品质与智能的目的,是新而广泛的考虑。但是要训练面面俱到的民主公民,教育就不能没有大量的理念做工具。然而我们的公共教育已使大量人民热衷于培养专家,至于教什么,以及目的是什么,则有集中于国家安全的趋势,即在于教育良好的公民。

据此重新考虑的是中小学课程计划,从而发展出几个重点。一个是参与空前的课程发展者,即为大学的学者和科学家及各科的学有素养者。他们对中小学科目都有所准备,不仅反映科学和学者最新的进展,并对学校经验有全部坚强的观念。中学物理由物理科学研究委员会准备课本、实验练习、影片和特别教学手册,加上教师训练课。25000名中学生学习这门课。同样,数学由数学研究组、数学委员会、伊利诺伊大学数学院委员会和其他组织督导。生物科学课程学会建构中学生物课,其他如化学等也都同样设定。

这项工作的主要目标为有效地呈现教材——不仅在范围或程度上,并在结构(structure)上。物理学家、生物学家、数学家、史学家、教育家、心理学家等齐聚一堂,考虑刷新学习历程的性质,求切合教育,指向流行课程所引出的,关于学习与教学概念的问题:教什么,何时教,怎样教,以及在课程设计中怎样的研究与探讨能生出进一步的力量;强调教材结构在数学或历史——能使学生从学习中迅速得到基本观念的深刻印象。

20世纪上半期美国大学研究所强调高深学习与研究。结果是使顶尖的学者与科学家各自把主科分别呈现在中小学——甚至把小学科目教给大学学生,他们主要是想得到奖学金,只是偶然通过编制中学课本的著名科学家，如弥尔侃（Millikan）或有身份的史学家，接触到一些一知半解的东西而已。站在某一学问的前沿者，可能在其专长方面大有贡献，但却未必熟悉中小学课程的发展，故而学校科目与当代知识，常常失当或不正确。我们也尚未得到闻名学者、教学优良的教师和对教学与学习训练有素者共同努力的好处。现在的趋势似乎反了过来，包括美国杰出的科学家在内的学者，来计划其学有专长的学校课本和实验操作，建构影片与电视节目。

自从富兰克林的观念在美国教育中应用之后便分成两途：其一是掺入特种技能；其二是注重广泛的了解，以便能够面对生活的事务，而技巧则直接与专业有关。富兰克林在18世纪50年代就鼓吹未来的商人要学法、德、西诸文，学生要学农业并访问农场；普遍了解在于历史知识，加上勤学数学与逻辑，仔细观察自然世界，就需要有精湛的学习（well disciplined）和充分的积累（well stocked）。

美国中学曾经在特别应用与希求"优美"（ornamental）二者间取得平衡，但因中学人数激增，很难做到。

所谓教材的结构，可用生物、数学与语言学习三个例子来说明。生物中第一项是观察尺蠖爬行于贴在板上的表格纸，板是横的，虫则直行向上。把纸板上端倾斜30度时，尺蠖便不再笔直向上，而变成45度。若倾斜到60度时，它即变成75度。由此可知尺蠖向上爬行时，喜于沿着15度的角度。学生看过后，可以知道外在刺激与动作的关系，据以推演类似的情形。

数学等式（equation）中以转换（commutation）、分配（distribution）与联结（association）为例。学生把握到这三个基本法则之后，再去了解其他的等式便没有困难了。

学习结构最好以无意间地学习母语为例。把握住精致的语句结构，儿童就能从结构模式学习到概括的句法；也可学到变化句型而不变意义，如："这只狗咬了这个人"，变成"这个人被这只狗咬了"。到了这一步，儿童已经能活用语句结构法则，其实英文中，也说不上文法式一定是什么。

如果教育要对社会有所贡献，就要使儿童的情绪发展表现出生活于民主社会和家庭生活的功能；如果强调后续的智慧教育，其他的教育目标也同样重要。

如果以为教育的普遍目标在于培养"卓越"（excellence）的人，就要廓清"所指的"是什么。此处所指的是"教出好学生"，同时使每个学生都能达到其"最高的智慧发展"。好的教学方法的价值，在于强调教材结构针对"能力低下者"的作用能超过"聪明的"学生。因为能力低下者最容易被不当的教学所放弃。这就是说，学习速度或科目内容"不应全体一致"。如会议中一位人员所说，如果你教得好，常常会有四分之三的学生的成绩在中等以上。要知道个别差异，如果所有的学生都得到充分的智力发展，我们会有更多机会存在，犹如民主存在于大量科技与社会复杂的状况中一般。

下一章将专注于如何"教好"科学与数学。并不是特别强调此二者的训练，而是根据近十年来历史发展的偶发现象，在这些领域中，试验其进步的机会较多，实验课程也多。社会科目要加倍再加倍，人文科目和语言教学都重要。对现代人来说，由历史与文学学到悲剧与胜利，比从物理学到物质结构更重要。要十分清楚的是，如果人们要对下一代的教育有所贡献，人文学科、社会科学和自然科学，都同样需要想象力。

过去忽视了从公立学校顶端四分之三的学生中选出智慧领导者。改进科学和数学教学可以正确地弥补有才能者、中等学生及学习缓慢者之间的差距。通常这些科目比其他科目能更早地发现才能。理想情况是，学校应该让学生在不同的科目中各自尽快进行，只是行政上有困难，可能要改变年级与科目系统，特别是有些要加强的，如数学即是其一。后续各章包括四个主题：第一个主题犹如所说的，是学习的结构功能，以及如何成为教学的中心，这是在实际方面。因为教导与学习结构，不似掌握事实和方法那么简单，是遭移（transfer）的典型核心问题，不只是习惯和技巧而已。如果以前的学习使后来的学习容易，就应该提供一个清楚的画面，显示前后之间的关系；同时需要这类的研究来强调结构。

第二个主题是学习的心向（readiness for learning）。过去十年延迟了教学困难的材料。读者可以在该章中发现研究预设是："任何材料都可以在任何年龄，用任何形式教任何人。"所有的科学和数学基本上都教生活形式，而文学也同样简单。控制这些基本观念做有效的运用，需要继续"加深了解"，那就在于逐渐由简到繁地学习。但要在开始教时，就使儿童明白，并使其有机会时，能自己应用。（学习的心向过去在心理学中译为"心理准备"，照本书著者所说，重在前一步的学习，即为后来学习的基础，要使学习者后来学习容易，开始的学习应该留下明白的印象，是有准备的用意，但并不明显。强调学习者的心向，重在教的一方面。）

在开始教科学、数学、社会科学和文学时，应该设计在教学时小心翼翼，秉持明智的忠诚，但要注重把握基本的运用观念。在课程发展中，要常常重复这基本观念，使学生把握住这观念。四年级的儿童已能深入掌握由"形式几何学"（topology）原则支配的游戏和"集合"（set）的理论，甚至会发现新的运动或定理；也可从神话中把握悲剧观念和基本的人类誓约，只是不能像成人那样用正式的语言描述而已。

第三个主题涉及"直觉"（intuition）的性质——是达到变换的智慧方法，但无须经过分析以求暂时的公式，就得到结论。直觉思考能训练预感，做有效的思考，常发生在日常生活中，但却被学术训练忽略了。精明的猜测、聪明的假设、冲到结论的勇气，是工作时最有价值的思考，学校儿童不能具有这项才能吗？

这三个主题之核心信念的前提是：智能活动随处皆同，无论是在知识前沿或是在三年级教室中，或是科学家在他的书桌前或实验室中，或是读一首诗，做一篇文学批评。如果他想了解这些，就会尝试做同样的活动。儿童做这些和成人的差别，是程度上的，不是种类上的。

第四个主题是关于学习的愿望及如何鼓励。在想象中，对学习材料有兴趣，比起升级和竞赛来，是最好的鼓励。至于应用辅助教具和比赛，还有待讨论。参与讨论者都以为教师才是教学最主要的人物，只有在如何帮助教师这方面，有不同的意见。这主要是教师是重点，也因为教师对教具的运用。有两个极端强调的意见：其一是，教师是唯一且最后的决定者，决定如何呈现教材和所用的教具；其二是，教师是教材教具的说明者兼议论者。照第一个意见来说，就要求教师对教材有深刻认识，且对其工作有相当才能，同时还要替教师准备充足的参考材料，以便选择符合课本的来应用。第二种说法只在做成大量教具，教会教师做明智的应用即可。

二、结构的重要性

任何学习活动，除了尽量使之愉快外，更要重视未来。学习不仅要带我们到达一个地方，还要带我们很容易地走得更远。学习有两个方法用于未来：一个是原来所学的特别可用的，心理学家称之为"训练的迁移"，可说是习惯或连接的扩展，通常说是技巧。学校所学的一种技巧，无疑会用于未来。一个是从前所学的，后来做起来特别顺利，这一种叫作"原则与态度的迁移"。本质上，这种学习原就不是技巧而是普通观念。这种迁移是教育历程的核心，可以拓展到深刻的知识。

连续学习是由第二种迁移造成的。这是原则的迁移，需要对教材有透彻的了解，才能运用自如。这就是说，一个人在新情境中，认识到一个观念可用与否，需要清楚当时的现象，主要的是他能够将学过的主要观念，用到新问题上。所以主要观念是每科教材所必教的。

一个最明显的问题是，课程结构如何使"普通教师"教"普通学生"，同时清楚地反映各科内涵的原则？答案一是重写基本教材而不离其核心；二是使教材适应不同年级和不同能力的学生。

精通一个科目的基本观念不仅要把握普通原则，还要培养对学习与探讨的态度，肯于猜测并搜寻，要自己来解决问题。要灌输这种态度，教学就不只是教基本观念，最好能激起想要"发现"的心意，使学生觉得有寻找新东西的愿望。伊利诺伊大学数学院委员会与算数研究计划，即强调"发现"有助于教学，应用一种方法使学生自行运用数学特殊做法中所隐含的"类化"作用。方法是由教师先说明类化，然后由学生搜寻证明，但费时颇多。但用归纳法教原则是否较佳，尚有疑问。

哈佛针对六年级学生的社会科学的一项认知计划表明，学生们发现了很多理论，他们颇为兴奋并快乐。

如何按照学生的兴趣与能力来讲述基础知识，下一章将会进一步说明。此处要说的是，需要结合深刻了解，有耐心与忠实地呈现同时存在的现象，且要正确，更要能增进透彻的了解。

第一，有基础的了解更易明白主题，物理、数学、社会科学以至文学都一样。学生一旦把握住国家为了生存，就必须有"贸易"这基础观念，像美国殖民地的三角贸易就比卖蜜糖以及奴隶破坏"大英贸易三角"等，容易理解得多。

第二，关于人的记忆的。据一个世纪的集中研究发现，除非所学细节结构严密，否则学生很快就会忘记。记忆详细的材料要用简单的方法呈现。简化了的"再现"（representation），也可称为"再生的"（regenerative）。长期记忆见于科学，科学家不必记住不同时空物体降落的距离，只要记住一个公式 $s=1/2gt^2$ 就好了。学习普通或基础原则，不会全部忘记，而保留下来的，则在需要时可以重新组合。

第三，对一个基础原则或观念的了解，是适当训练迁移的方法。了解一件特殊事项的基础原则，可以推演到了解其他的方面。原则与概念的迁移早就是熟知的事实了。

第四，教学注重结构和原则是验证中小学教材的基本特性，可以缩短小学与其上的知识的距离。因为小学所学的，到了中学以至大学时，已经陈旧而落后，如分类与应用、测量单位和发展等。

　　常听人说"懂得"与"会做"的差别，如一个学生懂得数学观念，但却不会用在计算上。这可能是注重"教"或是注重"学"的差别。心理学中对"机械训练"（rote drill）与了解有明显的分野。事实上，训练不必是机械的，而注重了解则可能使学生的文字表现出油腔滑调。

　　最后要说到考试（examination）。不当的考试常侧重细枝末节，使教学陷入断裂，使学习变成机械式。如此则忽略了考试也在"改进"课程与教学。无论是用客观式的题目还是论文式的题目，都要注重了解广义的原则；即使要考知识细节，也要学生了解特殊事实间的关联。美国教育考试服务部（Educational Testing Service）也注意到基础原则的重要性。

　　教授特别主题或技能，若不把科目知识广泛的基础结构的"文本"（text）表现清楚，在一些深度感受上并不经济。第一，这样的教学使学生类化所学的和将来要学的都很困难。第二，因不能把握普通原则，使学习不能得到智慧的愉快。教学要引起学生对某一科的兴趣，在于使他知道这科目值得学习，即使他超出学习情境之上，能作有用的思考。第三，新学的知识如果不能联系已经知道了的，必然容易忘记。若能依原则或观念组织事实，便不致很快遗忘。

　　设计一种有基本结构的科目知识，需要对这科目有基本的"了解"。没有热心"参与"过的学者或科学家，即使能力高强，也无法胜任这项任务。根据过去几年的经验，如果这类学者和科学家，联合有经验的教师和了解儿童发展的学生共同工作，就能担任我们所说的课程设计。教育的实际进步要能适合生活中科学与社会的改革、课程材料的准备、教师训练和支持研究，就需要大量人力。

　　要使教授普通原则既有效果，又有兴趣，有许多问题已经探讨过。适当的课程有待实验，改进教学也需要研究的支持与指导。

三、对学习的心向（Readiness for Learning）

我们开始的假定是，要把教材依智慧的诚恳做有效的教学，可以教发展中的任何阶段的儿童。按照课程性质来说，这是一个相当自信的假定。好在对于这一点，并没有相反的证明，而是有大量的支持。

说明白点，这假定可以验证三个普通观念：第一是有关儿童心智发展的历程；第二是学习活动；第三是螺旋式课程要及早引入。

从心智发展来说，研究发现，儿童在每个发展阶段，对世界的特征都有独到的描述。对任何一个年龄阶段的儿童，教学一门科目，所呈现的教材结构都要符合他们的"看法"，这项工作可以当作是"转译"（translation）。这个普通的假定认为，任何观念都可诚恳地用于教学校儿童，而这些在儿童幼小时被教的观念，日后将更坚定、更正确。

皮亚杰（J. Piaget）曾对儿童发展阶段有过明白的叙述，可作参考。照他的说法，儿童在具体运作期，可以直观而具体地把握数学、人文、社会科学和自然科学的基本观念，但都在具体方面。这项发展表现在小学五年级儿童身上的是，数学游戏规则可作高级数学的模式，儿童可以把模式归纳起来，学会应用，甚至能说出所依照的规则。

教儿童基本概念，可使儿童从"具体思考"进步到"概念思考"的适当模式。但若基于逻辑形式来说明，则距离儿童的思考模式太远，反而妨碍其应用能力，乃是徒劳无功的。很多数学教学都如此，儿童还不懂得数学次第，却学着用一些别的东西或方法，他们并不懂得这些东西的意义与联系，是由于教师未曾将其转译成儿童思考的方式。这样不适当的开始，使儿童相信最重要的是计算正确，而"不是"学习数学。最明显的是中学生初次面对欧几里得几何学时，只有一堆定义定理，对简单几何整体与直观工具毫无经验，却只是抽象的定义定理之类。如果儿童早就学会直观几何的概念与策略的形式，就会很容易把握这些定义定理的意义。

一位小学教师曾说:"从幼儿园到研究所的教学中,我看到人类智慧出奇的'了无差别',儿童可能比较主动,有创造力,且活力充沛,如果能使他们'懂得',学习任何东西都会比成人快得多。"给他们能懂且有兴趣的材料,在数学方面,他知道得越清楚,就越好教。只是我们应该注意避免特别困难的题目而已。当我告诉一些数学家四年级儿童能学大部分"集合"时,只有少数人说当然,而大多数人却都表示惊愕。后者以为"集合论"本身"困难",这看法并不正确。也许"世间无难事",关键只在"如何教",提出"中等"难度的问题,可能会得到儿童的一些答案,这是教师和课本的伟大任务。用精练的"中等难度"问题引导儿童,可能很快地通过智慧发展,进而了解深度的数学、物理和历史原则。我们要知道"怎样做"才行。

理解的最低形式——逻辑、算术、几何或生理——都在于"数量不变"的原则,其余的,或者在部分的安排,或者在形式的改变,或者在置换空间或时间。不变原则在心灵中并非先在资料,也不是由经验的观察而来。儿童发现"不变"情形时,先是难于把握"不变的观念",而教师却未曾想到这一点。小孩在运作时,发现整体数量、空间维度和物理数量并非常数,却有扩张或相反,是不易了解之处。

有些例证可以帮助儿童了解"不变量"的概念。让儿童把一定数量的液体移到定量的容器内,一个容器高而细,另一个矮而粗,较小的儿童会相信高容器中的比矮的多。如果换成一定数量的珠子,有具体的数目可数,就可免去儿童的迷惑。

儿童往往一次只注意一个现象,就会扰乱其了解。七岁的儿童判断两辆汽车哪一辆快时,多半都以为到了前面的比较快。如果用玩具汽车给他看,从不同的点同时起动,或者一辆走直线,一辆走弯路,就不能说走在前面的一定比较快。这样的例证可以引导儿童注意不同的状况。

这样的例证表示对较小的儿童,也可以教科学和数学一些基本观念。这样有系统的教法,可以为中学时的学习奠定基础。

我们的研究指出，了解"随机现象"需要用某些具体逻辑，也在儿童可把握的限度内。如"选言命题"（A或B），用抽签游戏，可使儿童了解"机会"的品质，有助日后学习"几率"。

考虑到教学的经济之道，有人以为要等儿童长到十三四岁时再学几何。不过也有人说，幼时学过基本逻辑运作，日后的学习便比较容易。

学习一个科目包括三个类似的历程。首先是获得信息，信息有时会和已知的相反，有时是学习者已经知道了的，有时也能使已有的知识更精密。

学习的第二步是转变（transformation），即运用知识于新任务中。学习揭开表面的现象或分析信息，使之成为另一种形式，得到更进一步的知识。

学习的第三步是评估。核对所得的信息是否切合任务：类化与运作是否适当，有时教师帮助学生评定，可能就显得"太过热心"了。

我们常常依学生的能力与需要删减教材，而插入材料（插曲，episode），可长可短，以加强了解。其效果仍有待研究。

从内外在奖励的平衡来说，对学习的奖惩问题的讨论已多不胜数，但对兴趣与好奇，以及"发现"（discovery）的诱惑，却尚付阙如。如果教师想让儿童学习较长的插入材料，可能会增加课程细节，有助于了解的速度，乃是内在的奖励。对于困难的单元多进行讨论，可使学生有机会发挥，因而得到快乐，"好教师"知道这种诱惑力。学生应该知道完全深入一个问题的感受，可是他们很少有这种经验。让学生在教室中有深入的机会，有些学生可以获得自己做成一件事的满足感。

重视学习中的获得、转变和评估的插曲，使学生得到事实及运用的经验，以便检查自己的观念。一位教师教社会科教得非常成功。以一个四年级的事实为例，说到文明多开始于富饶的河川流域，教师令学生讨论为什么如此，为什么不是在贫瘠的山区？学生在已知的之外，自己去搜集，得到许多新材料，这就是一个学习的插曲。

教材结构越合理，累积学习插曲越有趣。当然儿童的了解力不似成人，所以应用插曲也要有其限度。

想到正在成长的儿童，如果虚心地转译逻辑形式的教材，鼓励幼儿进一步思考，可能使他知道这观念和方式，会使他日后成为一个受过教育的人。最好用螺旋式课程。

如果本章所作的假设可以成真——任何教材都可以教任何年龄的儿童——那么课程就应该沿着大问题、原则和价值，呈螺旋式增进，并依社会认为继续关注其成员的方面来制定。很多课程开始计划时，都差不多如这里所说的一样，但在实行之后，就失去了原有的形式，因而很难预料何种形式是最好的，还需要大力研究。

四、直观与分析的思考

学校注重学习与学生的考试，对学生文理方面的表现，都有明显的考核公式。这方面对学生的直观了解（intuitive understanding）是否有害，尚待研究以澄清直观思考（intuitive thinking）的性质。

数学、物理、生物以及其他领域的学者，都强调直观思考在其领域的重要性。例如在数学中，直观（intuition）就有不同的意义。一个学生用直观思考了很长一段时间，才突然得到结论，但仍需做形式的证明。另一个学生号称最佳直观数学家，别人拿来一个问题，立刻就能正确地"猜对"，经过判断，有时就是如此；换一个方式后，经过数步验证，所猜的仍然无误。

关于直观思考的性质，有两个核心问题：一是何谓直观思考；一是什么会干扰这种思考。

有人说，对具体事物用分析胜过用直观思考。分析思考是逐步进行的，每一步都很明确，思考者常常能适当地告诉别人。这种思考对信息和运作相当清楚，也可能含着归纳的推理，常从逻辑或数学和明白的计划入手，也可能逐步归纳与实验，以用于研究设计与统计分析的原则。

和分析思考相反的直观思考的特征是，不需慎重地订下步骤，只要是对问题有明显的知觉，思考立即呈现出答案。当然答案对错各半，但却不清楚中间思考的历程，也说不出是怎样得到答案的。通常直观思考基于熟悉这领域的知识与结构，使思考者的思绪一跃而达到结论，但需要再用分析思考来验证。

直观思考与分析思考的性质可以互补。直观思考可能得不到正确答案；分析思考虽然动作缓慢，所得到的答案却多半正确。应用直观思考得到答案后，可用分析思考来核对，并尊重核对工作。直观思考者可以发明或发现问题；分析思考者可以对问题提出适当的形式。在教给学生传统的归纳证明等方法之前，我们应该从低年级开始就发展学生的直观才能，以助其容易得到直观了解。

"直观"的作业定义，最好以韦伯斯特（Webster）为例，其中说：直观是"即刻的了解或认识"。此处"即刻"是对照"深思"而言；"了解或认识"则在于分析与证明交织的正式方法。直观包含把握意义的动作，对重要性、问题的结构或情境，没有明显注意。直观正确与否不可知，要用方法来证明。

什么情形会干扰直观思考？可知是由于应用之前先在的个别差异。一个人在一方面想法是直观的，在另一方面则未必。如果教师常用直观，学生可能会模仿。一个特别熟悉某种知识的人，会常常表现出能正确地用直观做决定或解决问题。

教学中注重知识的结构或联系，可以增进直观思考。数学教学即证实，发展学生对结构或次第的了解，就可增加学生作直观思考的能力。物理亦然。

以启发式教学与算术法比较，前者常用于非计算的材料，而且效果较快。例如先使学生解决一个比较简单的问题，学生在其中得到启发，便可转而用同样法则解决较复杂的问题，常用则成为直观思考。

因为直观思考含着"猜"的成分，教育是否应该鼓励学生习惯于猜测？因为若学生常常猜对，便会增加其自信心。不过自信心在学习上，应该指的是科目知识。如前所说，是在于精湛的知识，才能做直观判断。

不过有效的直观思考可以增加学生的自信与勇气。一个人可以直观而正确地解决问题，可是经过自己核对，或别人核对时，若发现错误，则要诚恳地承认。心理上有不安全感，缺乏自信者，往往不愿承认自己的错误，以至在诚实上落下了缺点。

在什么情形下，直观思考才特别有效？我们所听到的是在数学和物理两科中谈到学生的直观。历史科目在于教师的教学，一位教师教学时限定一些有效的事实，令学生猜测后续的事实，颇有效果。其他的科目，在于学生从直观的正确上，加强自信。在艺术和社会科目方面，鼓励与培养都有效，但勿轻易尝试实验，以免误导。有时一个学生的直观超过教师，教师也无法说出其直观的历程。无论如何，直观思考是值得培养的，这是拓展学生知识领域的必需条件。

五、学习动机

计划课程要区分长期"目的"（aims）与短期"目标"（objectives）。对心灵的实际转变，只说长期目的的无益，要确定达到短期目标的方法，才能展望最后的目的。只有长期的理想，而不知从何处开始，也不易见功。最好先廓清教育的最终目的，因为在计划过程中，往往会有新的发现而需要改变。

近年来美国为了安全原因而追求卓越，因而不但要想到教什么，同时还要想到怎样教，才能引起学生的兴趣。

追求卓越不应只限于聪明的学生。教学的理想是针对普通程度（average）的学生，以使每个学生都能学习，乃是平等而"不适当的"公式。我们的想法是寻找材料，既能鼓励优秀的学生，又不伤害有志学习但能力较低者的自信心。我们并无这种科目的印象，但在追求卓越时，也必须教育并尊重各种不同的能力。我们已经说过许多适合教育目的的课程准备、师资教育和应用教学辅助工具，以及完成卓越的步骤。还有更重要的一步是学习动机。

要引起学生的学习动机，先要引起其对学习的注意力。自发自主的注意力很难出现，不过倒有一些混合的因素，可以助长学习兴趣。为了取悦父母与教师，当时的说法和自己的发展都有用。同时儿童的世界已经逐渐开放，兴趣也逐渐发展，学校只是儿童快速生长的一部分。不同的儿童有着各自的不同，有些趋向父母所认可的道路；有些走入现代社会；学校只是一条必经的道路而已。学校文化可能是反智慧的，也可能不然，其中有些精细的科目会使他们感兴趣。如何使他们对理想世界发生兴趣，是一个问题。这主要在于进一步增加对所教材料本身的兴趣。让学生有新鲜感，用合乎儿童思考形式的语言说明，应是最重要的考虑。如果教学优良，所教的让学生觉得值得学，现代社会也可提供外在力量。

教育是让我们的孩子有比我们更好的命运，几乎是世界共同的信念。可是我们除了读、写、算三者外，却很少注意其内容。我们以为已经很注意有效的思考，也看到了理论与实际的鸿沟，更知道爱因斯坦、爱迪生等人的伟大思想，但是作家、诗人、理论家、学者等却很少有尽人皆知的，对这些人并未加以鼓励。

人才主义包含着竞争制度，以为学生的成就的取得、前途的希望、未来的地位，都取决于早期的学校成绩单。至于晚年才发迹的，有反抗性的，来自不重教育的家庭的，在以人才主义为宗的情形下，都成了无可改变的牺牲品。

人才主义出现于教育之不良的结果，可以预先设防。过分强调考试即是其一。斯诺（C.P. Snow）在剑桥讲演所说的，足供警惕。他说，"剑桥的数学优等考试竞赛"越来越甚，事业即由此而定，如果能居于优等，就立刻可当选为会员，全部教导的工具都随之而来，但是他们所受的训练却并无明显的提升智慧的效果。如果美国也如此做,将是很危险的。

很明显,我们也要如同对科学与数学般,致力于改进人文和社会课程,此后立法应由联邦政府资助各州这方面的教育,而且要及早实行。

改进教育的工作不能只靠考试与辅导,如果人才与竞赛只强调科学与技术,人文学习就会降低价值,所以要普遍的滋养。总而言之,学习动机的培养要从被动的看热闹的年龄开始,从小就要对学习发生兴趣,而且要求广泛。人才和竞赛的危机已经非常明显,必须及早计划改进。

六、教学辅助器材

辅助教学言之已久,学校应用者如录音机、影片、实验等,当然还有书本。让学生了解事物的结构,最好采用"序列节目"(sequential program)。这节目有提供材料的次第,易于引导学生了解主要观念。与此密切相关的是所谓"戏剧化设计",历史小说是教材的精神。戏剧化的人格表现其伟大的观念。用这种辅助教学也表现教师创造戏剧的人格,大可广泛应用。

最近十年来出现了多种自动器材、教学机辅助教学,为学生的问题或练习提供了便利。教师应用这种器材有赖于节目设计的智能与技巧,可以提高教学的艺术性。

教学应用辅助器材可以减轻教师的负担,同时可以很快地得到学生的反馈。不过机器不能代替教师。如果繁重的教学须依赖自动机器时,就需要更好的教师。

教学器材犹如书本,可能是风趣的,也可能索然无味;可能是有趣的活动,也可能只是死板的练习。

至今尚难确定知识的沟通是否在于精湛知识的衡量,无论教师是否应用辅助教学。根据近年的研究,中小学教师对所教科目的训练不够充分。又由于永久教职的关系,教师对于新教科目也没有机会充实。因为教学本是堂皇的学习途径（教学相长），一位大学物理教师在改教高一级的"定量论"（quantum theory）时说："我第一次教完后，看看学生，他们都是满脸茫然之情，显然完全不懂。我再教一遍，他们仍然不懂。于是我教了第三遍，这一次，是'我'自己懂得了。"

有些方法可以改进教师的品质，方法已经存在。慎选并增加优秀新人和实际师资教育机构，使有经验的教师训练年轻教师，对教师进行在职训练或开办暑期班、用闭路电视进行继续教育，提高教师薪资等，都会有益。不过同样重要的，是提高教学专业的声望，需要社区与大学都出力支持。

小学教师训练的条件，是以教师为知识的沟通者。要训练儿童具体而直观的运用逻辑，以便日后进入小学高年级与中学进行正式的学习，这就需要特别的教学训练，同时也需要训练教师以及教儿童的方法。

教师不但是沟通者，同时也是模范。看不到数学的美和力量者，就无法激起别人对数学的兴奋心。一位教师如果自己不能悠游于直观的愉快，就不能鼓励学生的直观作用。怕出现错误，就不能给学生树立勇于尝试的典范。

沟通知识并树立典范，教师必须有教与学的自由，这方面姑且不论。但家长缺乏这项教育则不能忽视。有些学校尝试由家长协助教师如此做：监督学生学习，评定临时测验，准备实验材料，以及义务帮助做学校的常规工作，可使教师有时间研究，教师也需要学习以得到新品质。

教师也是教育历程中切近的模范，可以使学生模仿并与自己比较。谁会不记得压力特大的教师——热心、专注于一个观点，喜爱一个主题的风味，风趣又郑重，这是一些可贵的印象。另一些可怕的破坏印象是：伤害信心者，梦想的杀手，其余都在恐怖的陈列室中。

怀特海曾说：教育应该表现出伟大，我们都相当幸运。但教育专业却不是这样。注重杰出仍然遥不可及。或者电视与影片可以认定一些形象——伟大的典范？我很少看到在不同情境中有不同儿童的伟大身影。

只有奥运选手伟大吗？或许允许中学生做"客座教师"会好一点，他们可能也有教学的才能。

总之，教师是沟通者，是典范和固定的形象。适当地用一些器材扩大并廓清这形象，使之有个人的重要性，以见其伟大；并使教师与教学辅助之间的矛盾消失；使教学辅助与教学之间没有冲突。影片与电视若只如同魔术，电视若没有具体或有风格的节目，影像就只是些微不足道的东西，对师生都毫无益处。国家保卫教育法案曾用大量资金发展视听辅助器，聪明地运用这项资金和其他资源，在于整合影片制造者与节目制造者，以及有技巧的教师的智慧与技术。

◆述者总结◆

看了本书，将会知道要做一项实验研究，从开始的人员安排、设计计划，以至讨论研究，都要经过慎重的考虑。绝不能存着应付了事的态度。这项教学计划，由中小学的课程教材、教法与教师才能，扩展到与之相关的儿童发展与能力，科目间的关系与学习，几乎将教育的全部都涵盖在内，可知教育的一项措施，即使有专指，也不是孤立的。而在教学中，无疑教师是关键。即使不是做实验，平时教学也应该如此。从这里可以学到教学的精神所在，而且所说的却都是实际可行的，具有实在的应用价值。

十二、《陶冶的心灵》——心灵见于真善美

The Disciplined Mind（1999）

葛德纳（Howward Gardner，1943~ ）

葛德纳为哈佛大学认知心理与教育教授。本书从科学、艺术与社会角度讨论教育的目的与重点，以求真、善、美为基础，指出"真"在科学，"善"在道德，"美"在艺术，后者特别以音乐为代表。其论点用三个实例作为架构，即达尔文的进化论、莫扎特的戏曲和纳粹杀戮犹太人的残酷行为。主张教育在于教学生求了解，会思考，然后才会应用；并相信智慧是多元的，人各有别，学习专门知识是一回事，学得做人的基本人性才是教育的普遍任务。

一、概论

（一）真知灼见——真、美与善（An Uncluttered Perspective: the True, the Beautiful, and the Good）

教育的内涵是最基本最重要的，呈现在精通、运用与传递中。其中有三种重要的且由来已久的特质赋予教育生命，即"真"、"善"、"美"。和这三者相反的，是"假"、"恶"、"丑"。对于这三者，我提出三个人人都该了解的问题：在"真"的方面，是达尔文的"进化论"，其说助人了解物种原始、变异、选择与适应，以及物类为求生存而无尽无休的竞争；在"美"的方面，我以莫扎特的音乐为例，特别是其歌剧《费加罗的婚礼》，蕴涵了精致的艺术语言，充满深刻的感情，足以触发欣赏者的灵感；在"善"的方面，属于道德领域，我以第二次世界大战时德国纳粹大肆屠杀犹太人的恶行，表现出"丑恶"的一面，但同时也反映出"充满人性光辉与英雄气概"的一面。

这三个问题有其时间性与地域性，并非最特殊或唯一重要的，但却使人想到全人类的教育问题。因为教育最终的目的，在于使世界上的年轻人"了解"这个世界，从了解中获得滋养，进而以"热情"和永无止境的"努力"，让世界变得"更美好"。

（二）本书旨趣

我以为我们理想的教育，当从超越时空的角度，了解人类的过去、现在与未来。因为今日的教育，正面临着新旧两种压力，我们不能局限于时间，失之偏颇，也不能过分天真，冲动冒进。

（三）指标（Signposts）

我的教育理念，首先，不只限于学校教育。因为在"学校"这个正式教育机构发挥其教育功能之前,教育活动早就开始了。其次,教育不只限于认知和学科,而是应该包括动机、情感、社会与道德实践和价值观。教育如果不能将这几个层面融入日常生活中,便形同虚设,而不当的教育反而制造出反人性的社会分子。

大部分的教育是在"无形中"进行的。我们当然可以罗列出特定的课程,要求学生的思想行为必须合乎标准;学校也应该教一些道德科目。但是人自出生后,就靠观察别人而学习:看别人做什么,不喜欢什么,特别是在"以为没有人看到"的时候做了什么。学校里所有的人必须是代表某种价值的典范,老师更应该做美德的示范。其余家庭、媒体和所有具有影响力的人,都应该有足以成为楷模之处。

我相信世界上应该不止一种绝对的真、善、美。教育的理想与标准可以定得更高(如《大学》所说的"止于至善"),把眼光放到更远更大,以谋求全人类的进步。因为目标远大,才不只求近功,而肯努力不懈。

二、教育的不变性(Educational Constants)

(一)教育的总体(Educational Montage)

家庭传递着成人角色与价值观念。

试设想在远古时代,人类历史如一出戏剧,成人在草原上狩猎,小男孩在旁边聚精会神地观察,在得到猎物欣喜之余,帮忙扛回猎物,帮忙分送肉块。小女孩则帮母亲清洗、烧烤肉块,完成后与邻居共同享用,听年长者讲述神话或英雄故事,附带也说些躲避危险,防范恶人和睦邻的道理。到了农耕时节,孩子和大人一样,黎明即起,帮忙喂食牲畜,清扫住处,甚至下田做些轻松工作。晚间或农闲时,一家人,有时加上邻居,闲谈些生活状况,兼及生活道理,以至神话之类。间或访问亲属,领会情感和待人之道。幼年人在生活中学习,有实际与道理两方面。这些学习,并不包括认识文字,但却学会了生活。

（二）正式学校教育

现代人一提到教育，就联想到学校，心中以为没进过学校，就等于没受过教育。殊不知在任何环境中——家庭、商店、公交车上，特别是田地里，都能跟着大人工作，有机会观察到大人如何工作，如何与人交接，如何操作工具，其中都含着一些知识、术语和规范。而学校乃是一个独特的建筑，和一般建筑隔开。到学校去，犹如到了另一个世界，和"世俗人"截然不同，成为弥足自豪的一类。学校这"正式"的教育机构，与"非正式"的教育场所最大的不同，在于"传授知识"和"实际应用"的差别。传授知识的学校要教人"先认识抽象符号"，否则便无法进入学习。而要学习的符号系统又颇为可观，未必是每个人都能领会的。（例如一个一年级的孩子自己有三块糖，哥哥有五块，他很清楚哥哥比自己多两块。但是若教他算 5-3=？，他就得先认识这几个符号及其意义，要"转几个弯"才能完成这道算术题。以此类推，学习符号是怎么回事，就可以明白了，这就是学习抽象东西和实际操作的差别。）

再看从前的学徒制，师徒之间先建立教与学的关系，徒弟在学习期间，与师父朝夕共处，共同生活。徒弟必须服从师父，从最简单的开始学起，还要帮助师父处理家务。所学的除了技术，还有行业伦理，及一些生活常识与能力。其中有若干必须忍受的辛苦与挫折。这种训练包括技能、知识与品格陶冶（道德与做这一行的规范），后者也包括在道德中。

（三）充满德行的陶冶（A Virtue-Filled Education in the Disciplines）

各种文化对真、善、美三种美德的诠释颇有不同，对三者之间的关系也争论不断，现代则把三者划分为不同的领域，即：科学、道德、艺术。启蒙运动（18 世纪欧洲以推崇理性为主的文化思想运动）与后启蒙运动的思潮则认为，理性、科学、知识与真理是各自独立的领域，美感与道德不在其中，或者认为道德应属家庭或宗教之责。一些后现代主义者更怀疑真、善、美三个充满历史污点的名词是否有任何意义。

古代人认为有德行的人必须在各方面都追求完美，要兼具知识、体魄、道德、美感，才算完全而均衡，不过却认为美德是善的最高境界，具有美德者才能服务社会。现代人却很难用统合的眼光把真、善、美视为一个整体。可是我们要知道，从古至今，教育的首要工作就是将文化对真、善、美的观念传授给下一代。教育的内涵应该包括什么，众说纷纭，教知识与真理无人反对，教美与善，就以为没有那么重要了。

美国基于宪法与文化因素，教育把真、善、美的工作一分为二，甚至一分为三。我个人以为学校必须继续教真与假、善与恶、美与丑。这观念或许显得陈旧，但仍然值得学习并不断更新。

（四）永续的选择（Perennial Choices）

我提到过教育的四大目标：传递角色职分、灌输文化价值、识字能力、教授学科与学科思考方式。同时也强调了教育的三大内涵，即一个文化对真、善、美的看法。但是到目前为止，教育方针总是在若干相对的观点上莫衷一是。例如：

重广度——重深度

累积知识——建构知识

实用——求知

统一化——个人化

忽视学科——重视学科

不重评量——以评量为基础

重视细微差异——注重统一的高标准

着重科技——强调人文

统观过去的时间与空间，教育理念不曾改变的是：传递价值观，按身份做人，学习符号与学科，确定理想。未来也不容忽视这种教育理想，同时还要正视世界的变化。

三、未来的教育

世界状况时时在变,最近似乎变化得更快,然而学校的变化却不那么明显,课堂上仍然以讲课为主,以反复练习为辅。而儿童在学校之外,却可以得到课本以外数不尽的信息。相形之下,就显得学校太保守了。

(一)六个改变学校的力量

试看学校之外的变化:第一是科技的进步,从计算机到手机,有的的确对教学有所帮助,可是更拓展了学生休闲娱乐的项目,使他们丢开书本,沉浸于自我享乐之中,开始厌恶学习以至仇视学习。第二是政治趋势造成世界,至少在某些地区动荡不安,民主失去正确的价值。第三是经济力量无孔不入,工商业一味鼓励消费,大家一齐向钱看,为了钱,可以不择手段地攫夺。第四是文化价值低落,个人主义高涨,个人只求从心所欲,不再论人的价值。第五是知识领域改变,学习不是为求知识以增加智能,而是为能得到好职位,扩大权势,增加收入。第六是后现代主义以"其中无有(卓见)"的怀疑,用嘲讽以耸人听闻,对尚无定见的年轻人,等于鼓励"一知半解",先建立了"狂傲不逊"的态度。最后是多元文化主义攻击典范体制,认为那是不值得研读的东西。不过从文化历史的角度说,过去所认为的典范,用现在的眼光看,难免有"不合时宜"之处,但是若就时间进步的态度看,对过去便无须"苛责"。事实上,多元文化能"兼容并蓄",若能从其中择优汰劣,折中出融会贯通之处,可能比坚持一端更为圆融。

(二)站在十字路口的教育

目前的教育似乎已经不足以适应瞬息万变的世界,幸而学术研究层出不穷,从对人脑的研究,对心智的研究,对文化人类学的研究,或许可以帮助教育找出一条适当的道路来,那就是要从多元文化着眼,承认多元智慧的存在,改变课程教材,提高学习者的想象力,从另一方面陶冶激荡他们的脑力。

四、通观心灵与大脑 (Perspectives of Mind and Brain)

（一）科学知识与价值判断

我们希望教育下一代能应付目前千变万化的状况，以后的变化可能更快。所以在制定教育政策之前，要多具备几种知识：心理学对人类心智的研究，生物学对大脑与基因的研究，人类学对不同文化的研究。要了解多种知识，不能只拘泥于"教育"两个字上。（只管推求课程与教法，便有了局限。如果记住教育的对象是"正在成长的人"，他们长大后要过"人的全部生活"，纵然每个人可能只从事一种行业，但只有一种知识绝对不足以应付复杂的生活，至少要具备一些普通常识，而这些常识并未包括在学科之中，这是在决策时必须考虑到的。因此，决策者便要有广博的知识——只知道教育并不够，何况上述三种知识和教育密切相关。）心理学派之一的行为主义，认为人的行为都可以"制约"：设定一种行为模式，提供刺激，要学习者反应，如果反应对了，就给予奖励；反应错了，就给予惩罚，完全不顾学习者本身的思考和主宰作用。与此相关的教育评量效果如何，也就无须多说了，所以个人的思考作用还是教育中不可忽略的。

（二）经验的心象（representation）

根据皮亚杰对儿童认知的研究发现，儿童对所见的事物，呈现在内心的形象（心理学中译为"再现"），自有其与实际不同的解释。皮亚杰认为"心象"是一个涵盖很广的模式，普遍存在于语言、数字和空间领域。这观念普遍地用于认知等方面，不过我自己在研究时，却特别注意个别差异，因此对智力的形式，也有一个看法。

（三）不同的智力模式

我以为每个人至少具备八种不同的智力形式。每种智力代表一种解决问题的潜力，天才和学富五车的人，智力表现往往与众不同。这八种智力，表现在语言、逻辑、数学、音乐、运动、自然、自知、知人等方面。

此外，或者还有一种思想的能力，想到生命上去。每种能力都能在内心一再出现。

但是人和人的差别，也见于个性及气质以至智力的总和，而过去的学校教育却只用一种统一式的教育——只用一种方法和一种教材，以至一种评量标准。如是，除了少数在语言与数学见长的人能达到标准外，其余的照标准说，便都瞠乎其后了。所以必须改革教育，第一，要使学生能懂得教材；第二，要用学生能接受、别人也以为有意义的方式评量学生的学习成就。同时要注意儿童早年由"心象"造成的错误印象。

（四）认知以外的因素

教育工作者已经承认了认知的重要，不过学习动机可能更重要，尤其是通过文字的学习，先要认识一些抽象符号，转这么一个弯，就会使一些人望而生畏。如果学习者没有这层障碍，而又有充分的好奇心，觉得学习是很快乐的事，便会有学习动机。这样的动机中兼含着情感作用，如果称之为"学习的热情"，便不会视学习为苦差事。心理学也讲学习动机与兴趣，无奈教学时教师过于重视学习活动，且认定学生会自主生出学习动机，只重灌输知识，反而斲丧了学习的兴趣。若知道儿童都喜欢游戏，用游戏的方式来教学，再转到文字上，学生可能不会那么痛苦。

（五）教育和大脑

现在对大脑的研究颇多，适用于人类的研究，在教育中有若干项极值得注意。例如：一、出生后几个月就要开始广义的教育，因为这时候已经开始学习了；二、大脑用进废退，越用越灵活，不用则日渐迟钝；三、思考与行动相并进行，二者互相助长；四、大脑功能人各不同，所以人们认为智愚有别；五、早期受音乐陶冶有益于情感正常发展，对脑力也有益。

五、文化的教育作用（How Cultures Educate）

（一）一个实例

意大利有一个最好的学前班，不妨描述一下。那是在意大利东北部一片绿草如茵的山坡上，有一个叫瑞吉欧的小村落，在第二次世界大战结束后，一个名叫罗利斯·马拉古齐的记者，因为学过教学法，决定为那小村子的孩子办一个学校。从创校后办了几十年，收容一岁至三岁的婴儿和三岁到六岁的幼儿。到1990年，《新闻周刊》报道，该校在数十个学龄前的学校中位居前茅。

这所学校空间大，校园设计美观，桌椅舒适，有室内花园和公共空间，供教师会谈。教室外有供学生游戏的区域，图书室书籍和教材应有尽有，而且井然有序。教师和教师、教师和学生，以及学生与学生之间，都以高度的爱心与尊重为基础，加上家长和社区人士同心协力，一片和谐。更重要的是，教务人员每天都记录学生课堂上的活动，巨细靡遗。

每班学生都分组，每组学生用几个月研究他们有兴趣的主题。他们最有兴趣的是富于感官刺激而又需要思考的事项，包括自然方面、生物方面，以至城市。他们会思考发现到的疑问和所观察到的现象，然后制成有兴趣的作品，如图形、绘画、玩具等。之后把作品陈列出来，大家共同欣赏观摩。

该校的工作者，重视学生的意见与行为，据此发展教学技巧，且不断改进，并随时思考发现新问题，作为日后的教材。

（二）文化的差异

我在新加坡的时候，想和一个初次见面的八岁小孩合照，小孩怕生大哭。为了讨好他，我把眼镜摘下给他玩，因为这是美国孩子最爱玩的东西，但他却不肯伸手。他的父母说，孩子从来不准碰别人的眼镜，不可以玩手边任何东西，以免弄坏东西或伤害自己。另一次在南京，我们夫妇带着一岁半的领养孩子，每天都让孩子把卧室钥匙插进柜台匙孔里，他很喜欢这个活动。一次他又在试着插钥匙，旁边走过一位老人，从孩子手里拿过钥匙插进去，转眼用责备的眼光看我们，意思是我们不该让孩子做他做不来的工作。这两个例子可以看出文化对教养态度的不同。

（三）将文化通识用于教育（The Cultural Perspective Applied to Education）

每个文化都以自己的传统为荣，而其教育也自有保存文化优点的责任。不过有效的教育可以存在于不同的文化形式中。如果有确定的教育目的，实行者确切执行，教育自然有效。

但是教育目的的确定，往往受三个因素的影响。第一，观念不同的群体，多半会个个自以为是，如果大权在握，便要一力"推行其所是"。第二，即使目标正确，实行者的态度和做法不当，一定会把目的扭曲，然后把失败归罪于目的。第三，随着时代进展，有些状况会改变，教育却不立即适应，仍然我行我素，落在时代后面。

六、计划教育以了解为目的

教育的第一步，是先定出一个方向，也就是目的，目的决定经过教育后，一个人会变成什么样子，然后才决定教他们什么。然而长久以来，都是教育者选出他们认为重要的知识与技能，希望全盘教给学生，结果是要教的东西很多，时间却很短，"贪心不足"是教育失败的一个原因。其次是罔顾人各有别，以民主为号召，提出所谓"受教权"之说，要教育"普遍化"，不问学生的能力和兴趣，"一律"什么都得学，宛如人人都是"全才"。再次是知识和能力在班级与科目间不相连贯，学生所学的，都是片段而零碎的东西，不足以应用。所以要使教育产生效果，就要改弦易辙。

（一）教学在于了解：正式导论（Teaching for Understanding: A Formal Introduction）

我个人所喜好的教育，是能使学生了解重要科目的"思考方式"，如科学、数学、艺术与历史，这些科目都要深入了解，使学生就其能力所及，探讨重要的问题。对所学有透彻的了解，才能在需要时适当运用。

不过了解并非易事。就我研读所知，许多一流学校的学生，如麻省理工、约翰·霍普金斯大学物理系的学生，他们的课业表现都很优异，但在教室外，要他们解释一些简单现象，如掷一枚铜板的动力状态，或弹丸从弯曲的管子射出的弹道之类，大部分学生无从解答。其他理工科的学生也大致如此。至于文史科的学生，所有的只是一些刻板印象，其余就是到快餐店进食，开庆生会，逛购物中心。

了解不容易，障碍究竟是什么呢？我以为最主要的来自幼儿早期发展的理论。其中最明显的是认为幼儿不需要正式教育，幼儿凭着自己的印象，其在心中所留下的是一些错误的"心象"，长大后仍然不能磨灭。在进入学校后，又从教科书和老师那里学到一些必须死记硬背的东西；加上考试评量所用的测验和计分法，学生对所学的可说全未了解，硬记的东西，时过境迁，就会忘得一干二净。

（二）增进了解的四种方法

1. 到有启发性的机构学习。古老的师徒制，学徒时时面对师父，遇到问题，师父就随时指教，徒弟能随时运用思考。现在有许多新兴的机构，如博物馆之类，让参观者可以亲自动手操作或模拟，儿童有机会运用思考并验证，可以学到一些亲身经验的事物。

2. 直接面对错误的观念。有的孩子以为冬天穿毛衣，是因为毛衣能生出温暖。如果叫他在夜里把毛衣放在户外，早起时穿上，毛衣是否立即生暖，将可改变他原来的错误观念。

3. 帮助了解的做法。了解并非只存在于一个人的心里，表现出来更能增加了解。事实是要把自己所知道的说出来，自己就必须先把握住重点，然后把层次整理得井然有序，才能使听的人明白。这一个步骤牵涉心理状况，因为有些人自以为已经知道了，实际上所知道的只是一个粗略的概括内容，到要说出来时，不是不能抓住要点，就是语无伦次，使听的人一头雾水,所以说出之前的整理,正是求透彻了解的最佳方式。需要了解的主题如:人类生存的意义,有创造或关键性的观念。

4. 拓展学习来源。教师是学习的重要来源,要有训练有素而又热心教学的教师,便于悉心从之学习,这样的教师也是学习的动力,即可以引起较强的动机。其次以现在科技进步的状况,无论自己想要从事哪一种专门知识,多知道一些绝无害处;再次则是最好能得到多方面的支持,如社区资源等。

七、陶冶取向(Disciplined Approaches)

人类一直对真、善、美的问题不断研究,而且发展出了一套特定方式思考这些问题。这种情形,西方可上溯至希腊时期,东方则可上溯至孔子。他们都有假设的基础,也有自己的思考模式。苏格拉底提出思考哲学问题的模式;柏拉图与亚里士多德提出方法,使其后的追求者成了哲学家。索福克勒斯与阿里斯托芬写下了动人的悲喜剧;亚里士多德为剧作家立下了标准,成了艺术美学的典范。同样,儒家要人成为六艺兼备的君子,也要遵守君子的典范。这些都使人趋向完美,以便享受美好的生活。

这些学问经久不衰,因为它们所讨论的都是人生最重要的问题。人类自负为万物之灵,而人生却充满了挑战,其中大部分就出在人本身,然而这些却并未完全包含在学科之中。寻求真、善、美,使人趋向完美,才是人生真正的课题。

(一)科学家与数学家的思考模式

科学家用繁复的方法观察实验,提出一些理论并加以辩证。达尔文便是实地观察,再详细分类,助人了解物种原则,对科学大有帮助。但是科学若只重理论,而缺少事实基础,往往在新理论出现后,前者便发生动摇。数学是科学的工具,数学家希望在数字与形状中找寻模式,不但欣赏这些模式所代表的真理,也为其中所呈现的美感而着迷。可是并不是每个人都能成为科学家或数学家,只要能了解几个重要的例子,就可以体会数学思考的力量。其他科目的选择,也应该以类似数学的模式为指引,以学生将来能活用于生活为原则。

(二)艺术家之美

艺术家在一个艺术类型中创作,时而出现新的艺术形态。实际上,艺术在艺术家出现之前就已经出现了:由歌唱而音乐,由意向形式而描绘而雕塑,由言辞而诗歌小说,由活动而舞蹈。莫扎特就是艺术家的最佳典范,以其《费加罗的婚礼》而言,有感情,有意义,技巧纯熟而高明,是音乐艺术中最高的形式。如果每个人在成长过程中,都有机会在一种艺术形式下试图创作,将是最宝贵的经验。

艺术之美与和谐,足以引起欣赏者的共鸣,即使是平常人,也多少可以领会美感的品位,在美的陶冶中,人的品质必将不同。(现代心理学承认人有美感倾向。追溯到远古时代,以至现在尚存的原始部落民族,都可看出人的美感倾向。远古人在稍微进步以后,便知道在所应用的器物上,加上一些美的成分,如考古发掘出来的陶器上的绘画,并没有实用的意义,然而他们却这样做了,便是在实用之外,加上了欣赏的品位和表现美的心理需要。原始部落人虽然身无寸缕,却用树枝羽毛之类戴在头上,是非常明显的证明。进步的人们装饰自己,先是用衣服,然后又加上化妆,爱美的方式层出不穷,总想让自己显得美丽动人。至于目前以暴露躯体为美,则是另一种风尚了。)

(三)历史学家的纪事(The Accounts of the Historian)

历史学家以处理数据与文献者居多,用这些材料呈现发生过的事和有关的人物。在时间的连续中,一个人自身便有过去、现在和未来,从而对过去的人及其生活的状况,也想有所了解。因为时间是一个切不断的连续(现在太空物理学家对时间有了不同的说法)。人对过去有兴趣,和对宇宙原始的好奇一样,包括在"知"的领域中。最主要的是,历史使人知道"真"与"善"。从而判断过去人为的"是"与"非",作为殷鉴也好,作为警惕也好,如纳粹之杀人无数,不应只作历史性的批判,从道德说,所表现的,乃是丑恶的。用以印证善之为道德,足以说明人类的业绩,应该表现在善上。

(四)学科广场

学生,甚至教师和家长,往往以为"学科"就是"科目",要以特定的"教科书"为基础,由特定的教师教学,才能达到某种标准。于是把事实、理论与观念组合在一起,根据学生的记忆数量评定学习成绩,却不知事实是中立的,要用一种方式把事实组合起来,才能发挥特定的理论架构和系统的功能。如果学生没有这种能力,在事实与理论的联系上,不是茫然不知所从,就是会发生谬误,常见的是"以偏概全"。

学科不只是教科书上的词汇、附录和标准摘要的事实,而是能够发展出思考方式的材料,能够生出新发现,科学学科就是要如此。艺术家也是借实际材料转化出其所想象的艺术形式。历史学家作道德判断,也要多方搜集、辨别,经过慎重思考而后定。

大体说来,每个学科都和印象、观察、事实、理论,以至不同的解释有关,又各有其特殊的观察与推理方式。学生不可能学得样样精到,但是他们要学会如何观察和思考。学科只是一个切入点,指引人放眼认识这个大世界。

八、密切观察(Close Looks)

内涵丰富的现象通常有两大特色:其一是现象可供人永无止境地探讨下去,一个人穷其一生之力,研究进化论、莫扎特的音乐或纳粹大屠杀,最后仍不免尚有未到之处;其二是不需要用特殊的途径接触这些现象,只用这三者中任何一个现象,就可开始研究,这三个问题就像三座冰山,有很大的广度和深度,从任何一点切入,都可追寻到根本的真、善、美。

达尔文经过许多年观察研究,最后提出进化论,认为每个物种都有一个无意识的最主要的目标,即为繁衍而生存。(似乎应该说,目标是大自然所赋予的本能,是生而既有的。目标最明显的根本,是求个体本身的生存,这是第一义。本身能生存,才能进入繁衍期,繁衍是后续的,似乎不便直指繁衍为目标,而忽略个体,因作者下文也说,无法生存,就不会有下一代。)作者认为达尔文大部分理论至今仍为人所接受。

作者认为莫扎特是有史以来最天才的艺术家之一,对《费加罗的婚礼》赞誉有加,当然作者也承认对美的欣赏,主观成分是不可免的。进化论揭示了一项重要的真理,莫扎特的音乐是美的典范,纳粹大屠杀是因反犹太人的意识形态作祟。后者凸显出明显的道德问题,是作道德判断最好的实际事件,不只是历史事件而已,因为其关系到全人类的一个问题。

往人性深处探讨,我们不明白人类为什么要制造仇恨与冲突。在仇恨与冲突中,迫害者、受害者和所有受连累的人有无其他选择?这种事实的责任与罪恶,如何判断?其中最明显的道德问题是:掌权者可否为所欲为?为什么没有人阻止这种可怕的行为?20世纪30年代(确定是1937年)日本人屠杀中国人,欧洲殖民者对非洲奴隶和印第安人的残酷方式,都属这样的问题。

像纳粹大屠杀之类事件的重要意义,是使我们看清一群人对另一群人做了什么。我们不能因为自己不在这两者之中,就可以置身事外,而应该放眼世界,当作全人类的事件来看,说不定同样事件也会发生在我们身上,所以这种事件,乃是"普遍的道德问题"。广征博引,以今日资料之多又容易获得,多用思考,追求透彻的了解,也是我们应该做的。

九、了解多元智能的途径

(一)智能的三种用途

在一个文化环境中,最应该了解的是:真—假、美—丑、善—恶,就要从这里建立有效的教育方式。首先，教育的对象是学生，学生在学习过程中遭遇困难在所难免，这是教育者必须承认的。其次，是学生的能力不同，所以才有多元智能之说出现。针对第二点，教育当有三项做法：第一，提供生动的切入点以引起学习兴趣；第二，做出恰当的比喻以助了解（《学记》中说："君子之教，喻也。道（同导）而弗牵，强而弗抑，开而弗达。"大致是说，"喻"包括引导、鼓励、启发，用旁征博引的方式引起学生的兴趣，鼓励学生自求了解，但并不直截了当地告之。将全部说给学生，学生就不必自己思考了）；第三，用不同的方式呈现核心概念，使学生能把握重点。

（二）多元切入指向多个重点

以多元切入，可用于多种材料和方法。例如"叙述"是常用的方法。叙述生动则能引起听者的兴趣。前述进化论可以引人深思；莫扎特戏剧引人进入美的境界，足资欣赏与回味；纳粹大屠杀使人哀伤愤慨。用"数字"切入可使人领会广大高远，变化之美，以至惊叹数字的奇妙；用"逻辑"切入则引人深入思考；用"存在性"问题使人想到生与死；用"基础性"问题使人想到追根究底；用"美学"切入使人神往；自"实际"切入使人验证自己的经验；自"人际关系"切入的话题更多，都可由显入微。

（作者声明上述切入点不必尽用。实际上不但材料种类繁多，即使一种材料，也不只限于一个切入点。教学从何处开始，固然与材料性质有关，但方法也有多种，端在运用。运用得宜，都能生效。）

十、登上巅峰

以了解为目的的教育，有两种做法：一是由中央机构决定；一是地方性的因地制宜，但两者各有利弊。若从教育以了解为目的来说，可以从下述方式来看。

（一）从幼儿园到十二年级

以了解为目的的教育，所要学习的问题应该是：

1. 我们是谁？
2. 我们来自何处？
3. 我们怎样决定并辨别什么是真伪、美丑、善恶？
4. 地球的命运将会如何？
5. 地球是怎样构成的？
6. 人类是怎样出现的？
7. 我们为什么有生有死？
8. 我们的命运由谁操纵？
9. 爱是什么？恨又是什么？
10. 我们为什么要制造战争？
11. 战争可以避免吗？
12. 如何才能维护正义？

（二）学科与跨学科研究

教育中分学科教学已行之有年，不过我以为学生在开始接受学校教育时，便应该好好学习识字与算术，然后才能进入学科领域。而进入学科领域后，便要精通学科的思考方式，因为思考是了解的基础；识字是了解的工具；学科是广泛了解的引线，并不在于培养科学家或专家，而是要学习科学家或专家如何思考。所以学了一门学科，不能算是"通达"。

凭借"跨学科"思考方式才能探讨重大问题。要如此，就要先精通几门学科，思考的范围扩大，所思考的比较周全，才能融会贯通。现在设计中小学整合性课程、主题课程和跨领域课程，是经过精心考虑的，不过对跨领域课程，若事先对所关涉的学科没有相当的了解，便不可能融会，教师也很难发挥教学效果。

小学与初中学生才刚开始学习了解，若不经过实际的观察和验证，很难有真正的了解。大学学科的学习，到了应用时，仍然手足无措的比比皆是，最主要的原因是，在学习时，不曾从所学的材料里跳出来，思考材料所涉及的层面。

（三）教育的多重途径（Multiple Pathways）

十几年前，很多人认为美国经济不景气的原因，是教育不彰，而东亚国家的经济繁荣，则归功于教育。在新世纪到来之前，美国成为经济最繁荣的国家，而教育却了无进步。最近国际教育评判结果，美国的学校表现平平无奇，可见教育效果与经济并无必然的关联。

我以为应该在能力所及的情形下，建立几个教育途径，举例如下：

1. 标准式：以美国传统艺术历史为主，全国学生一律都要学习。

2. 多重文化式：以美国主要种族与族裔的特色为主，学生可以学习多种文化。

3. 进步式：以社区为主，重视个别差异与成长。

4. 科技式：培养科技竞争力。

5. 社会关怀式：以关怀民营、环保及促进世界进步为主。

6. 了解式：以探索人存在的问题为主。

（四）化繁为一（Unum Out of Pluribus）

教育的实施有多种途径，固然有其有利的一面，但也还有统一普遍的一面。基本上多为公立系统的学校教育。这样做，第一应该教学生作为公民应有的价值观，和作为一个国家的公民所要具备的标准；其次是公立教育系统需要一套公开、由可靠而独立的机构监督的标准。这些标准必须经得起公众的批评与辩论，不能达到标准的学生，就不能毕业。不过有多种方式的教育系统，也应该有相当的弹性，最好避免自以为是。

（五）领导权的性能

任何教育方式的运作，和任何机构一样，要有一个强有力的领导中心。领导中心的领导者，首先当然要知道所要达成的目的，并知道如何达成该目的。然后要了解过去的状况和得失，以确定当兴当革的计划。最后是发挥领导能力，鼓励所有人员同心同德，奋发合作。

领导者必须有前瞻的眼光，尤其教育工作的效果非一蹴可就，工作期间可能遭遇困难、挫折，以至失败，如果确信目的正确，方法得当，随时反省，随时修正，灵活运用，则可减少错误，提高效果。

目前教育改革之声甚嚣尘上，以为不改革就是落伍，几乎想把教育彻头彻尾地全面改变。但要知道的是，新方法绝对不是最终的方法。反省教育的过程，常常要加上必要的动力以应变，才能接受好的和新的。（目前有一个让人不能理解的观念，认为"改革就是好"，不问是否当改，也不管所改的是否比已有的好，忘却了教育关系深远，一旦出现错误，便可能影响全局；更可怕的是，教育的错误的受害者是正在成长发展中的下一代，他们受了错误的教育，一是很难改变，二是无法弥补，因为不能使他们还原。）

在这样一个瞬息万变的时代，教育下一代的工作越来越困难。我们要做好万全的准备，来面对一个无法预测的世界。那就要了解这个世界，并了解数千年来人类累积的知识，用已知的、确切必需的目的和方法来教育下一代。

◆述者总结◆

葛德纳认为教人当以真、善、美为主旨，当然并非创见。在人类文化史中，中西先哲早就看到人所需要的，就是以这三者为基础。先哲如此倡导，后人追随者固然一力仿效，但是有更多的人所表现的，却恰好是这三者的反面——伪、恶、丑。其中"知识"的"真"与"伪"，因为"学无止境"，时有改变；"艺术"之"美"也不只音乐一项，不过在中国，自古以来，就认为"乐"是陶冶人性最有效的工具，载在《礼记》；至于"善"，希腊哲学和儒家言者颇多，而且是一项最普遍的"人所应有的性质"。事实是学问家和音乐家不是人人都能做的，可是每个人却不能做一个"失德"之人，因为无德者会影响以至伤害别人。作者的出发点当然正确无误。

不过作者用三个实际例证立论，固然言之有据，却不免予人以出发点限于"狭隘"之感。三个例证有史可征是不错，作者却未看到近年的科学研究、艺术的演变所隐含的危机，至于道德沦丧，如纳粹大屠杀虽尚未见，而争石油，发展武器，却仍然存在；尤有甚者，国际间争相展开经济发展之风，影响到人人"视钱如命"，争杀不已，这才是教育最值得忧心之处。

作者所提的建议固有足取，似乎还有更深入、更周备考虑的必要。

出版后记

这是一本不错的导读性编著之作。

中国台湾最具影响力的教育学家贾馥茗通过对西方教育名著的选择、教育学家的介绍,以及教育著作的评介,勾勒出了教育学故事的主线。

作为一部集体性的、积累性的作品,《西方教育名著述要》遴选近代西方教育思想大家的伟著,择其精要,摘述精华,尽管这些作品形成于不同时期,著作者相互之间差异性也很大,但基本能够反映西方教育学发展的概貌,对于我们在新时代里对教育学知识脉络的系统把握大有裨益。书中间或有述者之语,结合当今教育现状与实践做一注语,以为读者特别是教育学研习者提供方便。特别需要指出的是,每篇末尾又有一"述者总结",指出每本著作在教育发展史上的地位、影响及其思想精髓,让读者真正领会这些著作的现实意义,并将之适时地应用。

用贾馥铭先生的话说:一位思想家的观念自有其见地,取其可取者,累积起来,足以增长智慧。这也就是本书所期望的。

服务热线:133—6631—2326　188—1142—1266

服务信箱:reader@hinabook.com

后浪出版公司
2016年1月

图书在版编目（CIP）数据

西方教育名著述要 / 贾馥茗著. -- 2版. -- 北京：北京联合出版公司，2015.10
ISBN 978-7-5502-6300-0
Ⅰ.①西… Ⅱ.①贾… Ⅲ.①教育学—著作—介绍—西方国家 Ⅳ.①G40
中国版本图书馆 CIP 数据核字（2015）第 233258 号

Simplified Chinese edition
Copyright © 2015 POST WAVE PUBLISHING CONSULTING (Beijing) Co., Ltd.
本书中文简体版权归属于后浪出版咨询(北京)有限责任公司

西方教育名著述要（第 2 版）

著　　者：贾馥茗
选题策划：后浪出版公司
出版统筹：吴兴元
特约编辑：马春华
责任编辑：李　征
封面设计：周伟伟
营销推广：ONEBOOK
装帧制造：墨白空间

北京联合出版公司出版
（北京市西城区德外大街 83 号楼 9 层　100088）
北京中科印刷有限公司印刷　新华书店经销
字数 340 千字　690 毫米 × 960 毫米　1/16　18 印张　插页 4
2016 年 3 月第 1 版　2016 年 3 月第 1 次印刷
ISBN 978-7-5502-6300-0
定价：35.00 元

后浪出版咨询(北京)有限责任公司常年法律顾问：北京大成律师事务所　周天晖 copyright@hinabook.com
未经许可，不得以任何方式复制或抄袭本书部分或全部内容
版权所有，侵权必究
本书若有质量问题，请与本公司图书销售中心联系调换。电话：010-64010019

《教育的本质》(第2版)

著　　者：贾馥茗
书　　号：978-7-5502-6301-7　　　页　　数：224
出版时间：2016.03　　　　　　　　定　　价：32.00元

　　本书抛开"教什么"和"怎么教"的芜杂表象，深入传统文化中探寻"为什么要教"的本质问题，梳理如何教育、如何成人的历代智慧，提出人道教育要旨，认为真正的教育，其责任必须以引导学习者成人为务，以发展人性、培养人格、改善人生为目的。

《20世纪西方人类学主要著作指南》

主　　编：王铭铭
副 主 编：赵丙祥 梁永佳 杨清媚
书　　号：978-7-5062-9518-5　　　页　　数：552
出版时间：2008.10　　　　　　　　定　　价：68.00元

　　本书便是以改变人类学现状这一使命为编辑宏旨，对20世纪的著作遗产加以整理并辅以简要介绍，意在梳理学术脉络，为读者提供科学的人类学入门基本阅读的指南，从而使读者准确把握人类学思潮的流变。

《民族、文明与新世界——20世纪前期的中国叙述》

主　　编：王铭铭
副 主 编：杨清媚 张亚辉
书　　号：978-7-5100-2085-8　　　页　　数：520
出版时间：2009.07　　　　　　　　定　　价：56.00元

　　从晚清西学传入到20世纪50年代之间的这一历史时期，中国出现了大量有独到见地的学术论著，其所涉及的领域及所抵达的境界，足以使我们震撼。
　　《民族、文明与新世界》以人类学的关怀择选论著，清晰地聚焦于19世纪末至20世纪中叶中国社会科学萌芽阶段的关键概念及多元的学术取径。总体上，这些论著都牵涉"民族"与"文明"这两个20世纪中国学术中至关重要的概念。
　　书中记述了26位老一辈学者的学术故事，其间，既有学者的多舛命运，同时也反映了学术发展变化的时代背景，基于此，可以一窥中国学术的发展路径。

西方经典英汉提要

著　者：（奥）雷立柏（Leopold Leeb）

（Ⅰ）古希腊罗马经典100部（公元前800年到公元150年）
书　　号：978-7-5100-1155-9　　　页　　数：392
出版时间：2010.01　　　　　　　　定　　价：39.80元

（Ⅱ）古代晚期经典100部（公元150年到650年）
书　　号：978-7-5100-2068-1　　　页　　数：400
出版时间：2010.06　　　　　　　　定　　价：42.00元

（Ⅲ）中世纪经典100部（650年到1450年）
书　　号：978-7-5100-2718-5　　　页　　数：464
出版时间：2010.12　　　　　　　　定　　价：50.00元

（Ⅳ）文艺复兴和巴罗克时期经典100部（1450年到1750年）
书　　号：978-7-5100-4864-7　　　页　　数：408
出版时间：2012.10　　　　　　　　定　　价：50.00元

★外籍教授专为中国学生写作西方经典入门读物：作者雷立柏为奥地利籍古典语文学家，在北京大学获得哲学博士学位，学贯中西，熟谙古希腊语、拉丁语、希伯来语、英语、德语、汉语等多种语言。在人民大学教授"拉丁语基础"、"古希腊语基础"、"拉丁语文学史"、"古希腊语文学史"等课程时，深感没有合适的教材可以使用，于是决定自己编写这套能够帮助学生学习西方经典文化的英汉提要。

★打破学科界限，西方经典著作一网打尽：这套书并不依现代学术分科体系选取文献，而是以它们对西方智识传统的贡献为择取标准，优先录取那些提供了整全知识视野的"伟大叙事"，这种打破学科壁垒的做法将会使每一位读者从中获益，无论你是对文学、历史、哲学，还是对宗教、法学或艺术感兴趣。本卷为《文艺复兴和巴罗克时期经典100部》，书中介绍的部分书籍尚无中译本，读者可以借助本体要先睹为快。

★注重语文学的写作方式，带领读者临近原汁原味的西方经典：书中汉语提要部分的专名使用西文原文，一方面避免翻译不统一所引起的误解，另一方面有助于读者熟悉原典，便于读者进一步查阅原文和深入研究。书后附有关键词汇、人名、书名的拉丁、希腊、英、汉四语索引，相当于一部小型的语文学词典，包含丰富的语文学知识，是初习古典语文学的学子不可多得的便利工具。

《西方经典英汉提要》（卷五）即将出版

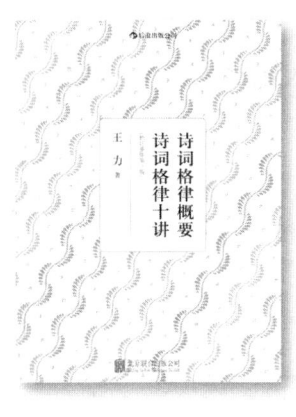

《诗词格律概要·诗词格律十讲》
（校订重排第3版）

两本经典著作合一　诗词格律入门最佳导读

著　　者：王力
书　　号：978-7-5502-1850-5
页　　数：272
出版时间：2013.09
定　　价：29.80元

　　本书是著名语言学家王力先生为方便读者进行古典诗词鉴赏和诗词创作而写就的学术普及经典，讲述古典诗词格律最基本的知识，既有对前人研究成果的总结，又有推陈出新的创见，严肃性与科学性并举，是王力先生在其对诗词格律研究基础上提炼而成的精品。《诗词格律十讲》简明扼要，《诗词格律概要》较为系统深入，历来都为古典诗词爱好者研习格律的入门路径。

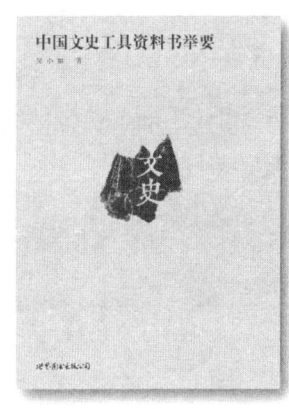

《中国文史工具资料书举要》

孕群籍，抱万有；尽抡经、史、子、集四部精要
研究文、史、哲的实用入门工具书

著　　者：吴小如
书　　号：978-7-5100-3315-5
页　　数：305
出版时间：2011.06
定　　价：32.00元

　　大方之家　著名学者吴小如先生浓缩中国古代文献之精华，专为治文史的读者编写的一本小书。书中处处体现出先生精湛的学识，循"面"到"点"，由"点"及"线"的治学理路，洞悉源流，论从己出，做到对每一种、每一类文献准确把握，使读者大受其益。

　　披沙拣金　本书针对浩如烟海的古代文献进行精心甄选，详略得当；且其所选文史工具书并不囿于传统意义上的工具书，而是以为文史工作者提供寻检资料的便利为原则进行介绍，以达到导读和提供线索的目的。

　　追本溯源　吴先生以其多年的教学与研究经验，归纳出中国古代文献的发展源流，同一类型的书往往会提及多个版本，并指出其中优劣及错漏之处，供读者自主选择。

《十九札：一位北大教授给学生的信》

**北京大学用为通选课教材
多所高校选作"新生必读"**

著　　者：朱青生
书　　号：978-7-5502-1855-0
页　　数：272
出版时间：2013.11
定　　价：19.00元

《新周刊》评为"我们时代的33本青年书目"之一
"一个大学教师针对学生的种种困惑作出了解答，这样的老师，在今天很稀有了。"

老朱在《十九札》里，一本正经地谈方法、谈理性，我却读出了他冷静背后的一腔真情。他是怀着对学术的爱，对学生的爱，带着他那点书呆子气，用他全部的治学经验和生命体验，来写这十九封长信的。

——孔庆东

朱青生把他的"科学、理性"的大学理想细化为点滴的规矩、日常的范例，然后口传心授，把心得告诉来听课的、来电话、来家里作客的学生；具体问题具体回答，把它们写成信寄给苦恼的提问者；再然后，这信这实用亲切的文字开始在学生间流传；最终，四年后，它们被有心人搜集整理出来，面向了更多的"在追求科学、理性的大学路上摸索的人"。

——《南风窗》

内容简介

《十九札》是北京大学教授朱青生解答自己的学生提出的关于学习疑问的记录，一共19封。针对的问题集中于如何遵从科学的规范和办法，完成大学作为理性保证的目标，建构并巩固自己的理性，同时认识并克服科学的局限，成为一个趋向完善的个人。信的写作历时4年，收信或质疑的学生也不固定，数年之间，或已远赴海外求学，或已进入社会工作，大多则至今仍在学校念书。其中很多人最初收信时刚入大学，如今已成为终身愿以学术为业的人。

著者简介

朱青生，1957年生于镇江，毕业于南京师范大学美术系，后获得中央美术学院美术史系硕士、海德堡大学美术史研究所博士。1985年—1987年任教于中央美院，1987年任教于北京大学至今。